Gertrud Dworetzki
Heimatort
Freie Stadt Danzig

*Unseren Kindern*

Gertrud Dworetzki

# Heimatort
# Freie Stadt Danzig

Thomas Omansen
Gdańsk · Danzig · Gdańsk: Rückblicke

Droste Verlag Düsseldorf

Bildredaktion: Manfred Lotsch

Fotonachweis:
Argusfot (Stueber), Berlin: 25
Clara Bernthal: 15, 47
Bundesarchiv: 2, 7, 20, 23, 24, 50–52, 55, 57, 67, 75, 79
Danziger Heimatdienst und Staatl. Werbestelle: 38
Eiko-Film: 48
Else Hege: 30, 34
Heinrich Hoffmann: 58, 59, 62, 64
G. Kresin: 49
Landesverkehrsverband für das Gebiet der Freien Stadt Danzig: 1, 18, 26, 29
Lulinski: 61, 65, 66
Dr. Gertrud Meili-Dworetzki: 9, 12, 13, 17, 32, 35–37, 80, 81
Mimosa: 11, 19
Private Quellen: 16, 31, 68–70
Privates zeitgeschichtliches Archiv: 6, 14, 21, 27, 28, 33, 39, 40, 43, 45, 63
Kunstverlagsanstalt Schaar & Uathe: 46
Verlag Schöning & Co: 22
Sönnke: 60
Staatliche Bildstelle Freie Stadt Danzig: 3–5, 8
Horst Strehlke: 76–78
Dr. Trenkler: 44
Th. Urtnowsky: 10
Aus zeitgenössischen Veröffentlichungen: 53, 54
aus »Danziger Hauskalender 1950«, herausgegeben von Siegfried Rosenberg: 71
aus Bohdan Szermer »Gdańsk. Vergangenheit und Gegenwart«, Warszawa 1971: 72
aus Maria I. Andrezej Szypowscy »Gdańsk«, Warszawa 1978: 56, 73

CIP-Kurztitelaufnahme der Deutschen Bibliothek

*Meili-Dworetzki, Gertrud:*
Heimatort Freie Stadt Danzig / Gertrud Dworetzki.
Gdańsk – Danzig – Gdańsk: Rückblicke /
Thomas Omansen. – Düsseldorf: Droste, 1985.
    ISBN 3-7700-0683-6
NE: Omansen, Thomas: Gdańsk – Danzig – Gdańsk: Rückblicke

© 1985 Droste Verlag GmbH, Düsseldorf
Schutzumschlagentwurf: Helmut Schwanen
Gesamtherstellung: Bercker Graphischer Betrieb GmbH, Kevelaer
ISBN 3-7700-0683-6

# Inhalt

Gertrud Dworetzki: Heimatort Freie Stadt Danzig

## Erster Teil: 1973–1974

## Zweiter Teil: Sommer 1977

## Thomas Omansen:
## Gdańsk · Danzig · Gdańsk: Rückblicke

».. . und je weiter nordwärts man kommt, desto lauter schlägt das
Herz, bis man die See wittert. Die See – Wie schon Kilometer vorher jeder Pfahl, jedes Strohdach plötzlich eine tiefere Bedeutung haben . . . Windumweht steht der Busch, feiner Sand knirscht dir zwischen den Zähnen . . .«
Kurt Tucholsky, aus »Heimat«, 1929.

## Zurück zum Meer

Schon atme ich den Duft von Salz und Tang,
die Füße eilen über trock'nem Sand
und folgen meinem ungestümen Drang
ans Meer: es ist mein Heimatland.

Schon zeigt sich mir ein schmaler blauer Streifen,
der Puls geht schneller, und das Herz wird weit
vor Glück, die Landschaft zu ergreifen
in ihrer vollen Herrlichkeit.

Ich laß den Sand von meinen Fingern rinnen,
dann zieht's mich in die kühle Flut:
die Seele und der Leib mit allen Sinnen
frohlocken nun, und alles in mir ruht.

Des Meeres Schönheit kann ich voll erfassen
mit Auge, Ohr, mit meiner ganzen Haut,
dem Meer kann ich mich willig überlassen
als Kind, das sich der Mutter anvertraut.

# Erster Teil
## 1973–1974

# Der höchste Berg der Welt

Vor langen Jahren hatte ich einen Traum: ich kam von der »Sandgrube« her, einer Straße parallel zu der unsrigen, dem »Schwarzen Meer«, und wollte durch das oberste Gäßchen unter dem Bischofsberg zu unserem Haus heruntergehen. Verworrene Umstände, wie sie für Träume typisch sind, hinderten mich, aus dem holprigen Gäßchen mit ganz unbekannt scheinenden Häusern um die Ecke zu gelangen, dort wo sich breiter und heller das »Schwarze Meer« hinzog. Beim Erwachen empfand ich mehr Wehmut als Schmerz. Es war einer jener Träume, bei denen nicht viel geschieht, deren Stimmung uns aber noch lange begleitet.

Zu jener Zeit beschäftigte ich mich nicht mit Danzig, noch mit meiner Kindheit, und ich dachte nicht daran, den Ort, in dem ich geboren und aufgewachsen bin, jemals wiederaufzusuchen. Meine Angehörigen waren vor dem Kriege, unter dem wachsenden Druck der Nationalsozialisten ausgewandert, meine Freunde, soweit sie »arisch« waren, hatten sich mindestens nach der Einnahme der Stadt durch die Russen und Polen in den Westen gerettet.

Letzten Sommer bin ich nach Danzig zurückgekehrt. Vielleicht wäre es nie dazugekommen, wenn mein Mann nicht hätte nachprüfen wollen, ob es in Danzig im Sommer wirklich immer schön ist und die Landschaft so viel Reize bietet, wie ich es behauptet hatte.

Gleich nach der ersten Nacht – wir sind am späten Nachmittag angekommen – machen wir uns von der Innenstadt her, wo wir private Unterkunft bei der Bekannten einer Berner Kollegin gefunden haben, auf den Weg zum »Schwarzen Meer«. Vor der Brücke über die Bahnlinie und die Radaune läuft jetzt eine große Autostraße, und dahinter ist der Weg versperrt. Alles, was man durch das Gebüsch erkennt, ist eine Baustelle. Da es strömend regnet – der einzige Schlechtwettertag unserer Danzig-Woche – geben wir es auf, einen Zugang zu suchen.

Wieviel läßt sich in diese Woche packen? Wie es einrichten, daß es für meinen Mann nicht ein langweiliges Abklappern an sich bedeutungsloser Gegenden und Plätze wird? Nun, es läßt sich einrichten mit Hilfe unserer freundlichen Gastgeberin Irena, die nach der Arbeit gern mit uns plaudert und Ratschläge erteilt, und dank dem wirklich schönen Sommerwetter, bei dem das Herumstreifen in

Stadt, an der See und über die bewaldeten Höhen ein Vergnügen ist – wie ehedem. Dann aber am letzten Tag packt mich doch noch einmal der Gedanke: ich muß zum Schwarzen Meer. Irena ist mit uns nach Zuckau gefahren, wir sind durch das märchenhafte Radaunetal gewandert, und bei der Rückkehr am hypermodernen Busbahnhof bestehe ich darauf, noch einmal zum Schwarzen Meer zu gehen. Irena, die selbst erst seit ihrem Studium hier lebt und nicht viel vom alten Danzig kennt, übersetzt dem Chauffeur, wohin er uns fahren soll. Sie selbst muß noch Einkäufe machen. Der Mann scheint über den Auftrag wenig entzückt. Es gibt ein langes Palaver, in dem wir das Wort »Milice« verstehen. Irena erklärt uns: da sei jetzt ein Polizeigebäude und sonst nichts, außerdem käme man wegen Bauarbeiten und Umfahrungen schlecht heran. Nach langem guten Zureden fährt der Mann mit uns endlich davon. Es geht am früheren Volkstagsgebäude vorbei, auf langen Umwegen, von einer für mich ganz ungewohnten Seite gelangen wir auf eine Anhöhe etwa dort, wo wir früher die Drachen steigen ließen und die Rodelbahn herunter nach dem Schwarzen Meer begann. Der Platz, an dem der Wagen hält, ist so schmal geworden, weil nun dort eine Polizeischule – die »Milice« also – mit großem Umschwung viel Raum einnimmt. (Wohl die 1938 gebaute Jugendherberge.)

Wir steigen aus, und mein Blick sucht das Gelände unter den Büschen, die den Abhang bedecken, nach der Richtung ab, in der meine Straße liegen müßte. Ich suche Anhaltspunkte zur Orientierung. Gehören jene Häusergruppen zu der Gasse, in der ich in meinem Traum vergeblich gesucht hatte? Wo stehen die Linden, an denen man auf dem Weg von der Stadt vorbei kam, wo war die Kneipe gegenüber im Eckhaus, aus der am Freitagabend Betrunkene heraustorkelten? Ich suche vergeblich nach etwas Bekanntem, fast wie in jenem Traum, und versage mir den Blick auf die Stadt, während mein Mann unbekümmert Aufnahmen macht.

Das Gelände bleibt unübersichtlich, hie und da ein Gebäude, undefinierbare Grünflächen. Man könnte versuchen, zu Fuß herunterzugehen und das Terrain zu durchstreifen. Aber wozu?

Die Melancholie über die Vergänglichkeit hat der Traum vorweggenommen. Wie hieß es doch früher bei uns? Es war eine Scherzfrage nach dem höchsten Berg der Welt. Die Antwort: der Bischofsberg. Warum der? Vom Bischofsberg kann man über das Schwarze Meer hinwegblicken, so hoch ist er.

1 *Danzig damals, zu Kaisers Zeiten, zu Freistaat-Zeiten: weltbekannte Silhouette einer geschichtsmächtigen Stadt.*

Nun ist also der »Biskupiej Gorki« nicht mehr der höchste Berg der Welt: das »Schwarze Meer« ist verschwunden. –

Doch da steigt die Freude am Bild der Stadt dort unten wieder auf. Lehrer der Heimatkunde würden vielleicht alle Unterschiede gegenüber früher erkennen, mir genügt das alte Danzig – pauschal – mit den Backsteindächern und Türmen in jenem dunklen Rot, das für mich mit dem Begriff »eine schöne Stadt« verknüpft ist. Ein paar helle Bauten links neben der Franziskanerkirche mit den weißgerandeten hohen gotischen Fenstern und dem feinen Gefüge zwischen den Giebelspitzen geben zwar einen fremden Akzent. Auch scheint mehr freier Platz vorhanden als früher, nicht alles wurde ja wieder aufgebaut, z. B. nicht der Riesenkran der Schichauwerft und auch nicht die große Synagoge, die 1939 nach der Liquidation der jüdischen Gemeinde der Stadt verkauft und noch vor dem Kriegsausbruch abgetragen wurde.

Aber die Hauptsache scheint unverändert: die alte Henne, wie es mir immer vorkam, mit ihren Kücken liegt wieder mitten drin – ich meine die Marienkirche mit dem kantigen massiven Turm und dem mächtigen Kirchenschiff, aus dem die kleineren schlankeren Nebentürme hervorstreben. Neben der Marienkirche erhebt sich wieder der schöngegliederte Rathausturm mit dem goldenen Mann auf der Spitze, von dem es hieß, wenn mich meine Erinnerung nicht trügt, er habe in alten Tagen den Seeleuten bei der Einfahrt in den Hafen als Orientierungspunkt gedient.

Bis zur See reicht der Blick nicht, aber man ahnt sie jenseits der Stadt am Horizont, der sich überraschend weit vor uns erstreckt als Grenzlinie zwischen Himmel und Ebene der Weichselmündung, nur unterbrochen durch die Türme der Marienkirche und des Rathauses.

# Sog der Vergangenheit

Wenn ich es recht bedenke, setzte der Drang, nach hinten zu blicken, erst so recht ein mit dem Tod meiner Schwester. Seither sind 2 Jahre vergangen, in denen das Leben weiterging, daneben aber ein

2  *Hoch über der Stadt seit Jahrhunderten: die Glocken des Rechtstädtischen Rathauses und der Turm von St. Marien.*

3  *Freude am Bild der Stadt dort unten. Die alte Rechtstadt. Über den Giebeln und Gassen der schlanke Turm des Rathauses und – weit ragend über Stadt, Land und See – das gotische Gotteshaus St. Marien.*

4 *Vertraute Bilder: Frühlingssonntag an der Langen Brücke. Danziger, die Mottlau und das Krantor, stolzes Wahrzeichen der Hafen- und Kaufmannsstadt seit Ordenszeiten.*

Gegenstrom einsetzte, der mich halb ohne mein Zutun, halb von mir gefördert nach Danzig zurücktrug.

Natürlich eine Alterserscheinung. – Aber wie kommt es zu so einem Wandel der Blickrichtung?

In den letzten Monaten häuften sich die Fälle von Wiederauftauchen vergessener Dokumente, von Botschaften alter Landsleute aus Amerika, aus Israel, ja aus Litauen, die ich vor 30–40 Jahren gekannt hatte. Dann die Bücher von Echt und Lichtenstein, beide 1973 erschienen, über die Juden in Danzig, und meine wiederaufgenommene Lektüre von Günter Graß' Werken, die ich nach den ersten beiden nicht weiter verfolgt hatte. Nun ist es, als zöge mich ein Wirbel, gespeist von den Wassern der Ostsee, der Weichsel und ihrer Nebenflüsse, in die Danziger Vergangenheit.

Jedes Jahr kam ich wieder mit Menschen aus Danzig zusammen: meinen nächsten Angehörigen, mit Verwandten und Freunden, die ich in England, Deutschland, später auch in Israel traf und die uns alle in der Schweiz besuchten. Einmal stießen wir beim Spaziergang an der israelischen Küste bei Nathania auf einen sympathischen Mann mittleren Alters, der sich als mein Landsmann entpuppte. Bis zu 14 Jahren wohnte er, wenn schon nicht in unserer Straße am Schwarzen Meer, so doch in der jetzt wieder aufgebauten Hundegasse, in der das Kontor meines Vaters stand. Zu vorher unbekannten Landsleuten, die ich traf, kann man auch Günter Grass zählen, der in Bern einmal aus den damals noch unveröffentlichten »Hundejahren« vorlas. (Ich bat ihn, doch einmal die Radaune vorkommen zu lassen, mein liebes Flüßchen unten an unserer Straße – erst jetzt, da ich »Aus dem Tagebuch einer Schnecke« lese, sehe ich mit Rührung, daß die Radaune mindestens viermal erwähnt wird. Merci vielmal!) – Nachtrag: auch in den »Hundejahren«, die ich eben jetzt erst lese.

Trotz aller dieser Kontakte mit Danzigern und der Möglichkeit, Erinnerungen aufzufrischen, spielte die Vergangenheit bewußt kaum eine Rolle. Man hatte mit der Gegenwart genug zu tun. Und nicht nur das. Wie wahrscheinlich bei vielen anderen machte sich eher auch bei mir ein gewisser Widerstand bemerkbar. Hätte ich sonst nicht besser zugehört, wenn meine Schwester von ehemaligen Freunden ihrer Jugendgruppe oder Kunden ihrer Weichsel-Buchhandlung erzählte?

In den Fünfzigerjahren schickte mir meine Schwester gelegentlich den Danziger Hauskalender, herausgegeben von ehemaligen Landsleuten, nun in der Bundesrepublik lebend. Die Photographien, die mit Danziger Lokalkolorit versehenen Beiträge und geschichtlichen Skizzen weckten in mir gemischte Gefühle. Ich freute mich, die vertrauten Bilder der Stadt wiederzusehen, damals geläufige, jetzt halb vergessene Danziger Ausdrücke, die Namen von Straßen, Orten wiederzufinden, die mir blitzartig Bilder der Kindheit in Erinnerung riefen. Aber tief aufgerührt haben mich diese Kalender nicht. Noch 1956 wird an eine Rede vom Jahre 1935 des früheren Präsidenten der freien Stadt Danzig, später Oberbürgermeister von Berlin, Heinrich Sahm, erinnert, in der es hieß:

». . . und niemals den Gedanken aufgeben kann, das urdeutsche Danzig wieder dem Deutschen Reiche zurückzugewinnen.«

In derselben Numer, ein paar Seiten davor, findet man Faksimileteile aus dem Mitteilungsblatt des Bundes der Danziger. Ich nehme die Lupe, um mir einmal die Unterstreichungen anzusehen. Du lieber Himmel! Da wurde ja ernsthaft an eine Rückkehr der Danziger und die Wiederherstellung des Freistaats mit eigenem Statut geglaubt! Und dies, nachdem die Polen schon mit anerkannter Energie die schönsten alten Bauten, 1945 durch die Kanonade der Russen zerstört, wiederhergestellt und Tausende Polen aus dem Osten in Danzig angesiedelt haben. Da heißt es tatsächlich:

»1939 wurde die Freie Stadt Danzig vom Deutschen Reich gewaltsam einverleibt (sic!) und den Bürgern der Stadt die Bestätigung der Danziger Rechte genommen.«

Durch die Infiltrierung von Nazis aus dem Reich sei Danzig überrumpelt und unfrei geworden. Sie fordern daher ein bewußtes Danziger Staatsvolk . . . »Gott hat uns Gold in die Seele gemischt, Liebe zur Weichselheimat, Treue zur Freien Stadt Danzig.« (Das mit dem Gold in der Seele ist wohl eine Anspielung auf das berühmte, mit winzigen Staniolfetzen versetzte Danziger Goldwasser.)

Von separatistischem Danzigertum ist beim Rückblick auf das Jahr 1938 in der letzten mir zugänglichen Nummer von 1958 eigentlich nichts zu bemerken, dagegen viel von Anhänglichkeit an den »Führer« und die guten alten Zeiten, als sich so viele Danziger im Reich zu Tagungen trafen und umgekehrt so viele Prominente aus dem Reich Danzig besuchten, der Gauleiter diese oder jene Kundgebung leitete. Gerechterweise ist zu sagen, daß auch einige weniger glorreiche Ereignisse Erwähnung finden.

Ein paar Kostproben: 3. Januar Sammelergebnis »Tag der Polizei und der Soldatenverbände« 43 680 Gulden.

16. März Geheimorganisation der Bibelforscher aufgedeckt. 30 Personen verhaftet.

20. April Parade der Schutzpolizei u. a. zum Geburtstag des *Führers.*

27. April Besuch deutscher NS-Flieger mit Korpsführer Gen.-Leutnant Christiansen in Danzig.

20. Juni Volkstagssitzung. Durch Listenverbindung aller bisherigen Oppositionsparteien mit der NSDAP: jetzt 70 Abgeordnete im Braunhemd.

26. September *Führer*rede im Sportpalast.

10. Oktober Versammlung heimattreuer Danziger in Essen und Düsseldorf.

Immerhin wird die Enteignung von jüdischen Geschäften erwähnt, wenn auch nur indirekt zugegeben: »Umwandlung der bisher jüdischen Firma in . . .«; »Verkauf« des Hauses des Juden Jewelowski, war langjähriger Senator und um die Danziger Wirtschaft verdienstvoll.«

Was in Lichtensteins Buch als »Pogrome« in aller Ausführlichkeit beschrieben wird, erscheint hier als »Änderung der Steuergesetze, keine Steuerermäßigung für jüdische Kinder«, »Verbot des Waffenbesitzes für Juden« und kurz zusammengeaßt als »Fortsetzung von *Maßnahmen* gegen Juden.«

Wollen noch sehen, welche Ereignisse am 12. und 13. November vermerkt werden: »Umbau der Schalterhalle der Danziger Hauptpost / Versammlung heimattreuer Danziger in Hamburg und Reichsstatthalter der Ostmark, Dr. Seyß-Inquart, in Danzig.«

In der Nacht vom 12. auf den 13. November wurden, nach dem Beispiel der Kristallnacht im Reich, die Synagogen in zwei Danziger Vororten angezündet! Warum es nicht zum Brand der Großen Synagoge kam, ist bei Lichtenstein nachzulesen. Nach dem mutig von Lichtenstein und dem Gemeindepräsidenten Rosenbaum vereitelten Anschlag wurde die Synagoge durch Freiwillige der Danziger Ortsgruppe des »Reichsbundes Jüdischer Frontsoldaten« bewacht.

Von all dem und der Selbstauflösung der Jüdischen Gemeinde ist nicht die Rede, und so heißt es dann im besinnlichen Ausblick auf das neue Jahr: »Zufrieden schaut Danzig auf die Leistungen und Anstrengungen der letzten Jahre zurück . . .« Zu den Leistungen und Anstrengungen gehörte die totale Gleichschaltung der Gewerkschaften (schon seit 1933), die Unterdrückung der Oppositionsparteien, angefangen von den Kommunisten über die Sozialdemokraten (früher stärkste Partei) bis zum katholischen Zentrum. Alles dies unter den Augen des Hohen Kommissars, Carl J. Burckhardt, der sich durch das deutsch-polnische Stillhalte-Abkommen und die Tatenlosigkeit des Völkerbundes außerstande sah, die Verfassung wirksam zu verteidigen.

Mögen die Kinder und Kindeskinder dieser Heimatkalender-Danziger sich von dem Geist ihrer Väter befreit haben!

Nein, diese Heimatliteratur war nicht geeignet, mich für die Beschäftigung mit dem alten Danzig zu erwärmen.

Ganz anders wirkte dann schon das Erscheinen der »Blechtrommel« von Günter Grass. Das war das alte Danzig in neuem Gewand, faszinierend durch den Naturalismus der richtigen Namen von Straßen, Bauten, Geschäften, Badeorten inmitten des Dichters skurriler Fabel. Obschon mit dem sozialen Milieu des kleinen Trommlers wenig vertraut, erlebte ich hier meine Heimatstadt lebhafter als beim Blättern im Hauskalender mit seinen Photos und Lesebuchstücken. Vielleicht lag es auch an der Gesinnung.

Doch auch die »Blechtrommel« genügte nicht zur eigentlichen Rückschau. Nach »Katze und Maus«, das ich sehr schätzte, ließ ich Günter Grass wieder fallen. Andere Interessen, andere Lektüren.

Erst der Tod meiner Schwester im Herbst 1971, 12 Jahre nach dem meines Vaters, brachte eine Wendung.

Nun war ich die Letzte meiner Familie. Meine Schwester hat immer, wenn sie es konnte, oft mehr als die jüngere das wünschte, für mich gesorgt. Noch nach ihrem Hinscheiden sorgte sie dafür, daß ich ihre Freunde übernahm, jene die von Danzig her mit ihr die Verbindung aufrecht gehalten hatten.

Es treffen Kondolenzbriefe von Danzigern ein, deren Namen ich kaum mehr kenne, die mich aber duzen, als seien wir nicht durch ein paar Jahrzehnte getrennt gewesen. Sie rufen mir Szenen in meinem Elternhaus ins Gedächtnis zurück, derer ich mich, vielleicht weil einige Jahre jünger, kaum noch erinnere.

So komme ich auch wieder mit Herbert und Thea zusammen. Beim Wiedersehen in Israel ist es für mich, als setzten wir einen Schwatz an unserer Haustür am Schwarzen Meer an Dizengoff-Road in Tel-Aviv einfach fort, als hätte man aus dem Film eines Le-

5  *Mächtige Gebärde des Glaubens und des Stolzes: St. Marien, eine der größten Kirchen Europas. Der Turm mit seiner stumpfen Haube ragt 76 m zum Himmel. Der monumentale Hallenbau ist 105 m lang, das Querschiff 66 m breit. Raum genug für 25 000 Gläubige.*

bens ein paar Jahrzehnte herausgeschnitten. Für sie ist es vielleicht nicht ganz so: mein Deutsch ist verschweizert, das ihre noch unverfälscht danzigerisch.

Meine Schwester hinterließ mir nicht nur einen Teil ihrer Freunde, sie hinterließ auch Schubladen und Schubladen voller Briefe. Nach dem Aussortieren der Dokumente, die für ihr Leben in der Emigration von Bedeutung sind, konzentriert sich mein Interesse auf einige Briefe und andere Papiere, die mit unserer Vergangenheit zu tun haben: den »Rundgesang zur Vermählung von S. D. gewidmet von seinen Freunden«, den russischen Paß meines Vaters, ausgestellt 1912 in Kowno, die amtliche Genehmigung zum Führen seiner Firma mit Sämereien und Futtermitteln (später kamen noch Bindegarne hinzu), erteilt im Jahre 1917 von einer preußischen Stelle (bis zum Ende des Ersten Weltkriegs war ja Danzig Hauptstadt der preußischen Provinz Westpreußen), einen Brief an meinen Vater von einem Kunden, geschrieben im Jahre 1938. Zudem behalte ich einen Teil der Danzig-Bilder, persönliche Photos, ein paar Bändchen über Danzig.

Dann stelle ich Daten, Dokumente, Briefe von Freunden, Verlegern, Photos zusammen, um sie in einem Album zur Erinnerung an Eva zu vereinen. Die Zeit in England war bedeutend länger, aber die Jugend wiegt schwerer, um so mehr, als ich sie miterlebt habe. Auf Danzig fällt wieder grelleres Licht, es ist nicht mehr ganz so »versunkene Vergangenheit«, der man ausweicht.

Im letzten Jahr geht die Rückwendung im Galopp voran: Einer von Evchens lebenslangen Korrespondenten aus ihrer Jugendgruppe, den »Kameraden«, macht mich auf das Buch von Echt »Die Geschichte der Juden in Danzig« aufmerksam.

Noch bevor ich alles herausgelesen habe, was mich interessiert, kommt es zu unserer Reise nach Danzig. Nun überstürzen sich die Danziger Kindheit-und-Jugend-Mementos: über Franz Kaelter, den Führer unseres Jungjüdischen Bundes (Verein der Jüngeren), taucht die Tochter unseres damaligen Oberkantors wieder auf, Hilde Meisel, die ich nur vom Sehen kannte. Sie lebt als Gilda Cukerman weniger weit von Danzig als alle anderen: in Wilna, jetzt Vilnius, Hauptstadt der Sowjetrepublik Litauen. Das von Franz ausgesponnene Treffen in unserer Vaterstadt kommt nicht zustande, aber eine rege Korrespondenz zwischen Hilde und mir, die bis zum heutigen Tage andauert.

6  Der Lange Markt vor dem Krieg, Herz der Stadt, mit Rechtstädtischem Rathaus, das seinen Prunkgiebel nach Osten zum Hafen richtet, und St. Marien.

Sie schreibt: »Jetzt bist Du nun die zweite, die ein Wiedersehen mit der Stadt »feiern« konnte, ein Jammer, alles, was mit den Bündlern (unser Jung-Jüdischer Bund) zusammenhängt und was so nah war . . . Aus Danzig ist wirklich ein Gdansk geworden, alles so bekannt und doch so fremd.« Und in einem zweiten Schreiben: »Übrigens unsere Viktoriaschule ist ganz geblieben . . . jetzt ist dort eine Musikschule. . . . Am 1. September 1939, als die Nazis über Danzig herfuhren, haben sie alle polnischen Bürger der Stadt eben in diese Schule zusammengetrieben und sie dort ganz anständig gepeinigt . . .« (Hilde wurde Polin durch Heirat.)

Überdies rät mir Franz, unbedingt das Buch von Erwin Lichtenstein zu kaufen, ein paar Monate nach Echts Werk erschienen.

Inzwischen korrespondiere ich nun mit Menschen in »Gdańsk«: mit Irena, unserer Gastgeberin, die bald einmal zu einem Besuch bei uns auftauchen wird, mit Monika, der ehemaligen Haushaltshilfe meiner Cousine, die wir im Sommer getroffen haben, in der ich alle unsere »Annas« wiedererkenne.

Ein halbes Dutzend Skizzen liegen in der Mappe, aber dies oder jenes muß noch zeitlich nachgeprüft werden. Nun beschaffe ich mir das Buch von Lichtenstein. In der Einleitung lese ich, daß Günter Grass mit ihm Kontakt aufgenommen und viele der von Lichtenstein verwendeten Dokumente in »Aus dem Tagebuch einer Schnecke« verwendet hat.

Gerade nach meinen Erinnerungen an die höhere jüdische Schule von Ruth Rosenbaum, in der ich bei meinem letzten Besuch in der Freien Stadt Kinder getestet hatte, sehe ich zu meiner Erschütterung, daß der Held des Grass' Buches ein imaginärer Lehrer derselben Schule ist! Ja sogar Fräulein Studienrat Dr. Romana Haberfeld – nicht von Grass erfunden – von der ich erzählt hatte, findet Erwähnung. Beim Weiterlesen wird klar, daß er fast die ganze Geschichte der »Juden der Freien Stadt Danzig unter der Herrschaft des Nationalsozialismus« von Lichtenstein von A bis Z in seine Schnecke verwoben hat.

# Schwierige Fragen

## Und wie gefällt Ihnen Polen?

Irena, unsere Gastgeberin, stammt aus Thorn. Wie Kopernikus, wie meine Mutter und wie Dr. Hermann Rauschning. Von diesen drei Thornern ist meine Mutter die »deutscheste«: sie wurde in einem damals deutschen Gebiet geboren, und sie starb, ohne je ins Ausland gekommen zu sein, im damals noch deutschen Danzig; ihre einzige Sprache war deutsch. Kopernikus hatte in Krakau studiert und wird überhaupt von den Polen mindestens so als der ihre betrachtet wie von den Deutschen. Was Rauschning anbetrifft, so lebte er lange im an Polen abgetretenen Gebiet (Thorn, Posen), und in späteren Jahren, nach seiner Flucht, in den Vereinigten Staaten. Nur meine Mutter kam nicht in die Gefahr, ihr Deutschtum zu verteidigen, anzuzweifeln oder zu verlieren. Sie starb 1919 vor dem Versailler Vertrag, der Danzig, übrigens zum zweiten Mal in der Geschichte, zur freien Stadt erklärte.

Als Irena zur Schule ging, war Thorn zur Abwechslung wieder einmal deutsch, besser unter deutscher Herrschaft. Daher spricht sie fließend deutsch, obschon polnisch ihre Muttersprache ist.

Am vorletzten Abend sind wir mit Irena bei ihren Freunden, die in Zoppot wohnen, zum Abendessen eingeladen. Ein nettes Ehepaar mit achtjährigem Sohn, der uns stumm frischgepflückte Himbeeren aus dem nahen Wald anbietet, eine lebhafte Großmutter – alle aus dem an Rußland abgetretenen südostpolnischen Gebiet. Sie sprechen trotz höherer Schulbildung keine der uns geläufigen Sprachen. Die Unterhaltung ist nur über Irenas Dolmetscherkünste möglich. Wir würden gern von Frau M.'s Leben als Naturkundlehrerin einer Mittelschule, von Herrn M.'s Beruf als Schiffsbauingenieur mehr erfahren, aber das Gespräch ist etwas mühsam, zumal man mit dem Essen von liebevoll zubereiteten Eiern und Aufschnitt, mit dem Anschauen ihrer Reisedias (auch aus der Schweiz und Italien) genug zu tun hat. Da richtet auf einmal die Großmutter eine Frage an mich. Irena übersetzt: »Und wie gefällt Ihnen Polen?«

Diese Frage bringt mich in Verlegenheit, Polen? Warum sagt sie »Polen« – ich bin doch hier in Danzig! Richard, als Schweizer mit

7 *Seit 1920 Freie Stadt: eigener Paß, eigene Währung.*

ungebrochenem nationalem Identitätsgefühl, antwortet unbefangen. Ihm gefalle es sehr gut, und wie schön die Stadt wieder aufgebaut sei, und das erfreuliche Wetter usw.

Wie bekannt mir diese Situation vorkommt, woran erinnert mich das? O ja, das war schon früher vorgekommen. Immer wenn ich früher als Deutsche angesprochen wurde, verbesserte ich pedantisch: ich bin Danzigerin, Bürgerin der Freien Stadt Danzig mit eigenem Paß, eigenem Wappen (Wahlspruch: Nec temere – nec timide = weder tollkühn, noch furchtsam), eigenem Geld, eigenen Briefmarken. Nicht erst in der Zeit, als es peinlich war, im Ausland als Deutsche zu gelten, auch schon in der Weimarer Republik hielt ich etwas auf meine Zugehörigkeit zum Freistaat.

Auf diese prekäre Staatsbürgerschaft – sie dauerte alles in allem, nicht nur für mich, 19 Jahre (1920–1939) – bestand ich auch gegenüber der Genfer Fremdenpolizei.

Die Verlängerung meines Aufenthalts nach Abschluß des Studiums wurde immer schwieriger, und eines Tages erhielt ich die Aufforderung, nun da Danzig zum Reich gehöre, den Anordnungen der Deutschen Botschaft gemäß meinen Danziger Paß gegen einen deutschen einzutauschen.

Statt dieser Aufforderung nachzukommen, schrieb ich ziemlich empört, daß die Angliederung Danzigs von der neutralen Schweiz doch kaum völkerrechtlich als legaler Akt anerkannt werden könne, ebenso wenig wie andere Annektierungen, die den Krieg ausgelöst hatten.

Eine Erwiderung erhielt ich nie, und das ganze Problem wurde durch meine Heirat mit einem Schweizer bedeutungslos. So blieb ich noch ein Weilchen unbeanstandet Danzigerin mit eigenem, wenn auch verfallenem Paß, einem schönen schokoladenbraunen Paß mit dem Danziger Wappen drauf: die Krone über zwei Kreuzen. (In Artikel 2 der Danziger Verfassung, Bekanntmachung von 1922, findet man eine genaue Beschreibung von Form und Farbe dieses Emblems, – mit echt hanseatischem Trotz hat man aber auf den Deckel der kleinen Broschüre doch das komplizierte Vorkriegswappen gesetzt mit den beidseitigen, das Wappen haltenden Löwen, als wolle man sagen: »Auf die Paragraphen da drinnen pfeifen wir!«)

Halt! Habe ich nicht eben so geringschätzig von den unrealistischen Rückkehrbestrebungen des Bundes der Danziger im Reich gesprochen? Das eine hindert das andere nicht. Bindung an die frühere Heimat, Gefühle kultureller Zugehörigkeit lassen sich verteidigen, nicht aber das nochmalige Umwerfen der Geschichte. Unsere Kinder geht alles dies wenig an. Es ist unser persönliches Problem, wenn es eins ist.

## Warum kannst du nicht polnisch?

Als ich meine Vaterstadt vor 36 Jahren verließ, hieß sie noch Danzig, jetzt heißt sie Gdańsk. Nur die Polen, und es waren nicht mehr als vier Prozent der Bevölkerung, sprachen natürlich von »Gdańsk«.

Nun trafen wir in den sechs Tagen in Danzig außer Irena nicht mehr als vier Leute, alle mindestens sechzig Jahre alt, die uns verstanden. Während des Semesters hätten wir vielleicht mal einen Studenten mit westlichen Sprachkenntnissen gefunden, aber es war Ferienzeit, und die Verständigung stellte Probleme. »Warum kannst du eigentlich nicht polnisch?« fragte mich mein Mann etwas irritiert, als wir wieder einmal vergeblich Auskunft suchten.

Ja, warum lernten wir eigentlich nicht Polnisch? Man lehrte uns Französisch, Englisch, Latein, sogar Hebräisch (fürs Beten, nicht für Palästina) – aber polnisch? Nein. Vielleicht lernte man es in gewissen Sparten des Handels, in der kaufmännischen Lehre, aber Angestellte wie Papas Kontorfräulein oder meine Freundinnen Lenchen und Ilse, Büroangestellte, konnten nicht mehr polnisch als ich, d. h. ein paar Schimpfworte, Guten Tag, Auf Wiedersehn, Danke, Bitteschön.

Danzig war kulturell unleugbar deutsch trotz seines slawischen Ursprungs, dem polnischen Einfluß auf Wortbildungen der Umgangssprache und all den polnischen Namen auf »ki«. Die Ordensritter, die den Osten mit Schwert und Kreuz unterwarfen, Völkerbewegungen aus niederdeutschen Gebieten nach der Weichsel mit ihnen, vorher und nachher, die Zugehörigkeit zur Hanse, all dies hatte Danzig zur deutschsprachigen Stadt gemacht, und nicht einmal während der dreihundert Jahre, in der sie unter der Herrschaft polnischer Könige stand (und dabei gut fuhr), änderte sich dies. Was ein richtiger Danziger war, der konnte allerdings neben seinem Goethe auch ein bißchen kaschubisch und wußte zudem, wie sehr Danzig in Handel und Wirtschaft von guten Beziehungen mit Polen abhing.

Im Bürgertum und auf dem Lande wurde das Deutschtum mehr oder weniger kräftig und parallel zur Entwicklung im Reich zunehmend aggressiv betont. Entsprechende Haltungen demonstrierten die meisten Lehrer, vor allem in Heimatkunde, Deutsch und Geschichte. Welch Skandal, als Angela und ich einer von uns hochverehrten, leider aber sehr deutschnationalen Lehrerin, die noch vom frisch-fröhlichen Krieg zu sprechen wagte, einen Bilderband auf das Pult legten mit schrecklichen Photos von Kriegsopfern!. Mütterlicherseits war unser kulturelles und nationales Zugehörigkeitsgefühl ganz von Deutschland bestimmt. Alle Verwandten von Mutters Seite lebten in Danzig oder in Berlin. Alle betrachteten sich als Deutsche, bzw. Danziger jüdischen Glaubens, bis ihnen Hitler dieses Selbstverständnis entzog. Zwei von meinen Berliner Cousins hatten sogar den Ersten Weltkrieg mitgemacht, was dem einen das Eiserne Kreuz, dem anderen Nervenstörungen eintrug. Auswandern mußten sie beide.

Ganz anders lag die Sache väterlicherseits. Mein Vater kam zur Welt in einer Gegend, die bald polnisch war, bald russisch, bald litauisch (und retour) und wuchs etwas weiter nördlich in Kowno (Kaunaus) auf, damals Hauptstadt der russischen Provinz Litauen. Im Hause und mit anderen Juden sprach man Jiddisch, in der Schule und mit Nichtjuden russisch. Gesprochen hat er mit meiner Schwester und mir weder das eine noch das andere, und ich hatte später das Gefühl, er beherrsche diese ersten Sprachen nicht mehr recht. Immerhin: Russisch kam ihm während der Kriegsjahre noch zunutze, als man ihn zur Aufsicht über russische Kriegsgefangene im Werder einsetzte, eine Aufgabe, die er in guter Erinnerung behielt, zumal sie es ihm erlaubte, die damalige karge Lebensmittelversorgung mit Butter und Eiern gelegentlich zu ergänzen.

Er hatte seine Ausbildung in Königsberg begonnen und dann in Danzig seine kaufmännische Lehre abgeschlossen – stolz pflegte er auf das Steffenhaus am Langen Markt, Ort seiner Ausbildung, zu zeigen, auch heute wieder eins der prächtigsten der Stadt – hatte sich hier mit einer deutschen Jüdin verheiratet und seine Existenz aufgebaut. Im Verkehr mit seiner ländlichen Kundschaft, die ihm oder der er Getreide und Futtermittel verkaufte, wurde sein Deutsch immer danzigerischer. Ebenso sein Herz. Wäre er sonst so lange geblieben? Noch dann, als unsere Verwandten in England ihm rieten, nach Liverpool zu kommen?

Von jeher hatte das Deutsche in der Familie meines Vaters starkes Gewicht, weil mein Großvater die deutschen Klassiker hoch schätzte. Nach Großvaters Tod besuchten wir die Verwandten in Kowno: die Großmutter, Papas dort lebenden Bruder und dessen Frau. Auch sie sprachen nur deutsch mit mir. Niemand kam auf die Idee, uns eine östliche Sprache oder das wenig geachtete Jiddisch zu lehren. Im Gegenteil: wenn Papas jüngste Schwester, eine Medizinerin, uns aus Paris besuchte, bemühte sie sich, bevor ich noch zur Schule ging, uns Französisch beizubringen. Schade, daß sie uns nicht Russisch oder Polnisch lehrte – denn dazu hatte ich nie mehr Gelegenheit im späteren Leben.

Es ist mir gar nicht mehr klar, warum der Onkel in Kowno so gut deutsch sprach und schrieb. Wie dem auch sei, er drückte sich immer ganz besonders gewählt aus, was auch in seinem vorletzten Schreiben an mich zum Ausdruck kommt, in dem er mir zum Abschluß meines Studiums gratuliert. »Meine liebe Nichte Gertrud« – eine feierliche Anrede und alles in kalligraphisch schöner Schrift. Damals trug seine Karte noch den litauischen Aufdruck über dem französischen und seinen litauisierten Namen: Isakas Dvorekkis, Kaunaus, Laisvés Aleja . . . Datum 5. Januar 1940.

Fünf Monate später erhielt ich eine weitere Karte von ihm, die letzte: Die Handschrift, als schriebe er auf der Flucht, voller Abkürzungen, eng aneinandergedrängte wilde Buchstaben. »Von Anna nichts mehr gehört« (Tante in Bialystok) »Aus Deiner Geburtsstadt scheinen alle Glaubensgen. am 1/3 nach Warschau abgeschickt.« Tatsächlich ersehe ich aus dem Buch von Lichtenstein, daß damals die restlichen Juden von Danzig nach Polen transportiert werden sollten, was dann ein Jahr darauf geschah (»nur« noch 395 Menschen).

Der Aufdruck der Karte ist dieses Mal russisch, die Briefmarken sind russisch und der Absender: aus der Laiscés Aleja ist ein Stalino prosp. geworden. Nie mehr haben wir etwas von ihm, seiner Frau und auch nicht von den Verwandten in Bialystok gehört. –

Als ich meinen Vater nach dem Kriege einmal vorsichtig nach Möglichkeiten der Nachforschung fragte, wandte er nur den Kopf ab und machte eine Geste der Resignation. –

Ich kann weder Russisch, noch Polnisch, auch wenn mein Name auf »ki« endet und meine Verwandten im Osten lebten und starben. Sogar daß die Aufschrift auf dem Danziger Bahnhof, der unter polnischer Direktion stand, deutsch *und* polnisch war, hatte ich vergessen. Man erkennt es deutlich auf einem der Photos aus dem Vorkriegs-Danzig.

# Schätze und Überraschungen

Wenn von Schätzen die Rede ist, so wird jeder Danziger sogleich an »unser« bedeutendstes Kunstwerk »Das Letzte Gericht« von Hans Memling denken. In der Hansezeit hatte es der Danziger National-held, Paul Beneke, ein kühner Pirat, von den Engländern erbeutet. Dann ließ es Napoleon, von Tilsit kommend, nach Paris mitgehen. Nach seinem endgültigen Sturz kam es nach Berlin und schließlich doch wieder zu uns in die Marienkirche. Jetzt hängt es im Kunst-museum, aber das haben wir nicht besucht. Nein, von solchen Schätzen kann ich nicht viel berichten, es waren kleine, unbedeu-tende Dinge der Natur, die mich faszinierten: Muscheln, Bernstein, wildwachsende Blumen.

Mit den Muscheln, die wir als Kinder am Wasser fanden, war ei-gentlich kein Staat zu machen. Da waren winzige, glatte, leicht zer-brechliche, die uns durch ihr zartes oder stärkeres Rosa entzückten, dann die kräftigeren gerippten weiß-gelben, bei denen die verschie-dene Größe den Reiz ausmachte. Nur die größten wurden zum Mit-nehmen bestimmt.

Auch die Bernsteinstückchen, die wir fanden, waren an sich kei-ne Kostbarkeiten; wenn es hochkam, erreichte das eine oder andere die Größe einer verrunzelten Erbse. Und doch sammelten wir die winzigen Körner wie besessene Goldgräber zwischen Tang, Mu-scheln und angeschwemmten Hölzern in dem nassen Sand am Ran-de der See.

Zuhause gerieten diese Funde, wie das bei Kinder üblich ist, sehr bald in Vergessenheit. Man barg sie irgendwo zwischen den Spielsa-chen oder im Wäscheschrank, bis die Tante oder das Mädchen sie fanden und etwas verwundert unser erlahmtes Interesse konstatier-ten.

Es gab Schätze, die noch kürzeren Bestand hatten als die Mu-scheln und die Bernsteinstückchen. Ihre Seltenheit und die Schwierigkeit, sich ihrer zu bemächtigen, machten sie aber noch kostbarer für uns. Ich denke an wilde Veilchen, die wir im Frühling auf dem Bischofs- und dem Stolzenberg fanden, an bestimmten Böschungen unter den Heckenrosensträuchern, die sich bis zum jüdischen Friedhof hinzogen. Wenn wir ein Dutzend fanden war es viel. Und wie zerschunden und verstrubelt kamen wir von diesen Expeditionen zurück! Ähnlich ging es mit den wilden Löwenmäulchen unter den stachligen dichten Büschen, die der Befestigung des Strandes an den Zoppoter Promenaden dienen. (Man kann sie auch jetzt noch finden). Kaum zwei Tage hielten Veilchen und Löwenmäulchen in der Vase. Kein Enzian, kein Edelweiß erfreuten mich jemals mehr als die bescheidenen Trophäen der Kindheit.

Was die Veilchen anbetrifft, so kam ein Moment, da ich entdeckte, daß sie auf dem hinteren, noch spärlich mit Gräbern bedeckten Teil des Friedhofs sehr reichlich wuchsen, und sie wuchsen dort in größeren, duftenderen Exemplaren. Von der Entdeckung an nahm mein Interesse an diesen Blümchen ab: nicht nur weil der Reiz der Seltenheit wegfiel, es war auch das heimliche – unheimliche – Gefühl im Spiel, daß man Blumen, auch wildwachsende, nicht vom Friedhof zu den Lebenden mitnehmen dürfe. Es war der Friedhof, auf dem meine Mutter begraben lag, jahrelang das Ziel aller Sonntagvormittags-Spaziergänge, außer in der Ferienzeit.

Neben den kleinen Wundern der Natur gab es aber solche, die unterstützt von Menschenhand, zu den anerkannten Sehenswürdigkeiten zählten. Natürlich die ganze Bucht mit den waldigen Höhen längs der Küste, der breite helle Strand, stellenweise mit hohen Dünen, das zum Freistaat gehörende Waldgebiet mit kleinen und größeren Seen. Das alles bot sich ohne besondere Mühe und Zeitaufwand mehr oder weniger jedem dar. Andere Sehenswürdigkeiten mußte man sich aber erwandern: die überraschenden Ausblicke über die Wälder hinweg von den Höhenzügen zwischen Langfuhr und Zoppot, die lieblichen Täler, an deren Bächen Knabenkraut wuchs, die alten Mühlen mit Gartenwirtschaft, und die Höhe mit der riesigen Jahreszahl, erkennbar vom gegenüberliegenden Hang, den ein Förster durch den Wechsel von Laub- und Nadelbäumen in den Wald gezaubert hatte.

Von all dem wollte ich nun nach 37 Jahren soviel wie möglich wiedersehen, Dünen, einsame Strände, Bernstein – das fand man am ehesten in Bohnsack und Nickelswalde. Aber wie heißen diese

Orte auf Polnisch? Dummerweise habe ich die Pläne aus den Danziger Hauskalendern nicht mitgenommen, und auf den jetzigen lassen sich nur die im Polnischen ähnlichen Namen wie Steegen und das unselige Stutthof (Konzentrationslager) eruieren. Wo lagen Bohnsack und Nickelswalde genau? Östlich oder westlich von der Toten Weichsel, schon mehr zum Haff zu? Irena hat keine Ahnung, sie kennt nur die viel leichter erreichbaren Badeorte Zoppot, Heubude, Brösen. Erst am letzten Abend vor unserer Abfahrt sind wir bei Monika K., der ehemaligen Hausangestellten meiner Verwandten, die uns Auskunft geben kann. Aber ganz sicher ist auch sie nicht mehr ...

Was den Friedhof mit dem Grab meiner Mutter und den üppigen Veilchen anbetrifft, so erübrigt sich das Suchen: »Auf en Friedhof brauch die Herrschaft gar nich erst gehen, da is nuscht nich mehr von den Gräbern.«

Es gibt noch genug alte und neue Wunder der Natur, kleinere und größere Überraschungen: das Radaunetal bei Zuckau mit riesigen königsblauen Libellen und Wälder voller Lupinen, eine Gegend, die ich von früher nicht einmal kannte. Mitten in der Woche, kein Mensch weit und breit, auch nicht in dem fast mondän eingerichteten Jägerhaus über dem See, das anscheinend als Absteigequartier bekannt ist.

Am Sonntag fahren wir nach Oliva und besuchen den Schloßpark. Die Kirche ist pfropfenvoll, und jeder der eintritt oder hinausgeht, bekreuzigt sich. Wir aber wollen von Oliva nach Zoppot wandern und nehmen den Bus vom Schloß nach dem Zoo, einer Neuerrungenschaft. Den Wald verfehlen wir nicht, aber wo lag nur der Bilderweg? Meine Erinnerung an die vielen Wanderungen mit der Schule und dem Jugendbund erweist sich als sehr mangelhaft. Später nach meinem Reisebericht schreibt mir Hilde Meisel von entsprechenden Erfahrungen: »Den sogenannten ›Bilderweg‹ bin ich mit meinem Mann gegangen, kaum zu finden, hatten immer befürchtet uns zu verlaufen.« Es ist nicht klar, ob nun der Wald so hoch gewachsen ist, daß die Ausblicke auf die See, bei denen wir jedesmal mit einem »Guck, wie schön!« zu verweilen pflegten, verschwunden sind oder ob wir alle doch nicht den richtigen Weg gefunden haben.

Und doch ist es eine sehr schöne Wanderung: vielfältiger Baumbestand, Unterholz, in dem viel Blaubeeren gedeihen, herrliche

Moosteppiche, und das Ganze durch keine Siedlung unterbrochen. Schön ist es auch, wie wir irgendwo, in der Meinung, es sei schon das Städtchen Zoppot, etwa Gegend Waldoper, aus dem Wald heraus auf die Straße in Richtung Meer geraten und das erste größere Anwesen in weitem Park den Namen des großen jüdischen Waisenhausarztes und Pädagogen trägt: Korszak, jenes Mannes, der freiwillig die ihm anvertrauten Kinder in den Tod begleitete. Offenbar ein Kinderheim.

Auch hier hat meine Orientierung versagt: wir kommen zu früh aus dem Wald, vor uns liegt eine moderne Wohnsiedlung, von der aus wir wieder den Bus bis zur Seestraße nehmen. Da von Überraschungen die Rede ist, sei noch dies erwähnt: die Anlagen in Zoppot, deren Modernisierung und Technisierung durch den Verkehr ich befürchtet hatte, sind schöner denn je. Nichts ist verdorben, im Gegenteil. Nie schienen mir die Bäume, die Sträucher, die Blumenbeete längs des Strandes üppiger und farbiger. Vor Freude wäre ich dem nächstbesten Polen um den Hals gefallen. Daß sie die Stadt nach den alten Vorlagen so bemerkenswert neu aufgebaut haben, das war mir bekannt – daß sie aber auch die Natur geschont haben, erfuhr ich erst jetzt.

Außerhalb der Natur ergeben sich weitere eher positive Überraschungen: Im Klub der Presse, der allen offen steht – auf der Seestraße nahe beim Kurhaus, ebenso wie auf dem Langen Markt in der Stadt – findet man eine Unmenge Zeitungen aller europäischen Länder, darunter den »Spiegel«, das Journal de Genève.

Im Kurpark vor dem Steg, nahe bei der früheren Fontäne, wird mit Riesenfiguren Schach gespielt, und in den Gaststätten am Anfang des Stegs sitzen ebenfalls Schachspieler über gewöhnlichen Brettern, während die Menge der übrigen Besucher auf dem Steg flaniert – wie eh und je. Fast hätte ich es vergessen: vor dem Restaurant zwischen Seestraße und Kurhaus lagern etwa zehn Hippies, ohne daß jemand sie beachtet. Auch das gab es früher nicht.

Zu den Überraschungen beim Wiedersehen mit Danzig gehört auch dies: rings um die Stadt, wo bei uns alles überbaut wäre, dehnen sich Schrebergärten aus, jetzt voll von leuchtend bunten Blumen. Auch Jadwiga, Monikas Schwester, befaßt sich mit Blumenzucht. Der Schrebergarten ersetzt ihr den Mann, der als Kriegsgefangener nach England kam und es vorzog, dort eine neue Familie zu gründen und für immer zu bleiben. In ihrem zuerst schwer verständlichen, holprigen breiten Deutsch erzählt sie uns, daß man eine Siedlung oder eine Fabrikanlage plante, dort wo ihr Schrebergarten liegt. Da wehrten sich die Werftarbeiter, die wollten ihre Schrebergärten behalten zum Ausgleich zu ihrer schweren Arbeit (»sonst saufen se noch mähr!«). Ein Journalist nahm sich der Sache an, und siehe da, die Zeitungen brachten Artikel darüber, und die Arbeiter behielten ihre Schrebergärten. Es muß nicht immer die Lohn- und Lebenskostenfrage sein! Dieselben Arbeiter hatten 1970 mit offenem Protest gegen Preiserhöhungen den Sturz Gomulkas herbeigeführt. Es hatte Verletzte und Tote gegeben, aber sie und ihre Kollegen im ehemaligen Stettin hatten Rückgrat bewiesen. Wieviel davon mag an der nachwirkenden Erziehung durch die früheren Arbeiterparteien und Gewerkschaften liegen? Über tausend Danziger Arbeiter sind in Danzig-Gdańsk unter der polnischen Herrschaft geblieben. Mit ihnen sollte man den Kontakt aufnehmen, sie über den Wandel der Zeiten unter den verschiedenen politischen Strömungen und Regierungen befragen . . .

# Das letzte Mal in der Freien Stadt Danzig

Jeden Sommer, wenn ich in den Semesterferien nach Hause kam, gab es mehr Hakenkreuze. Die Erinnerungen an die Besuche zwischen 1933 und 1937 lassen sich nicht mehr auseinanderhalten. Ich weiß nicht einmal sicher, ob ich noch im Jahr vor der Emigration meiner Familie nach England in Danzig war, aber Lenchen, jetzt in Frankfurt, die einzige aus meinem Freundeskreis, die damals noch in der Stadt lebte, erinnert sich: »1937 – du erzähltest von der Technischen Hochschule . . .«. Vielleicht wüßte es auch noch Ruth Rosenbaum, in deren Schule ich Kinder testete. Nach Erwin Lichtensteins Chronik der Jahre unter den Nazis ist 1937 das wahrscheinlichste.

Viele Juden hatten schon die Stadt verlassen, auch Verwandte von uns – die einen gingen nach England, die anderen in die USA. Meine Schwester hing an ihrer geliebten, selbst mit einem Kollegen gegründeten Buchhandlung, mein Vater an seinem Geschäft und seiner treuen Kundschaft. Hofften sie, daß der Völkerbund doch einmal eingreifen oder die Nazis sich von allein an ihrem »Nihilismus« (Rauschning) totlaufen würden, oder war es das Beharrungsvermögen, die Schwierigkeit, das Vertraute zu verlassen, ins Ungewisse aufzubrechen? Andere, wenige blieben ja noch viel länger, bis sie Schiffe zur Auswanderung fanden. Die allerbeharrlichsten, die Alten, wurden dann zwangsweise nach Polen deportiert.

Jetzt war sogar schon Rauschning, der erste nationalsozialistische Senatspräsident, geflohen, dem viele Juden und auch mein Vater als anständigem Menschen und überlegtem Politiker vertraut hatten. Sein Nachfolger Greiser folgte dem Führer aufs Wort und machte aus seiner Verachtung aller Verträge und aller Beschwerden des Völkerbundvertreters in Danzig keinen Hehl. In Genf hatte dieser Landsmann traurige Berühmtheit erlangt, als er sich vor dem Völkerbund verantworten sollte:

»Er überschüttete Sean Lester (Burckhardts Vorgänger im Amte) mit den heftigsten Vorwürfen und verlangte dessen Abberufung, oder noch besser, die endgültige Aufhebung der Völkerbundsvertretung in der Freien Stadt. Seine Rede beendete der Senatspräsident mit »Heil Hitler«. Da man auf der Pressebühne laut lachte, drehte er sich um und streckte den Journalisten die Zunge heraus.« (Carl J. Burckhardt in Meine Danziger Mission 1937–1939, S. 30).

Im Hause am Schwarzen Meer war die Stimmung gedrückt, und in der Stadt, in den Vororten, überall prägte der Nationalsozialismus das Bild. Vor dem Hohen Tor, auf dem Weg in die Langgasse, hörte man den »Danziger Vorposten«, Organ der Nazis, ausrufen. In SA-Uniformen stand der Verkäufer da, frech breitbeinig postiert, und nirgendwo ein Gegengewicht: die Pressefreiheit existierte nur noch in der Verfassung.

An gewissen Stellen hatte man, gut sichtbar, Seiten des »Stürmers« mit seinen antisemitischen Karikaturen und fast direkt zum Pogrom aufrufenden »Meldungen« ausgestellt. Auch an den Strand fahren machte kaum mehr Freude: in den Anlagen trugen die Bänke die Aufschrift »Nur für Arier«.

Ich versuchte, all dies unpersönlich zu nehmen und hielt mich an die Hoffnung, daß es den oppositionellen Parteien im Reich doch noch gelingen werde, die Nazis abzuschütteln. In Frankfurt hatte ich imponierende Massen der SPD durch die Stadt demonstrieren gesehen, diszipliniert, verhaltene Stärke ausdrückend, gegenüber allen frechen Provokationen dazustoßender Braunhemden. Ich hatte auch Freunde, die, in den Untergrund getaucht, nach 1933 weiter gegen die Nazis kämpften, und in Gedanken klammerte ich mich an sie. Es konnte nicht wahr sein, daß dies alles noch länger dauern sollte . . . Später erst zeigte es sich: die disziplinierten Massen »Gewehr bei Fuß«, wie es damals hieß, rafften sich nicht zur Abwehr auf, die Opposition hatte keine Chance. Und Lenchen, die ich hie und da traf, sah nur noch schwarze Wolken am Himmel. Die Schwester war nach dem Westen gezogen, der Freund in fernen Häfen, gegen Hitler agitierend; sie war auf ihre bescheidene Bürostelle angewiesen, deren Chef, ein Obernazi, den Hitlergruß verlangte und vor Umgang mit Juden warnte. Ich fühlte mich schuldig, wenn wir zusammenkamen: sie riskierte ja ihre Stelle.

In jenem Sommer machte ich auf der psychotechnischen Abteilung der Technischen Hochschule eine Art Praktikum. Viel war nicht los – es waren ja die Sommerferien, und den Chef, Prof. Hans Henning, hatte ich nur ganz kurz vor seinem Urlaub kennengelernt.

Es sah da oben in der Abteilung wie in einem Fritz Lang-Gruselfilm aus: an den Wänden montiert, im freien Raum stehend, überall roboterähnliche Apparaturen, an denen man durch Bedienung von Knöpfen und Hebeln die Reaktionsgeschwindigkeit, die Wachsamkeit, aber auch Intelligenz und Fähigkeit zur Zusammenarbeit im Betrieb zu ergründen suchte.

Die Leiterin, technische Hilfskraft des Professors, führte mir alles vor, berichtete über ihre Methoden der Eignungsprüfung und Berufsberatung und, vor allem, schüttete mir ihr Herz aus über die Situation am Institut. Sie machte sich schwere Sorgen um ihren Chef, den dessen Assistent, ein eifriger Nazi, mit allen Mitteln zu verdrängen versuchte. Henning war liberal oder sozialdemokratisch und hatte eine jüdische Frau. Die Nürnberger Rassegesetze galten noch nicht in der Freien Stadt Danzig, aber viele Verordnungen gegen Oppositionelle und Juden erlaubten auch in Danzig die schrittweise Verwirklichung des Naziregimes.

Tatsächlich ersehe ich aus dem anfangs erwähnten Hauskalender von 1958, daß ein halbes Jahr darauf dieser Nazi-Assistent sein Ziel, Henning zu vertreiben, erreicht haben muß: Im Rahmen der Schopenhauer-Feiern zur Wiederkehr des 150. Geburtstags unseres berühmten Landsmannes sprach »*Prof.* Ehrenstein, Danzig über »Schopenhauer als Psychologe.«

Eine weitere Erinnerung dieses Sommers führt mich in Ruth Rosenbaums Schule. Wie es dazu kam, daß ich bei ihr Kinder psychologischen Tests unterzog, ist mir nicht mehr gegenwärtig. Ich erinnere mich aber sehr gut an eine kurze Unterhaltung mit meiner früheren geliebten und gefürchteten Lehrerin aus der Viktoriaschule, Frl. Studienrat Dr. Romana Haberfeld. In meiner Vorstellung vermischt sich ihr Bild etwas mit dem von Golda Meir: dieselbe Würde und Kraft. Der Druck der Zeit hatte sie aus dem Staatsdienst gedrängt, und nun wirkte sie wie die wenigen anderen jüdischen (und einige nicht-jüdische) Lehrer an einer neugegründeten jüdischen Privatschule.

Frl. Haberfeld fragte mich nach meinem Studium, nach Genf, und nicht ohne leisen Triumph bemerkte ich nebenbei: »Wenn ich daran denke, wie schlecht ich im Französischen war«, nun da ich diese Sprache umständehalber ziemlich gut beherrsche. Mit einem feinen Lächeln kam Frl. Haberfelds Antwort: »Aber dafür waren Sie gut im Deutschen«, was im Hinblick auf die erhaltenen Noten in manchen Aufsätzen mehr ihrer Liebenswürdigkeit als der vollen Wahrheit entsprach.

Es war ein merkwürdiges Gefühl, Romana Haberfeld unter dem Kollegium zu sehen, vor dem ich die Ergebnisse meiner Prüfungen referieren sollte.

Die Direktorin, Ruth Rosenbaum, lebt nun in Haifa. Romana Haberfeld ist zusammen mit ihrer nicht-jüdischen Freundin, die ihr ins Exil nach Frankreich gefolgt war, gebrochen durch die Leiden der Kriegs- und Besetzungsjahre, freiwillig aus dem Leben gegangen. – Während ich dies schreibe, sehe ich sie – nunmehr wirklich ihr Bild, und nicht das der Golda Meir dazwischen – die Stirne runzelnd, das Lorgnon vor den Augen, über ein Heft gebeugt, prüfend, ob meine Formulierung ihrer strengen, klugen Kritik standhalten könne...

# Im Kontor

Manchmal vor den hohen Feiertagen mußte ich am Nachmittag vor dem Abendgottesdienst meinem Vater den Zylinder ins Kontor bringen. Andere Male, wenn er über Mittag beschäftigt war, telephonierte er, jemand solle ihm das Essen bringen, und das hieß gewöhnlich ich, da meine Schwester später aus der Schule kam oder sonst verhindert war. Beide Aufgaben waren lästig: den Zylinder zu transportieren, kam mir lächerlich vor, und der Korb mit dem Mittagessen war schwer. Der Weg von unserer Wohnung bis fast zum Ende der Hundegasse schien mir nie so lang wie mit dieser Last. Unangenehm war noch dazu, daß die Suppe und die Sauce leicht überschwappten, da wir nicht über spezielle gut verschließbare Gefäße verfügten.

Schon beim Eintreten in die gewölbte Vorhalle schlug mir der unangenehme Geruch von Katze, Mäusen, Staub und Futtermitteln entgegen. Gegenüber dem Eingangstor lag etwas erhöht nach ein paar Stufen das Kontor, ein großer quadratischer, sehr hoher Raum, in den von dem kleinen Hinterhof wenig Licht eindrang. Zu beiden Seiten des riesigen Schreibtisches in der Mitte saßen mein Vater und Agnes Figurski, letztere über ihre schmalen langen Kontorbücher gebeugt, während ersterer meist telephonierte. Überall lagen Warenproben herum: Hafer- und andere Getreidekörner, Bohnen, Erbsen, Linsen, Mais. Vorräte in Säcken lagerten in einer kleinen Nebenkammer, umfangreichere Ladungen im Speicher auf der Speicherinsel, wohin, bzw. woher, der Laufbursche leere und volle Säcke zu tragen hatte.

Rechts an der Wand, über einem alten Ledersofa, hing eine riesige Karte vom ganzen Freistaat mit allen kleinen und kleinsten Ortschaften, Seen und Kanälen, so daß es ein einziges Gewirr von Namen, Punkten, Linien ergab für mich unentwirrbar. Ich möchte fast meinen, daß mein Verständnis für Karten und Pläne sehr negativ von dieser beeinflußt wurde. Später fand Papa noch Platz, die Urkunde für meine Teilnahme an den auch in Danzig durchgeführten Reichsjugendwettkämpfen aufzuhängen, stolz auf den turnerischen Erfolg seiner Tochter.

Die Trostlosigkeit des Kontors wurde ein bißchen gemildert durch Papas Freude an privatem Besuch und Frl. Figurskis Verständ-

8  In der Hundegasse, alte Brauerhäuser: Niederländischer Kunstgeist in der Stadt im Osten.

nis für meine Bedürfnisse. Wenn mein Taschengeld nicht reichte, ließ sie sich leicht erweichen, einen kleinen Griff in die Kasse zu tun mit einem Seitenblick auf den Chef, der so tat, als ob er nichts bemerke. Die paar Pfennige oder der Gulden wurden unter Spesen verbucht.

Kamen Kunden, wurde ich ihnen vorgestellt und machte meinen Knix, ob es Herr X. aus der Niederung oder Herr Y. von der Höhe war. Je kleiner, unbekannter das Dorf, um so breiter und gemächlicher ihre Sprache. Einmal, als zwei Kunden sich miteinander unterhielten, verstand ich rein gar nichts: das waren Schweizer. Schweizer im Sinne der Nationalität, aber auch Schweizer als Berufsbezeichnung, nämlich Melker und Viehexperten.

Damals ahnte mein Vater nicht, daß sein Traum, sich einmal in der Schweiz zur Ruhe zu setzen, am liebsten am Vierwaldstättersee, von woher seine Geschäftsfreunde stammten, mit einigen Verschiebungen verwirklicht werden sollte. Wenigstens eine der Töchter heiratete einen Schweizer, wenn auch keinen Küher, und er besuchte sie nach Belieben von seinem Exil aus, wenn nicht in Luzern, so doch nicht allzuweit davon.

Ob ich während meiner Semesterferien in den späteren Jahren selbst Frau Dr. Rauschning, die Frau des ersten nationalsozialistischen Senatspräsidenten und späteren Hitler-Gegners, kennengelernt habe oder ob mein Vater nur von ihren Besuchen so eindringlich berichtete, kann ich nicht mehr sagen. Sicher ist, daß sie, die das große Gut leitete, während ihr Mann von der Politik absorbiert war, mit meinem Vater geschäftlich verkehrte, zu ihm ins Kontor kam und ihm »das Herz ausschüttete«. Ich vermeine, Papa sprechen zu hören, wenn ich bei Hans L. Leonhardt folgendes lese (frei aus dem Amerikanischen übersetzt): »Dr. Rauschning entging nur durch Zufall mehreren Mordanschlägen und mußte zum zweiten Mal die Freie Stadt fluchtartig verlassen. Diesmal für immer. Seine Frau und Kinder blieben in Danzig, und Frau Rauschning leitete weiter den Gutsbetrieb. Dabei war sie allen möglichen Schikanen ausgesetzt. Sie durfte keine Landarbeiter mehr beschäftigen, gegen ihre Erzeugnisse wurde der Boykott verhängt. Gleichzeitig wurde ihr von den Nazis nahegelegt, sich von ihrem Mann scheiden zu lassen, andernfalls würde das Gut beschlagnahmt. Sie ging darauf nicht ein, worauf sie die Steuerbehörden unter Druck setzten. Schließlich, nachdem auch eine Kollekte aus dem Kreise der mit ihnen befreundeten Opposition die steigenden Forderungen des Steueramts nicht befriedigte, mußte auch sie auswandern.«

Wie lange diese Geschäftsbeziehung dauerte und wie weit Frau Rauschning sich Papa anvertraute, habe ich vergessen. – Dabei fällt mir ein: das Thema des ersten nichtfachlichen Gesprächs mit Prof. Meili, meinem späteren Mann, war das damals (1938) erschienene sensationelle Werk Rauschnings »Die Revolution des Nihilismus«, in dem er die Wurzeln der Hitlerbewegung bloßlegte. Ihm folgte, ebenso Aufsehen erregend, das Buch »Gespräche mit Hitler.«

Mit allen »hochanständigen« Kunden, nicht nur mit den Schweizern und Frau Rauschning, hatte mein Vater ein sehr gutes Verhältnis, und eben das machte ihm das Fortgehen schwer. Manchmal hatte man den Eindruck, er sorge für sie wie für eigene Kinder. Noch tönt mir im Ohr, wie er, heftig gestikulierend, in den Hörer mit beschwörender Stimme ruft: »Nein, glauben Sie mir, Manitoba-Weizen ist im Moment zu teuer. Warten Sie, bis die Preislage günstiger wird.« Oder: »Ja, Herr Behrend, gewiß, ich *habe* Viktoriaerbsen, aber ich kann sie Ihnen nicht empfehlen. Es ist leicht fehlerhafte Ware . . .« Da dachte ich mit Befriedigung: Papa ist ein anständiger Mann.

Ein merkwürdiges Dokument liegt vor mir: eine Karte aus dem Schopenhauerjahr mit dem Kopf des Philosophen (geb. 22. 2. 1788 in Danzig), auf deren Poststempel ich nur die Jahreszahl 1938 und die Poststelle, Kalthof, erkenne. Hatte Papa sie kurz vor der Flucht oder durch Frl. Figurski, die ihm die Post nach Gdingen (seit Versailles polnischer Hafen) nachschickte, erhalten? Der Absender, ein Herr I. Harder aus einem kleinen Dorf bei Kalthof schreibt mit kindlich-ungelenken gotischen Buchstaben ähnlich wie Anna: Bitten schicken Sie doch 25 Kilo Bindegarn habe kein Weizen jetzt nach der Ernte werde gern an Ihnen verkaufen. Besten Gruß . . .« Und quer dazu auf dem restlichen Platz: »Bamert sagt Sie sind ein netter Mensch«.

Auch dies war eine Art Geleitbrief in die Emigration, obschon weniger ausführlich und weniger gut formuliert als der, den ihm Dr. Weiss als Oberrabiner der Gemeinde freundlicherweise zum Abschied zukommen ließ.

Ein eigenes Kontor hatte mein Vater nie mehr, aber er schien darunter weniger zu leiden als unter dem englischen Winter und der schlechten Beheizung. Der Krieg brachte für alle viel Einschrän-

9   Im Jahre *1938*: Erinnerung an einen der berühmtesten Söhne Danzigs, Arthur
Schopenhauer. Erinnerung an den Getreidehändler Salomon Dworetzki in der Hundegasse 45.

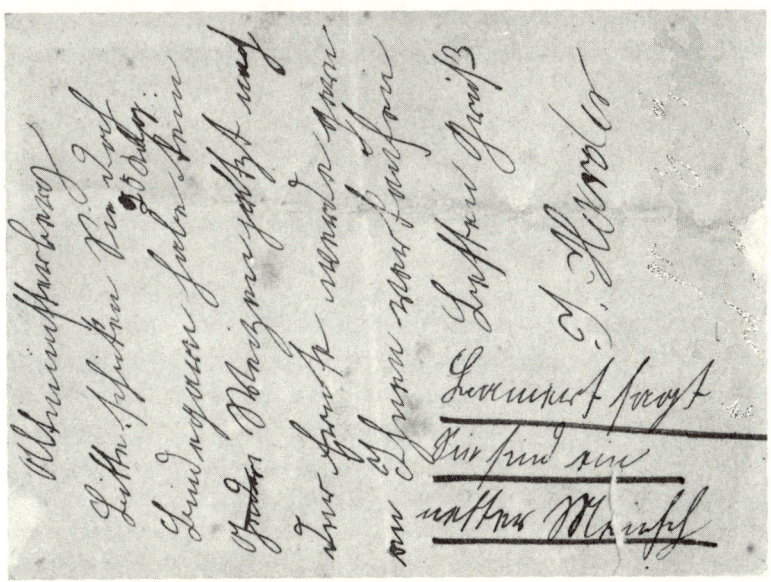

kungen, von denen ihm die der eigenen Bewegungsfreiheit am lästigsten war. Als Angehöriger eines feindlichen Staates konnte er, ebenso wie meine Schwester, nur mit ausdrücklicher Genehmigung seinen Wohnort verlassen.

Daß er auch als Hilfskraft in einer Reinigungsanstalt, später als Vertreter von Plastik- und Textilwaren seinen Unterhalt verdienen konnte (einen kleinen Fond fürs Alter hatte er von Danzig gerettet), machte ihm Spaß. Auch hier wieder hatte er seine Geschäftsfreunde und genoß die Freiheit, gerade soviel arbeiten zu dürfen, wie ihm paßte. Aus dem selbständigen Danziger Getreidehändler wurde ein Commercial traveller (Fancy Goods and Raincoats), wie es in seiner Naturalisierungsurkunde heißt, und ein britischer Bürger. Er starb mit 81 Jahren in Liverpool. –

Als ich das Haus in der Hundegasse wieder neuerbaut vor mir sah, war ich ganz erstaunt, daß es einen schönen Beischlag mit Geländer und riesigen Steinkugeln als Abschluß hat und so einen stattlichen Eindruck macht. Anscheinend wurden zwei Häuser kombiniert, denn nun steht über der Tür 45/46. Als ich zögernd aufmachte, zeigte sich eine gewöhnliche graue Treppe, anstelle der schwarz-weiß gelegten großen Diele mit dem gotischen Gewölbe, an dessen hinterem Ende meines Vaters Kontor lag. Schnell schloß ich die Tür.

Vielleicht kann mir Lenchen in Frankfurt oder Heinz in Chicago noch sagen, ob das Haus No 45 wirklich einen Beischlag und Steinkugeln hatte . . .


# Hilfreiche Geister


Was heute gerechterweise Hausangestellte genannt wird, hieß bei uns noch »Dienstmädchen«, oder einfacher »Mädchen«. Dann gab es das Kontorfräulein, das man jetzt Sekretärin nennt, und schließlich den Laufburschen, der heutzutage – mit Auto – als Chauffeur und Speditionsarbeiter gelten könnte. Gedacht sei auch des guten Herrn Kibitzki, eine Art Faktotum, der immer kam, wenn etwas im Hause zu reparieren war. Er ersetzte den Tischler, Elektriker und Klempner, und es schien uns, er könne ziemlich alles. Von den eigentlichen Handwerkern, die uns nützliche Arbeit leisteten, dem Schuhmacher gegenüber unserem Haus, dessen kinderlose Frau die Straße überwachte und uns vor die Nase hielt, wie gut sie über die Freundinnen und Freunde und ihre Pfiffe vor unserem Haus unterrichtet war, von der fleißigen Frau mit der Wäschemangel, von der Schneiderin mit den schönen Töchtern und dem unehelichen Enkelkind, will ich nicht reden – die waren peripher.

Von den drei Annas, die uns betreuten, war die erste nicht Dienstmädchen, sondern Kinderfräulein. Es ist die einzige, deren Nachnamen ich noch weiß. Ich erinnere mich gut an sie, unterstützt durch eine Photographie, die ich in meinem Album habe: ein freundliches, hübsches Mädchen mit großer Bernsteinkette. Von ihr und ihrer älteren Schwester, die sie bei uns abgelöst hatte, sprach man mit besonderer Hochachtung. Ich habe den Eindruck, sie waren strenger mit uns als meine Eltern, aber sehr kinderlieb.

Die zweite Anna, an die ich mich erinnere, war eine dunkelhäutige, schwarzäugige ältere Person, deren stechender Blick mir Angst einflößte. Sie war äußerst zurückhaltend, sprach oft mit sich selbst, vor allem, wenn etwas sie wurmte. Es war nicht angenehm, Schularbeiten zu machen, wenn Anna im Nebenraum in aggressives Murmeln verfiel. An allen Sonntagen und manchmal an ihrem freien Nachmittag ließ sie heimlich ihre kleine kugelrunde Freundin in die Wohnung, als verstecke sie einen Liebhaber in ihrer kleinen Kammer gerade an der Korridortür.

Ganz anders war Erika, ein junges lebensvolles Mädchen, bei dem ich viel in der Küche saß. Auch meine Schwester schwatzte viel mit ihr, und manchmal schwiegen sie, sobald ich, die Kleine, dazukam, was mich ungeheuer ärgerte.

Mit Erika konnte man lachen, zanken, spielen. Ich glaube, mit ihr ging ich auch mehrmals auf den Domnik, unseren alljährlichen Jahrmarkt. Das Schönste war der Rummel. Da hatte ich Erika für mich allein, denn Evchen liebte so ordinäre Vergnügen nicht und fürchtete sich vor der Achterbahn.

Als Erika, die vergleichsweise gut geschult war, zur Kontorhilfe aufstieg, kam die dritte Anna ins Haus. Wie Anna die Zweite, ein ältliches Mädchen, pflegte auch sie mit sich selbst zu sprechen, aber nur wenn sie arg verstört war. Sie sah aus wie der Inbegriff des kaschubischen oder des polnischen Mädchens vom Lande: hellblondes, glattes, strähniges Haar, kleine hellblaue Augen, breite Backenknochen sowie ein etwas vierschrötiger Körperbau. Sie hatte wache Ohren und Augen, wußte, was in der Stadt und in der Welt passierte, vor allem als es mit Hitler losging. Höhnisch mit ihren kleinen Äuglein grinsend, die Hände im Schürzenlatz versteckt, stand sie vor dem Buffet und berichtete über irgendeinen Mißerfolg der Nazis. Sie suchte diese Mißerfolge an den Haaren herbei, denn auch in Danzig nahm die braune Welle erschreckend zu.

Sie korrigierte gern an uns herum, z. B. sollte ich nicht soviel lesen, lieber mich draußen bewegen, dann würde ich nicht über Kälte klagen. Andererseits ließ sie sich gar nicht gern beim Kohlenherauftragen für den Kachelofen helfen, wohl aus Berufsstolz und bestand darauf, in der Küche zu essen.

Wenn Anna uns beim Essen zuschaute und ins Plaudern kam, forderte mein Vater sie auf, sich an den Tisch zu setzen und ihren Teller hereinzubringen. (Das Benutzen der Tischglocke war schon lange verpönt, immer mußte ich in den Korridor laufen und rufen: »Anna, wir sind mit der Suppe fertig«). Diese Demokratisierung ging aber auch Anna zu weit. Nicht weil sie ein uneheliches Kind war und ihren Vater nicht kannte – das hatte sie mir später einmal grinsend erzählt –, mehr aus Gewohnheit.

Letzte Erinnerung an die dritte Anna: bei meinem letzten Aufenthalt in Danzig kommt sie eines schönen Tages außer Atem vom schnellen Treppensteigen (wir wohnten im 3. Stock) herauf, noch den Einkaufskorb am Arm und meldet triumphierend, sie habe eben einem Nazibonzen in der Nachbarschaft ein ihr zugestecktes illegales Flugblatt in den Briefkasten geworfen. –

Im Kontor regierte Agnes Figurski über Papa, die kecke Erika und den vergeßlichen Hans. Stille, strafende Blicke gingen zum Chef, wenn er eine Verabredung nicht eingehalten, zu Erika, wenn sie beim Ausschreiben der Rechnungen Fehler gemacht, zu Hans, wenn er die ausgeladenen Säcke im Speicher in der Hopfengasse vergessen hatte. Beim Gedanken an sie fällt mir immer ein Gedicht von Hugo von Hofmannsthal ein: »Manche freilich müssen drunten sterben, wo die schweren Ruder der Schiffe streifen . . .« Agnes sah schon mit 20 Jahren alt und grau aus, obschon ihre Haare wahrscheinlich blaßbraun waren. Vielleicht lag es an der Brille mit den dicken Gläsern, an ihren farblosen Kleidern. Dazu kommt die Erinnerung an ihre Wohnung: ihr Vater war Buchbinder, und einmal mußte ich ein Buch bei ihnen abholen – irgendwo in einer der schmalbrüstigen Häuser im Umkreis der Marienkirche, dort wo man im Schatten wohnt wie die Motten. Und doch, wenn mein Vater halb ernsthaft, halb zärtlich im Kontor mit mir schimpfte, lächelte sie, und das machte sie mir sehr lieb.

Es gab noch andere Gründe, sie in der Erinnerung hoch zu halten. Vor allem dies: als mein Vater auf ein Warnungszeichen hin im Herbst 1938 von einer Stunde zur andern den Freistaat verließ und in das nahegelegene polnische Gdingen flüchtete, übernahm Agnes die Verantwortung für die Liquidation von Geschäft und Wohnung. Unter den Papieren meiner Schwester fand sich ein Brief, begonnen und mit einem Gruß abgeschlossen von Anna der Dritten, in dem Agnes dem schon nach London Emigrierten Bericht über die Situation erstattet.

Der Brief ist in unserer Wohnung geschrieben worden. Anna hat in ihrer ungelenken gotischen Schrift ein unvollständiges Datum, den Monat vergessend, hingesetzt: »Danzig den 1. 38«. Es muß Oktober sein, denn Frl. Figurski berichtet »Am 19. 9. hatte die Steuerbehörde Ihre Möbel gepfändet . . .« Nach dem Datum schreibt Anna: »Liebes Frl. Evchen. Ihren Brief nebst Karte erhalten«. Es folgt der Hauptteil des Schreibens, von Frl. Figurski: »Verehrtes Frl. Dworetzki! Ich schreibe hier weiter, da ich gerade in der Wohnung bin. Es sind furchtbar aufregende Tage und bitte jeden Abend beim Nachtgebet, daß meine Nerven stark bleiben.« Nach Erläuterungen über die Pfändungen der Möbel durch die Steuerbehörde (es war die Zeit der Prozesse gegen die Juden aufgrund fiktiver Steuerhinterziehungen) und dem abschließenden Grüßen heißt es: »Frl. Anna sitzt in ihrem Stübchen trübselig u. traurig und weiß nicht was sie beginnen soll. Es ist so öde ringsherum. Aber wir haben hier Gottvertrauen.« Und dann noch einmal Annas Schrift: »Viele herzliche Grüße Anna«.

Agnes Figurski überlebte den Krieg und setzte ihr arbeitsames bescheidens Leben als Schulhausbürokraft in einem Nest bei Bad Oldesloe, Schleswig-Holstein, fort. Wir blieben immer in Verbindung mit ihr, bis eines Tages, vor etwa 8 Jahren, mein Weihnachtspäckchen zurückkam mit dem Vermerk »Adressat verstorben«.

Von Anna habe ich jede Spur verloren, ebenso wie von Erika, die noch vor dem Krieg geheiratet hatte und weggezogen war. Auch von Hans weiß ich nichts mehr. Die Speicher, in denen er für meinen Vater Korn ein- und ausgeladen hatte, und alle die anderen mit

Holz oder Heringen, brannten 1945 beim Sturm auf Danzig wohl am schnellsten nieder. Als originellen vorläufigen Ersatz haben die Polen über der Mottlau eine riesige Graphik, die Speicherinsel darstellend, angebracht. Es waren schöne Fachwerkbauten.

# Feiertage und Feste

Als ich noch klein war, etwa bis zu acht-neun Jahren, hatte ich meinen Platz in der Synagoge neben Papa: an fast allen Freitagabend-Gottesdiensten, oft am Samstag morgen und an den sonstigen Feiertagen. Da es eine liberale Synagoge war, durften die kleinen Mädchen unten beim Vater bleiben, während in der Mattenbudener Synagoge, dem Tempel der meist ostjüdischen Orthodoxen, die Trennung der Geschlechter strenger eingehalten wurde. Von dem Platz unten, nicht weit von der Estrade konnte ich hie und da einen Blick auf die angehimmelten Primaner, z. B. Franz mit der schwarzen Gymnasialmütze, werfen und ihre diskreten oder betonteren das Gebet begleitenden Schaukelbewegungen beobachten. Bei meinem Vater war das traditionelle Wiegen des Oberkörpers je nach dem Inhalt der Gebete sehr wechselnd – bald leicht in kurzen Rhythmen, bald leidenschaftlich bewegt. Von Zeit zu Zeit, besonders wenn ich zapplig wurde oder einzuschlafen drohte, murmelte mein Vater lauter und legte mit suggestivem Blick den Finger auf die Stelle des Gebetbuches, die ich mitlesen sollte.

Am feierlichsten war natürlich Yom Kippur, vor allem das Kol Nidre am Vorabend, wenn das große Fasten und die Sühne begann. Bestimmte Gesänge, begleitet von mächtigem Orgelklang, waren außerordentlich melodiös und ergreifend, und diese Ergriffenheit steigerte sich zum heiligen Schauer, wenn das Schofar erklang. Allerdings mischte sich in dieses einzigartige Erlebnis die geheime Angst mit ein, Herr Meisel, unser tüchtiger Kantor, könnte versagen. Es soll äußerst schwer sein, diesem archaischen Instrument überhaupt den geringsten Ton zu entlocken. Die geheime Angst vorm Versagen des Bläsers übernahm ich von meinem Vater, der selbst ängstlich gespannt schien, bis der erste unheimlich quietschend-schrille Ton ihn, mich und die ganze Gemeinde aus der

Spannung erlöste. Wie mögen erst die Gefühle von Hilde, der Tochter des Kantors, gewesen sein! Im nächsten Brief nach Wilna werde ich sie fragen.

Zum Versöhnungstag, vor allem dem Kol Nidre, gehört nach meiner Erinnerung das weiße Käppchen im Gegensatz zum gewöhnlichen dunklen (dazu käme bei Orthodoxen noch der weiße Mantel, die Totenkleidung), das An-die-Brust-Schlagen beim Bekenntnis der Sündhaftigkeit, das Niederknien, das Schofarblasen. (Jedoch eine Berichtigung ist nötig: wie ich heute sicherheitshalber den Schammes der Berner Synagoge nach der Reihenfolge der rituellen Handlungen befrage, stelle ich fest, daß meine Erinnerung allerlei vermengt und verwechselt hat: es stimmt, daß man sich am Kol Nidre an die Brust schlägt, aber das Schofar wird erst am Ausgang des Versöhnungstages, also am zweiten Abend geblasen, und nicht nur dann, sondern auch am Neujahrsfest. Und am Neujahrsfest kniet man nieder, nicht am Versöhnungstag. Vielleicht habe ich alle diese besonders markanten Riten auf den Jom Kippur projiziert, weil ich nicht frei von Schuldgefühlen blieb bezüglich des Fastens. Gewiß, als ich noch klein war, verlangte das niemand von mir, später aber nahm ja meine Gläubigkeit ab, und ich sah keinen ernsthaften Grund, mich zu kasteien, es sei denn, als Akt der Selbstbeherrschung und als Gelegenheit, gegen überschüssiges Gewicht zu kämpfen. Immerhin blieb die Bewunderung für meinen Vater, meine Tante und meine Schwester, die am Vorabend bis zum Jom Kippur-Ausgang, also 24 Stunden, nichts aßen und nichts tranken.)

Später, als ich neben Tante oder unter den anderen Mädchen oben auf der Empore saß, ging es mit der Feierlichkeit allmählich zu Ende. Um etwas davon zu bewahren oder sogar die religiöse Ergriffenheit zu steigern, kniff ich die Augen zusammen und ließ, getragen von den Orgelklängen, die vielfältigen Farben und Lichter wie ein verwischtes riesiges Kaleidoskopmuster auf mich einwirken.

Wenn ich heute versuche, dieses Muster klarer zu erkennen, will es mir nicht gelingen, deutlicher werden nur einzelne Figuren: Oberrabiner Dr. Kaelter, die Hände erhebend, um die Gemeinde zu segnen, dabei auch die Regierung einschließend (früher wohl den Kaiser), dann Oberkantor Meisel mit dicklicher Statur, von vorne nur sichtbar, wenn er die Thorarolle trug, Herren der Gemeinde, manchmal auch mein Vater, die an bestimmten Stellen nach vorne gerufen, dort ihren kultischen Dienst versahen. Vom Raume selbst blieb mir nur die Größe, die Höhe, die gegenseitige Lage der Hauptteile.

Und nun kommt das Buch von Erwin Lichtenstein: es ist, als sei der Film eines Abziehbildes entfernt! Die einzigen Photographien, die der Verfasser seinem Werk beigegeben hat, stellen die Außen- und die Innenansicht der Synagoge dar. Bei der Größe des vom Zenith der Hauptwölbung herabhängenden Lüsters, den hohen Kandelabern auf der Estrade ist meine Erinnerung an sehr viel Licht verständlich. Ebenso verständlich ist, daß ich angesichts der reichen Dekoration, den vielen Nebenwölbungen des Plafonds, den Säulen und geschnitzten Abgrenzungen der Sitzplätze kaum eine Einzelheit reproduzieren konnte.

Von den Predigten ist mir auch nur ein vager Eindruck geblieben: die Erinnerung an eine sehr klare Stimme, an ein vollkommenes Gemisch von Einfachheit und Kunst der Rede, die mit absoluter Sicherheit vorgetragen wurde. Die Erinnerung wird verstärkt – vielleicht auch etwas phantasiert – durch den von meiner Schwester aufbewahrten Kondolenzbrief, den Herr Dr. Kaelter in gestochener Schrift, in gepflegter, und doch herzlicher Sprache im Jahre 1920 nach Mutters Tod meinem Vater geschrieben hatte.

An Dr. Kaelters Nachfolger, Dr. Weiss, erinnere ich mich eher privat, wohl darum, weil die Synagoge mir in den späteren Jahren weniger bedeutete, schließlich überhaupt ganz abgelehnt wurde. Mit Dr. Weiss blieb ich aber in guter Beziehung durch den Religionsunterricht, (solange ich ihn besuchen mußte) und noch als Studentin in der Schweiz durch seine Frau, gebürtige Bernerin, die mich in den Semesterferien einmal zum »Z'vieri« einlud.

Weniger verschwommen-heilige Erinnerungen als vom Neujahrs- und Versöhnungsfest sind mir von den anderen Feiertagen geblieben. Am Laubhüttenfest fand der »Heimatabend« unter Franzens Leitung unter dem mit Früchten geschmückten Laubhüttendach der Synagoge statt, und es wurde gespielt, statt, wie sonst, über religiöse Themen gesprochen.

Einen anderen Feiertag der Freude, das Fest der Thora, verbrachte ich einmal in Kowno bei meiner Großmutter. Mein Vater führte mich zu meiner Belehrung in eine entfernte kleine Betstube, die Synagoge der Chassidim. Schon die periphere Lage des Ortes schien die periphere Rolle dieser jüdischen Sekte zu charakterisieren. Da tanzten, tief in ihre Gebetsmäntel gehüllt, Männer aller Altersstufen, laut betend, singend, sich fröhlich im ganzen Raum bewegend. Welch ein Gegensatz zu der würdigen, verhaltenen Andacht, an die ich von der liberalen Synagoge in Danzig gewöhnt war! Das gewaltige Schaukeln der Oberkörper, die merkwürdigen Intonationen und Rhythmen des Gebets, die Verbindung von Frömmigkeit und Ausgelassenheit wirkten auf mich etwas unheimlich und zugleich anziehend, wie ein Tanz der Derwische aus einem Märchen. –

Recht lebhafte Erinnerungen habe ich nicht nur an den Gottesdienst in der Danziger Synagoge, sondern auch an das, was sich vor ihren Toren abspielte. Während mein Vater noch länger drinnen blieb, um mit anderen das Kaddisch (Totengebet) für meine Mutter zu sagen, gingen wir schnell hinaus in freudiger Erwartung der anderen Kinder und Halbwüchsigen, jeder zu seinem Clan. Vor der Synagoge zwischen den hohen Kandelabern des Vorplatzes scharte sich jung und alt, und die nicht-jüdischen Passanten benutzten protestlos den damals – heute auch noch – gefahrlosen Straßendamm, als gehöre an solchen Tagen der ganze Synagogenplatz nun einmal den Juden. (Heute wächst dort, wo die Synagoge stand, Gras, während die Gebäude dahinter genau wie früher der Feuerwehr dienen und schön instand gesetzt sind.)

Was sich meines Wissens bei anderen Religionsgemeinschaften auf der Promenade, im Gehen abspielte, war bei uns eher ein Stehkonvent: aber auch Schaustellung und Anschauen der neuen Garderobe. Mein Vater, auf den wir zum gemeinsamen Heimweg immer warteten, schien ernsthaftere Dinge im Kopf zu haben: Kommentare zur Predigt, zum Gesang des Kantors, Kritik hinsichtlich zu starker Verdeutschung, wo nach seinem Geschmack das Hebräische hätte beibehalten werden sollen usw., usw.

Beide Eltern stammten aus Familien, in denen die jüdische Tradition gepflegt wurde, und so war es selbstverständlich, daß auch Tante Lutta, die Schweser meiner Mutter, nach deren Tod bei der Übernahme unseres Haushalts für die Einhaltung der Gebräuche weiter sorgte. Jeden Freitagabend standen die Leuchter rechts und links neben Papas Teller, und darauf die großen selbstgebackenen Strietzel (Butterzöpfe), bedeckt von dem noch von unserer Mutter eigens dafür gestickten Tuch. Auf dem Tuch sah man die von zwei Löwen getragene Thora.

Bevor die Suppe aufgetragen wurde, mußten wir nach Papas Gebeten die Segenssprüche für Brot und Wein aufsagen. (Alle diese Gebete haben mir für die sprachliche Verständigung in Israel kaum genützt, nur einmal, als ich von einem Sabra, der keine mir bekannte Sprache kannte, erfragen wollte, ob im Flugzeug Essen serviert werde, besann ich mich auf das »lechem« = Brot, was zu unserer Verständigung völlig genügte.)

Besondere Sorgfalt und lange Vorbereitungen verlangte das Osterfest, besonders der Seder, der Vorabend. Man holte das besondere Ostergeschirr hervor, bestellte Mazze, die während 8 Tagen das Brot ersetzte, und stellte allerlei spezielle Gemüse und Speisen bereit, die zur Sedertafel gehören: unter anderem einen Knochen und ein gekochtes Ei, Symbole der früheren Opferspenden, einen unansehnlichen bräunlichen Brei aus geriebenen Äpfeln, Karotten und Mandeln, den Lehm der Fronarbeit unter ägyptischem Joch darstellend. Einmal hatte man vergessen, Meerrettich einzukaufen, was meinen Vater sehr erzürnte. Schließlich fanden sich Radieschen, die ihrerseits, vorausgesetzt sie seien scharf, die Leiden der Juden in der Gefangenschaft versinnbildlichen mußten. Wichtig war es auch, einen Stuhl und ein Gedeck für den Propheten Elias bereitzustellen, von dem es hieß, er käme eines Tages wieder, um das Erscheinen des Messias zu verkünden.

Als Tischjüngste oblag es mir, die traditionellen Fragen nach dem Grund aller Besonderheiten des Seders zu stellen: Worin unterscheidet sich dieser Tag von allen anderen Tagen... Wie eine nicht zu löschende Spur liegt der Anfang dieses Haggada-Abschnitts mir heute noch im Ohr: Manischtanu, Heileilohase, Mikolhalelaus. »Das Mikol« stieß ich jeweils mit besonderem Nachdruck heraus, um mein Verständnis für den Sinn und die Frageform so recht zu bekunden. Sich befriedigt auf seinem Stuhl zurücklehnend, wie es am Seder üblich ist, nahm mein Vater dann die lange Beantwortung dieser Fragen auf.

Bei der Aufzählung der zehn Plagen, die Gott über die Ägypter verhängte, versäumte er nicht, den Finger in den Becher zu tauchen und einen Tropfen Wein abzuschütteln, Symbol der Abwehr gegen jegliche Schadenfreude. Man solle nicht den vollen Kelch der Freude leeren, wenn andere, und seien es auch unsere Feinde, so bitter leiden müßten.

Das Schlußwort »Und nächstes Jahr in Jerusalem« wurde dann

wieder besonders feierlich und gedehnt verlesen, um uns davor zu bewahren, zu hastig nach dem Suppenlöffel zu greifen. An diesem Abend tranken wir Carmelwein, jeder aus seinem silbernen Becher. Meinen kleinen fand ich in den Kisten, die auf vielen Umwegen, von dem guten Fräulein Figurski verschickt, nach Kriegsende in Liverpool gelandet sind.

Chanukka, das Lichterfest, hatte einen besonderen Reiz durch das Anzünden der Lichter: während acht Tagen – solange hielt das Öl und die Verteidigung der Makkabäer – wird jeweils eine Kerze mehr angezündet, bis zuletzt alle acht gemeinsam leuchten. Bei jedem Kerzenanzünden bekamen wir eine kleine Summe Geld, angefangen etwa mit 10 Pfennig, bis man zuletzt, am achten Tag 80 Pfennig einkassierte, im ganzen also 3 Gulden 60. Wenn mir in der Mathematik der Unterschied zwischen arithmetischer und geometrischer Progession relativ schnell einleuchtete, so verdanke ich das, scheint mir, den Chanukkakerzen.

Die christlichen Hauptfeiertage spielten in meiner Kindheit eine hervorragende Rolle als Themen der Zeichentätigkeit. Kein christliches Kind konnte mit größerer Ausdauer und Begeisterung Weihnachtsbäume und Osterhasen darstellen als ich, woran bei uns in der Familie auch niemand Anstoß nahm.

Wenn mich meine Erinnerung nicht täuscht, lag im Dezember bei uns wirklich immer schon Schnee, und die verschneiten Straßen, in denen es noch Pferdeschlitten gab, erhöhten die Adventsstimmung. Außer den Weihnachtsschaufenstern mit Spielzeugausstellungen bildeten die an allen Ecken stehenden Krippensänger eine besondere Attraktion: überall ertönten die dünnen, plärrenden Stimmen »Ihr Kinderlein kommet, o kommet doch all«, »O du fröhliche, o du selige« (von dem Danziger Dichter Falk gedichtet) der kleinen Bettlerkinder, die in einer Schuh- oder Zigarrenschachtel die montierte Krippenszene, in der Mitte eine kleine flackernde Kerze, als Bauchladen umgehängt trugen. Erst als ich älter wurde, erinnerten mich diese mißbrauchten Wesen an Oliver Twist, und ich hatte mehr Blick für ihre verfrorenen Hände und triefenden Nasen als für die niedlichen Figuren und das Flitterzeug, mit dem die Schachtel geschmückt war. Tatsächlich wurde diese Weihnachtsromantik bald einmal verboten.

Auch Weihnachtslieder bezauberten mich, und je neutraler ihr Inhalt, um so eifriger sang ich sie in der Schule mit. Wenn die Na-

10 *Winterstille an der Mottlau, empfunden und gemalt von Th. Urtnowsky.*

11 *An einem Winterabend in der Jopengasse vor dem Großen Zeughaus.*

men des Heilands in irgendeiner Form vorkamen, verstummte ich, als würde ich mich durch die Magie des Wortes zum Christentum bekennen. Unbedingter Höhepunkt der Weihnachtsfreuden war der Besuch von »Dornröschen«, »Peterchens Mondfahrt« oder anderer Weihnachtsmärchen im Stadttheater.

Daß wir selbst nur den Chanukkaleuchter und keinen Weihnachtsbaum hatten, machte mich nicht unglücklich, aber ein leises Gefühl des Ausgeschlossenseins war bis zu einem gewissen Alter nicht zu verleugnen. Immerhin: wir wurden jedes Jahr zu Kruschewskis, Georgs Familie, eingeladen, deren Weihnachtsbaum zu bewundern, da konnten wir uns am Anblick des Prachtstücks, überladen mit bunten Kerzen, Kugeln, Sternen, Trompeten und Engeln, ausgiebig erfreuen.

Überdies bekam die Hausangestellte zu Weihnachten eine riesige Platte mit Süßigkeiten und einem größeren Geschenk. Wir selbst erhielten zum Trost einen Suppenteller voll Marzipan und Lebkuchen. Es scheint mir, in späteren Jahren besorgte man für die Angestellte auch einen kleinen Tannenbaum, mit dem sie ihre Kammer schmücken konnte. –

(Dieses Jahr rief mir eine Weihnachtskarte von Frau Monika und ihrer Schwester Jadwiga aus »Gdańsk-Wrzeszcz« (Danzig-Langfuhr) die Eindrücke vergangener Weihnachten in Erinnerung: zwei Glokken an einem Tannenzweig mit Neujahrsspruch ... Hat sie dieses Neujahrsmotiv gewählt, weil eigentliche Weihnachtskarten nicht gedruckt werden, oder nahm sie Rücksicht auf die Tatsache, daß ich nicht Christin bin? Nach dem großen Christusbild in der Wohnung der beiden alten Schwestern, nach dem Andrang in der Oliver Kathedrale zur Sonntagsmesse und nach allem, was man so über die Rolle der Kirche in Polen berichtet, wird auch das polnische Gdańsk dem Weihnachtsfest Ehre erweisen.) –

Während an den religiösen Festtagen Gott, das Beten, die Synagoge, die Gemeinde im Vordergrund standen, wurde an Geburtstagen der einzelne gefeiert und reich beschenkt.

Die Geschenke für die Großen waren natürlich eher bescheiden, ein Paar handgestrickte Socken von der Tante, eine Zeichnung oder ein paar Zigarren von uns Kindern für den Vater, dafür wurden sie durch das Aufsagen von Gedichten geehrt, die man vorher sorgfältig auf einen besonderen Glanzpapierbogen schreiben mußte. Schon damals gelang es mir selten, mich nicht wenigstens einmal zu verschreiben! Von acht Jahren ab spielte ich auch ein Stück auf dem Klavier vor, anfangs »Hänschen klein« oder »Kuckuck«, später Anspruchsvolleres. Papa hörte am liebsten Opernpotpourris, Tante das Largo von Händel. Wie auch immer, Papa und Tante sparten nie mit Lob.

Tantes Geburtstag fand in einem Kaffeeklatsch am Nachmittag ihren Höhepunkt. Da kamen die Tante aus Ohra, andere Verwandte und Freundinnen des Hauses, und es wurden Unmengen Kuchen verzehrt. Für Georg und mich wurde es zur Tradition, im Korridor heimlich die Hüte der Damen auszuprobieren. Zum Glück übertönte das Stimmengewirr da drinnen unser Prusten, nur leicht gedämpft durch das »Sch, sch!« der Hausangestellten. Es war nur schade, daß Frau Apotheker Gordon darauf bestand, ihren mit Schleier ans Haar aufgesteckten Hut aufzubehalten.

Frau Gordon stach aus der Gruppe der anderen Damen heraus durch ihr pariserisches und zugleich etwas altmodisches Kleid, die Parfümwolke und eine eigenartig tiefe, etwas glucksende Stimme. Sie lachte viel, war sehr herzlich und galt als Original. Der einzige Sohn, der die Apotheke vom Vater hätte übernehmen sollen, wählte, wie es bei uns hieß, eine »brotlose Kunst«: er wurde Maler. Meine Verwandten in Ohra hatten mehrere Öllandschaften von ihm.

Für uns Schwestern war der Geburtstag jeweils ein großer Tag mit viel Geschenken und Einladung am Nachmittag für Freundinnen. Eine große Enttäuschung erlebte ich aber einmal wegen zu großer Erwartungen. Spät am Abend, als ich schon längst hätte schlafen sollen, schlich ich mich ins Herrenzimmer, wo Tante am Abend vor dem Geburtstag den Tisch vorbereitet hatte. Ohne das Licht anzuschalten – Papa las im Nebenzimmer, durch die Glastür gut sichtbar noch die Zeitung – suchte ich mir durch Tasten ein Bild von den Geschenken zu machen. Welch Glück: in der Mitte des Tisches spürte ich deutlich eine Schachtel und vorschnell zog ich den Schluß, darin läge die heiß ersehnte neue Puppe. Selig, mit nur leichten Gewissensbissen, schlief ich dem nächsten Morgen entgegen. Wie groß war meine Enttäuschung: die Schachtel enthielt »nur« warme Hausschuhe! Anstatt daraus zu lernen, meine Voreiligkeit und Neugierde zu zähmen, habe ich später darauf geachtet, auch bei bescheidenem Budget, unseren Kindern zum Geburtstag nur dann Nützliches zu schenken, wenn sie es sich ausdrücklich wünschten.

Von Kindergeburtstagen, zu denen ich eingeladen wurde, erinnere ich mich nur deutlich an den bei einer Mitschülerin, ich glaube, sie hieß Hedwig. Sie wohnte nicht weit von uns, parallel zur Radaune, hinter der Mennonitenkirche, und ihre Eltern führten einen kleinen Kolonialwarenladen. Ach ja, es war Hedwig, die mir einmal ein Glas Dillgurken, meine Lieblingsspeise, mitgebracht hatte. An diesem Kindergeburtstag bei Hedwig gab es, wohl ein frühes Abendbrot, Hasenbraten. Als ich davon zuhause begeistert berichtete, reagierte Papa ziemlich verdrießlich: »So treifenes Zeug mußt du essen!« Da wir zwar die jüdischen Speisegesetze mehr oder weniger einhielten, aber mehr aus Gewohnheit, wie mir schien, als aus strenger Orthodoxie, nahm ich den Vorwurf nicht tragisch. In späteren Jahren, besonders als Tante sich in ihre kleine Wohnung zurückzog und Evchen den Haushalt leitete, wurde die Beachtung der Vorschriften immer laxer. Mein Vater kontrollierte nichts, vorausgesetzt, daß man kein Schweinefleisch servierte oder Milchiges und Fleischiges sichtbar zusammentat.

Objektiv hatte er gegen die nicht-rituelle Küche nichts einzuwenden, blieb aber zutiefst überzeugt, daß die mosaischen Speisegesetze das A und O bekömmlicher Kost seien, gegenüber denen ein Bircher-Brenner nicht bestehen könne. Weder die englische Küche noch meine schweizerische konnten ihn begeistern, es sei denn, daß man ihm ein gutes Suppenhuhn wie in Danzig oder ein rechtes Kalbsschnitzel vorsetzte. Auch so schmackhafte Kartoffeln wie die seiner Danziger Bauern fand er nirgends mehr. –

Das letzte Fest, das ich in Danzig feierte, war unsere Abiturfeier. Von der offiziellen in der Aula mit der Ansprache des Rektors und musikalischen Beiträgen der Schüler ist mir rein gar nichts geblieben, aber von dem Klassenfest behielt ich zwei materielle Erinnerungen: die rote Abiturientenmütze, mit der wir nach bestandener Prüfung herumstolzieren durften und in die die Mitschülerinnen mit der Klassenlehrerin an dem Fest ihre Namen einschrieben. Die Mütze übergab ich letztes Jahr beim Aufräumen – nach schwerem Entschluß – den Kehrichtmännern, nachdem sie unseren Buben zum Zugspielen gedient und ihre Form verloren hatte. Das Blitzlichtphoto jedoch ist noch im Album mit den anderen Aufnahmen aus Danzig: Kindergruppe im Garten meiner Verwandten in Ohra, Aggi in den Dünen, ein Schulausflug nach Mariensee usw.

Von den acht Abiturientinnen ist mir nur das Schicksal von Inka bekannt, sie lebt nicht mehr. Von allen anderen, den nicht-jüdischen Kameradinnen, habe ich nie wieder gehört. Vielleicht hatten die meisten ihre Studentenfreunde aus dem Reich geheiratet und waren bei Kriegsende nicht mehr in Danzig, vielleicht auch hat die eine oder andere sich erst im letzten Moment, als die Russen kamen, in den Westen gerettet? In »Gdańsk« brauchte ich sie nicht zu suchen.

Wenn meine Schwägerinnen sich noch im siebenten und achten Lebensjahrzehnt mit ihren Klassenkameraden treffen, finden sich alle mehr oder weniger vollzählig, soweit sie noch am leben sind, zur Zusammenkunft in Schaffhausen oder Zürich ein – in selbstverständlicher Kontinuität. Manchmal erscheint mir das beneidenswert.

Viele Menschen mußten seit jeher und besonders in unserem Jahrhundert ihre Heimat verlassen, aber für die Juden ist die Wanderschaft üblicher. Heute jedoch erzählte mir Herr Engelmeyer von einem bernischen Gemeindemitglied, Herrn X., der letzthin im selben Zimmer gestorben sei, in dem er vor 94 Jahren geboren war. Auch das gibt es.

# Ideologisches

Meine Schwester gehörte einer jüdischen Wandervogelbewegung an, den »Kameraden«, und so schmückte sie sich mit riesenhaften Broschen, auf denen germanische Runen das Deutschtum bekundeten. Weit geschnittene Röcke, Stirnbänder und andere Stilmerkmale betonten ihre Gruppenzugehörigkeit. Warum machte ich mich über diesen Aufzug lustig? Ich glaube nicht, daß ich es ihr offen zeigte, aber vielleicht entbehrte sie meine Bewunderung.

Wenn ich in meiner Ablehnung des schwesterlichen Vorbilds das selbständige Heranwachsen eigener Ideen und eigener Werte sehen sollte, wäre es eine Illusion. Vor mir liegt ein Essay von David Franz Kaelter, Führer jener Jugendgruppe, der ich selbst angehörte. Meine »Eigenständigkeit« erklärt sich im nachhinein sehr einfach aus Franz Kaelters Einfluß auf seine Schäfchen: »In betontem Gegensatz zu fast allen anderen Gruppen und Bünden in Danzig,

12   Fröhlicher, erwartungsvoller Aufbruch ins Leben, in die Dreißiger Jahre.

13   »Von allen anderen, den nicht-jüdischen Kameradinnen, habe ich nie wieder gehört.«

Deutschland und in der Welt überhaupt verzichtet der Bund bewußt auf sämtliche äußeren Embleme. Seine Menschen trugen keine einheitliche Kleidung, es gab nicht einmal ein gemeinsames Abzeichen, keine »Fahne«, keine attraktiven Symbole und damit verbundene Zeremonie ... Mit diesem Verzicht auf alle Äußerlichkeiten wollte man betonen, daß die Arbeit des Bundes *an* seinen Menschen und *in* seinen Menschen vollziehen müsse.«

In seiner Mißachtung aller Etikettierung, in der Betonung einer »gesamtjüdischen« Einstellung (alle Richtungen unter Betonung der Religion integrierend), im Bestreben, entgegen aller »Deutschtümelei« auch die ostjüdischen Kinder einzubeziehen, entsprach der Jung-Jüdische Bund, wie ihn Franz verwirklichte, ganz der Art meines Vaters.

Vorbild für Franz war der eigene Vater, der nicht nur gepflegte Predigten hielt, sondern in den Jahren des größten Flüchtlingsstroms von Juden aus Polen und Rußland in »gigantischer Fürsorgearbeit seine Gesundheit opferte.« (Lichtenstein)

Zur Mißachtung alles Äußerlichen: alles, was meinem Vater nicht nützlich, sinnvoll oder schön vorkam, nannte er »Mumpitz«. Mumpitz waren Titel (obwohl er auf meinen Doktor nicht weniger stolz war als auf den seiner jüngsten Schwester, der ich in unausgesprochenem Auftrag nachzueifern hatte), »Mumpitz« waren Standesunterschiede – er sprach mit Geheimräten nicht höflicher als mit seinem Kontorfräulein, und er schrieb scharfe Worte auf offene Karten, wenn ihn ein Gauner übers Ohr gehauen hatte. Dieses Vergnügen ließ er sich einmal 20 Gulden kosten, weil es zu einem Prozeß kam wegen öffentlicher Beleidigung. »Das ist mir soviel wert!«, erklärte er dem Richter, wie es auch, immerhin nicht unter seinem vollen Namen, in den »Danziger Neuesten Nachrichten« zu lesen war. Allerdings, auch Papa war nicht aus einem Stück gemacht: an hohen Feiertagen wäre er nicht ohne Zylinder in die Große Synagoge gegangen, und trotz sonstiger Nachlässigkeit in der Kleidung – sehr beanstandet von den Frauen des Hauses – mußte er jeden Morgen einen frischen Kragen am Hemd haben, auch wenn der vom Vortag noch sauber war. Lag es an dem prägenden Umgang mit den »Kameraden«, daß Evchen mehr Sinn für Form entwickelte als ich? In ihrer beruflichen Laufbahn, vor allem in der Emigration als Vertreterin des deutschen Buches in England, wo sie mit anspruchsvollen Kunden, mit Autoren und Verlegern eng in Berüh-

rung kam, konnte das nur von Vorteil sein, zumal sie gleichzeitig
Papas liberale Gesinnung hundertprozentig übernahm. In mir jedoch vereinigte sich Papas Verachtung für »Mumpitz« mit Franzens
Ablehnung bloßer Formen derart, daß ich auch heute noch Menschen, die im Reden und Tun streng ihren äußeren Stil bewahren,
mit zwiespältigen Gefühlen betrachte: halb kichernd über soviel
»Mumpitz«, halb bewundernd ob der beherrschten Form, als wäre
es eine Naturerscheinung, die gewissen mir nicht vertrauten Geset-
zen gehorcht.

Auch die Betonung des Religiösen, der jüdischen Tradition, ohne
Fanatismus und ohne zionistische Tendenzen, – gleich weit entfernt von voller Assimilation an das Deutschtum wie an die volle
Einstellung auf Zion, entsprach dem Geiste meines Vaters. Franz
Kaelter brachte uns, etwa wie es auch bei den Christen im Reli-
gions- und Konfirmandenunterricht geschieht, den Gehalt des Ju-
dentums nahe. Franz wird enttäuscht sein, wenn er erfährt, daß ich
aus all den Besprechungen des jeweiligen Wochenabschnitts aus der
Thora und der Bücher der Propheten nur eine mit Sicherheit erinnere. Während das Volk Israel in der Wüste den Kampf gegen die
Amalekiter führte, stand Moses auf einem Hügel und hielt seine
Hände erhoben. Solange er sie oben behielt, siegte Israel; wenn er
sie fallen ließ, siegten die Amalekiter. Franz fragte uns mit bedeu-
tungsvollem Blick: »Könnt ihr euch das erklären?« Gebannt hatte
ich seinen von lebhaften Gesten begleiteten Worten gefolgt und
gab ihm die gewünschte Interpretation: damit habe er das Volk er-
mutigt, und beim Nachlassen seiner Kraft seien sie wieder zaghaft
geworden. Also mußten seine Begleiter ihn mit einem Stein stüt-
zen. Franz, nie sparsam mit positiven Verstärkungen gegenüber den
ihm anvertrauten Kindern Israels, freute sich über meine »Einfüh-
lung« und legte vielleicht bei dieser oder ähnlicher Gelegenheit den
Grundstein für mein Interesse an der Psychologie. Ich war damals
etwa 8 Jahre alt.

Über den Jung-Jüdischen Bund, seine Ziele und seine Entwicklung, kann man nachlesen bei »David Franz Kaelter: der Jung-Jüdische Bund Danzig in Bulletin des Leo-Baeck Instituts No 4,
6. Jahrgg. 1963«. Franz hat seine Rolle als »Moses« ein Leben lang
gespielt und wird sie nie aufgeben: als Lehrer einer deutschen Land-
volksschule, als Leiter der jüdischen Schule in Königsberg in der
Nazizeit, als Leiter einer Tagesschule für Schwersterziehbare in

Haifa und als Sonderschulseminarlehrer in Tel Aviv. Nachzulesen unter anderem im letzten Buch von Heinrich Meng! »David F. Kaelter, Sohn eines Rabbiners aus Danzig, begann 1944 seine Schule mit Kindern, die er buchstäblich auf der Straße auflas . . .« (»Leben als Begegnung«, Stuttgart 1971, S. 127)

Mit der zionistischen Bewegung hatte ich nicht viel Berührung. Ich war etwa 12 Jahre alt, als eine etwas ältere Mitschülerin einer höheren Klasse mich um eine Besprechung bat. Meine Schwester wußte gleich, was das bedeute: »Du, die will dich keilen!« Das hieß, sie wollte mich für die zionistische Jugendgruppe des Blau-Weiß anwerben. Von dieser Besprechung blieb mir ein unangenehmes Gefühl: viel wußte ich ihren Argumenten nicht entgegenzusetzen. Immer wieder blieb ich nur, etwas verstockt, bei dem: ich kann nicht nationalistisch, auch nicht jüdisch-nationalistisch, empfinden, und das gäbe Komplikationen mit den Arabern, eine Weisheit, die mir aus Reden meines Vaters geläufig war. Nach dem, was durch Hitler über die Juden verhängt und durch die kommunistischen Staaten im Osten nicht gerade revidiert wurde, muß ich sagen, daß die Argumente meiner Diskussionspartnerin realistischer waren, zum mindesten vom Standpunkt der jüdischen Selbsterhaltung. Aber meine Argumente gelten ebenfalls noch heute.

Auch wenn mir der Zionismus nicht entsprach, so hatte ich große Achtung vor dem Opfermut der jungen Leute, die nach Palästina strebten, um eine jüdische Heimat aufzubauen. Ich denke vor allem an einen hochbegabten Jungen, dessen Intelligenz und familiärer Hintergrund ihn normalerweise zum Studium und akademischen Erfolgen bestimmt hätten, der aber die Landwirtschaft als einfacher Bauer vorzog und, am Ziel seiner Träume angelangt, sehr bald dem Typhus zum Opfer fiel.

In den Jahren, da mir das Turnen viel Freude machte, so zwischen 8 und 12 Jahren, gehörte ich dem zionistischen Turnverein Bar Kochba an. Meine Kameraden dort waren zionistisch, aber wir turnten so begeistert, daß wir für Auseinandersetzungen keine Zeit fanden. Das lag wohl in erster Linie an dem sehr gut aussehenden und sehr gut turnenden Trainer, einem jungen Mann aus Warschau oder Lodsch, der beim Reden viel Fehler machte, aber mit Charme und pädagogischem Geschick seine Riege zu führen wußte. Es war eine bittere Enttäuschung für mich, als ihn eines Tages seine Frau mit einem kleinen Bübchen vom Turnen abholte.

Dann kamen die Jahre, in denen sich mir durch meine Freundschaft mit Angela eine neue Welt offenbarte: Psychoanalyse, Sozialismus, worüber in ihrer Familie, vor allem unter ihren viel älteren Geschwistern viel diskutiert wurde. Mit der Lösung vom Jung-Jüdischen Bund suchte ich neue Bindungen und geriet, zusammen mit Angela, ich glaube, nachdem ich die »Welträtsel« von Ernst Haeckel gelesen hatte, in die Vereinigung der Freidenker. Hier verkehrten bildungshungrige Handwerker, Angestellte, auch einige Arbeiter, denen der Verein eine Art Volkshochschule bedeutete. Das war er auch, denn die Referate wurden von sozialdemokratischen Lehrern bestritten, die sich um die Volksbildung bemühten. Meinem Vater, der für liberale Politiker wie Rathenau und Stresemann stets respektvoll Partei nahm, waren diese Roten nicht ganz geheuer, aber er ließ mich, wenn auch murrend, gewähren.

Fast scheue ich mich, es zu berichten aus Angst, man könne es für eine literarische Phantasie ansehen: in den letzten Jahren seines Lebens gesellte sich mein Vater der Vereinigung der Freidenker im fernen Liverpool bei. Er gestand mir verschämt lächelnd, daß er sich in der Gemeinschaft dieser Leute am heimischsten fühle. Daß er dessen ungeachtet jeden Freitagabend, jeden Samstagvormittag und an allen sonstigen Feiertagen zur Synagoge ging, störte weder ihn noch den Liverpooler Freidenkerverein. –

Aus meiner Freidenker-Zeit stammt eine lebenslange Freundschaft mit zwei Schwestern, die – ganz anders als ich – ihr Leben selbständig führten: nur wenige Jahre älter als ich hausten sie in einer eigenen kleinen Wohnung, die sie sehr eifrig putzten, und verdienten ihr Leben als Büro- bzw. Gewerkschaftsangestellte, bei all dem immer noch bereit, sich weiter zu bilden. Manchmal schämte ich mich vor ihnen, noch zur Schule zu gehen und in recht behaglichen Verhältnissen mich verpäppeln zu lassen. Für sie aber, die in protestantischem Milieu aufgewachsen waren, bedeuteten die Besuche bei uns den Kontakt mit einer Welt, die sie nur vom Hörensagen kannten und die sie lebhaft interessierte. Ganz besonders schätzten sie meinen Vater, der von dieser Freundschaft gar nicht entzückt, beim Abendbrot mit ihnen Streit suchte, dann aber doch immer durch ihre Neckereien und Liebenswürdigkeiten entwaffnet, sich schmunzelnd hinter seiner Zeitung verschanzte.

Daß ich nicht nur in jüdischen Kreisen verkehrte, konnte er nicht beanstanden, auch ihn zog es immer zu anderen Horizonten,

z. B. besuchte er gelegentlich die Gottesdienste anderer Religionsgemeinschaften, am liebsten die in der Mennonitenkirche ganz in unserer Nähe am Radauneufer. Und seine, fast ausschließlich nicht-
jüdischen Kunden nannte er, wenn er sie dessen für würdig hielt,
seine Freunde.

# Phantasien

Bei schönem Wetter fuhr man schon im Juni oder noch im August
nach den großen Ferien am Nachmittag baden. Die beiden Schwestern verkürzten sich die knappe halbe Stunde Eisenbahnfahrt nach
Zoppot mit einem geheimen Rollenspiel. Es war immer dasselbe
mit kleinen Varianten. Evchen spielte das »Fräulein«, – ich – vier
Jahre jünger – das »adelige Kind«. Das Fräulein mußte vornehm reden, gnädig Erlaubnisse erteilen oder ungehalten Tadel austeilen,
das Kind hatte zu lispeln und sich agrammatikalisch wie ein Zwei-
jähriges auszudrücken. Vorbilder waren »Trotzköpfchen«, »Helens
Kinderchen« und »Der kleine Lord von Fauntlery«. Ob meinerseits
Inka und ihr dänisches, französisch sprechendes Fräulein hinein-
spielte?

Vor Langfuhr unterbrachen wir unser Geplapper, weil ich den
Storch auf der Frauenklinik sehen wollte. Ich wußte natürlich, daß
er nicht lebendig war, aber gleichzeitig hoffte ich, er sei doch ein
richtiger und man brauche nur gut hinzuschauen, um das Heben
der Flügel oder das Öffnen des Schnabels zu erkennen.

In stillschweigendem Einverständnis achteten wir darauf, daß
Tante Lutta, mein sehr geliebter Mutterersatz, von der Geheimspra-
che nichts merkte und waren erleichtert, wenn sie mit den Mitrei-
senden ins Gespräch kam.

Als ich schon längst solchen Phantasien adliger Herkunft ent-
wachsen war, lebten sie unerwartet auf bei einem langen Spaziergang am Meer zwischen Brösen und Glettkau. Angelas ältere
Schwester, angehende Psychoanalytikerin, verbrachte ihre Semesterferien im Lande und versprühte den Geist der großen Welt, in
der sie lebte, über uns Halbwüchsige. In ihrer Welt zwischen Bohè-
me und strenger Leistung wußte man genau, was Marxismus, linke

14  *Einst zu Kaisers Zeiten: Leben in der Langgasse.*

15  *Badefreuden am Zoppoter Strand. Noch ist der Weltbrand von 1914/18 nicht zu ahnen.*

*16   Sonntagsausflug an die See, auf die Platte gebannt. Stillhalten bitte.*

*17   Strandkorbidylle bei
kühler Brise. Im Kriegsjahr
1917.*

und rechte Abweichungen sind, was Freud wann und wo gesagt hatte, und alle Begriffe konnte man noch dazu in spöttischen Abwandlungen brauchen. Und dennoch: Ruth unterhielt uns während unseres Spaziergangs mit dem Ausspinnen eines Courths-Mahler-Romans, in dem von edlen Herrschaften, vornehmen Gemächern, Gewändern, aber auch Meuchelmord und finsteren Missetätern die Rede war. Auf den Flügeln ihrer Phantasie durcheilten wir das Innere mehrerer Schlösser und die Wege der Liebe und der Eifersucht, halb als Wunschtraum, halb als Belustigung. War es für Ruth nur der Wert der Parodie, war nicht auch sie Gefangene der uns allen überlieferten Hierarchie?

Es kommt mir so vor, als ließe sich bei Ruth, einer angesehenen Psychoanalytikerin, noch jetzt etwas von den Nachwehen der adligen Phase erkennen, dies Gemisch von vornehm-steifer Zurückhaltung und kritischer Ironie.

Spukte in Evchens Verehrung für die spleenige englische Dichterin, Edith Sitwell, nicht etwas von unseren vornehmen Tagträumen nach? Wenn sie von »Dame« Sitwell, von der Königin geadelt, die ihr als treue Buchkundin und Gönnerin sehr zugetan schien, erzählte, geriet sie trotz beißendem Spott über Ediths extravagante Hüte und Ringe ins Schwärmen. Jüngere Geschwister neigen dazu, ältere zu necken . . .

Dabei fällt mir ein, daß ich meinerseits in Tagträumen noch viel höher stieg als meine und Angelas Schwester: bis in den Olymp! Ich verschenkte meine Tagträume großzügig an Hilde, meine damalige Klassenkameradin, auf dem Nachhause-Weg von der Schule. Sie kam in die zweite Klasse von einer anderen Schule und erzählte mir imponierende Geschichten von Mäusen im Katheder, Reisnägeln auf dem Stuhl des Lehrers und anderen Streichen. Ich dagegen malte ihr Szenen aus dem Alltagsleben der Götter im Olymp aus, wahrscheinlich überwältigt von den Sagen des klassischen Altertums. Bei diesen Geschichten war immer sie die Heldin: wunderschöne Jünglinge verliebten sich in sie, trugen sie zu Gottvater Jupiter, der sie mit Ambrosia und Nektar bewirtete. Dabei fühlte ich mich sehr überlegen und abgeklärt, da ich ja alle Herrlichkeiten auf Hilde projizierte, die nur passiv zu genießen brauchte.

Was die olympische Verpflegung anbetrifft, so hing dieses Stück mit einem sehr realen Erlebnis zusammen: in einem der Sommer noch während des Krieges, des Ersten Weltkrieges, oder wohl nachher, als die Lebensmittel sehr knapp waren und man Rahm nur vom Hörensagen kannte, führte uns Tante Lutta einmal in Zoppot zu einer Frau, bei der man Schlagsahne kaufen konnte: pro Eßlöffel 1 Gulden! Wie Tante das bei ihrem schmalen Haushaltbudget, das Papa ihr austeilte, fertig brachte, ist nur durch ihr weiches Herz und den Wunsch erklärbar, ihre mutterlosen Nichten zu beglükken. Dieser Löffel Schlagsahne wurde zum unfaßbaren Sinnesgenuß – nur war es viel zu wenig und ging alles viel zu schnell. Zurück blieb die Erinnerung an eine Köstlichkeit, deren Eigenart die Geschmacksnerven nicht genügend registrieren konnten.

Hilde, um einen Kopf größer als ich, ist mir mit kecker Stubsnase, schiefen Zähnen und schlaksigen Gliedern in Erinnerung geblieben. Sie war faul und blieb nicht lange in unserer Klasse, sei es, daß sie nicht versetzt oder in eine andere Schule kam. Ihre ältere Schwester, ein auffallend gut aussehendes Mädchen, blieb länger in der Viktoriaschule und heiratete später den Liebling des Führers, Gauleiter Forster, einen strammen Bayern. Als Hauptverantwortlicher der Nazifizierung in Danzig und rabiater Verfechter aller politischen Ziele Hitlers wurde er nach dem Krieg in Polen als Kriegsverbrecher hingerichtet.

Ist es Phantasie oder habe ich es noch in Danzig vor dem Kriege gehört: daß Hildes Schwester mit ihrem Mann schlecht auskam? Vielleicht haben beide Schwestern ihren Weg ins Nachkriegsdeutschland recht und schlecht gefunden. Besonders wahrscheinlich wäre es bei Hilde und ihrer lausbübischen Nonchalance, deren kindliches Ich durch meine großzügigen Phantasien Stärkung fand.


# Georg

Solange ich zurückdenken kann, war Georg mein Spielkamerad. Georgs Vater war ein kleiner Postbeamter und verschaffte sich für die sechsköpfige Familie einen kleinen Nebenverdienst durch sein Nebenamt als Mietzinskassierer vom Hause Schwarzes Meer 3b. Wem das Haus gehörte, weiß ich nicht. Kruschewskis wohnten zuerst im Hinterhaus in einer Dreizimmerwohnung ohne Badezimmer im 3. Stock wie wir, so daß sich die Kinder bequem von unserem Balkon, bzw. von einem ihrer Fenster nach der Hofseite unterhalten und Sachen herüberreichen konnten. Später zog die Familie ins Vorderhaus, einen Stock über unserer Wohnung, wo man vier Zimmer, eine Kammer und ein kleines Bad hatte.

Unsere Familien lächelten über die dicke Freundschaft, zumal wir so ein nettes Pärchen bildeten: er mit scharf gezogenem blonden Scheitel, ich mit zwei Zöpfen, beide sehr »germanisch«, zwar hatten wir beide eher Rundschädel, aber wer nahm das so genau? Dem Namen nach wird Georg väterlicherseits wohl eher slawischen Ursprungs gewesen sein, vielleicht ein Sproß jener Slawen, die von den deutschen Ordensrittern mit List, Gewalt und großer Tüchtigkeit teutonisiert wurden.

Bei schönem Wetter spielten wir auf dem Hinterhof, wobei die Teppichstangen als Turngeräte und die zwei Mülleimer, einer am Vorderhaus, der andere am Hinterhaus, als Tore dienten. In früheren Jahren spielten noch große Mädchen mit uns Ringelreihen und Kreisspiele, zuletzt blieben nur wir zwei übrig, da merkwürdigerweise manche Kinder wie meine Schwester nicht so gern spielten. Wir turnten auf den Teppichstangen, wetteiferten bei »Zehn Broten« mit einem Ball oder zwei Bällen an der Wand, bis man uns zum Essen nach oben rief. Nie wieder habe ich einen so guten Spielpartner getroffen wie Georg: in Geschick und Spielfreude hielten wir uns die Waage, und bei Glücksspielen wie »Mensch ärger dich nicht« nahm der Ehrgeiz zu gewinnen nie überhand. Nur beim Murmelspiel – wir sagten »Kullerchen« – gab es Ärger. Wer seine »Glaser« verlor und schließlich mit leerem Beutel nach oben schlich, dem kamen fast die Tränen, wenigstens mir. Da ging es um Besitz! Zum Glück war das Kugelspiel nur eine kurze Saisonerscheinung: es zeigt den Frühling an wie die ersten Stare. Nachher waren wir wieder ein Herz und eine Seele.

Ein einziges Mal geschah etwas Böses zwischen Georg und mir. Was hatte uns gegenseitig so erbost? Ich weiß nur, daß er plötzlich »Judsche« rief. Das kam so unerwartet, daß auch ich etwas Ungewöhnliches tat: ich rannte schnurstraks die Treppe hinauf und läutete bei seiner Mutter, um ihn zu verklagen. (Auch bei uns war »Petzen« verpönt.) Von der Mutter zur Rede gestellt, entschuldigte er sich, was der Sache ein Ende machte. Es schien mir überhaupt nicht mehr wichtig.

Erstens schämte ich mich nicht, Jüdin zu sein, zweitens sah man es mir nicht an, und ich hatte manchmal Mühe, Leute davon zu überzeugen, daß ich Kind jüdischer Eltern sei.

Als ich später einmal als Mitglied einer Studentengruppe in Frankfurt antifaschistische Flugblätter verteilte, geriet ich mit einer Frau in eine lebhafte Diskussion über Fragen des Antisemitismus und hatte große Mühe, sie von meiner Herkunft zu überzeugen: »Fräuleinschen, ich will ja Ihrer Frau Mutter nicht zu nahe treten, aber so ein kleiner Seitensprung . . .«

Gewissermaßen als Gegenstück zum Fall »Andorra« von Frisch, sah ich mich vor Anfeindungen bewahrt, als gäben blonde Haare und blaue Augen einen Vorsprung. Es hatte aber auch zur Folge, dies wieder wie bei Andorra, daß ein Teil von mir dieses falsche Urteil akzeptierte. »Nun gut, dann bin ich eben *keine* Jüdin«, auch wenn ich es Euch sage. Es erlaubte mir einen Freimut und eine gewisse Sicherheit, als könne mir von Feinden der Juden nicht das geringste geschehen.

Noch sehe ich nach einer hitzigen Debatte auf der Strecke Frankfurt-Basel eine liebenswürdige Dame, gebürtige Schweizerin, beim Einfahren in den Schweizer Bahnhof mir um den Hals springen: »Gottlob! Ich habe schon gezittert, der Mann werde Sie anzeigen. Wie konnten Sie nur so unvorsichtig sein!«

Eine Heldentat war es jedenfalls nicht, vor allem wenn ich an meine Kommilitonin, Lisel Paxmann, dachte, eine begabte Horkheimer-Schülerin aus Frankfurt, die schon 1933 in den Untergrund getaucht war und sehr bald von den Nazis ermordet wurde. –

Bis zu sechzehn Jahren etwa dauerte diese Freude am Spiel bei Georg und mir an, ausgedehnt auf Ping-pong und Schach. Es gab Momente, da ich versuchte, mit ihm über Fragen des Glaubens zu sprechen, etwa über die Beichte und den Glauben an die Dreieinigkeit. Georgs Glaube ließ sich nicht so leicht erschüttern: er lächelte nur und fand, da gäbe es gar nichts zu diskutieren. Unsere Freundschaft stand und fiel mit dem Spiel.

Leider verloren wir uns aus den Augen, als ich Danzig nach dem Abiturium verließ und er seine Laufbahn auf der Sparkasse antrat.

*18  Sonne über der Frauengasse mit ihren Beischlägen und am Frauentor, das zur Mottlau hin abschließt. Über dem gotischen Tordurchgang ein farbiges Stadtwappen. Rechts neben dem Tor das Gebäude der 1743 gegründeten Naturforschenden Gesellschaft.*

*19 Beischläge, Passanten, Touristen. Auf dem Weg von der Frauengasse nach St. Marien.*

*20 Von der Operette bis zum Weihnachtsmärchen. Von Shakespeare bis Max Halbe: Danzigs Stadttheater am Kohlenmarkt.*

*21  Städtisches Leben: der Artushof, einst Versammlungsstätte der Patrizier und der Kaufleute, seit 1742 Börse. Davor der Neptunbrunnen.*

Danzig - Neptunbrunnen

22  *So war er, so ist er zu sehen, der bronzene Neptun, wenn man vom Langen Markt in die Langgasse schaut. Seit 1633 speit der Brunnen sein vielbestauntes Wasserspiel.*

# Inka

Wann sah ich Inka das erste Mal? Es muß 1920 gewesen sein, vor oder nach den Sommerferien, als ich im zweiten Schuljahr stand. Sie fiel mir am Südbad in Zoppot auf, als ich mit Tante Lutta zum Baden ging.

So ein hübsches und elegant gekleidetes Mädchen hatte ich noch nie gesehen: da stand sie im hellblauseidenen Plissékleid, kürzer als wir es gewohnt waren, neben ihr ein kleiner Junge, offenbar ihr Bruder. Ich hörte beide mit einer Dame Polnisch sprechen, während sie auf eine weitere Person zu warten schienen.

Groß war meine Überraschung, als ich sie am nächsten Tag in unserer Klasse als eine neue Mitschülerin auftauchen sah.

Woher kam es, daß sie gleich gut deutsch sprechen konnte? Wahrscheinlich war den Kindern nach der Übersiedlung von Lodsch nach Danzig privater Deutschunterricht erteilt worden. Und sie lernten beide sehr leicht, Inka und ihr um ein Jahr jüngerer Bruder.

Wir befreundeten uns rasch, weil wir den größten Teil des Schulwegs gemeinsam hatten, solange sie in der provisorischen Mietwohnung an der »Sandgrube« logierten. Bald aber bezogen sie eine große, elegante Villa vor der Stadt, nicht weit vom Bahnhof, aber weit vom Schwarzen Meer, und da trafen wir uns nicht mehr so häufig außerhalb der Schule.

Von der Kindheit an verkörperte Inka für mich den Glückspilz: alles schien ihr in den Schoß zu fallen: Schönheit, Begabung, Reichtum, Großzügigkeit des Lebensstils, Erfolg.

Inka lernte alles spielend, durch die Schule schlängelte sie sich ohne sichtliche Anstrengung gut durch. Was ihr außerhalb der Schule geboten wurde, hatte mehr Gewicht: Ballett, Bridge, Klavierspiel (das sie dann wegen zu großer Konkurrenz einer hochbegabten Warschauer Kusine aufgab). Im Sommer spielte sie Tennis, im Winter reiste die Familie nach Zakopane zum Skifahren, und in den Herbstferien nach Karlsbad, wohl weniger zur Kur, als um das Leben zu genießen.

Die Mutter, eine kleine, zierliche Frau, gab sich überaus bescheiden und diskret, der Vater dagegen verkörperte Lebenslust: ein sehr hochgewachsener Mann, der gern seinen Schnurrbart strich und mit blitzenden blauen Augen die Welt zu erobern schien. Man hätte ihn eher für einen polnischen oder spanischen Grandseigneur gehalten als für einen ostjüdischen Financier. Aber auch sie erfuhren schweren Kummer: ihr Sohn Bubi, den ich von unseren Heimabenden mit Franz gut kannte, erkrankte an Hirnhautentzündung und war nicht zu retten.

Zur Zeit, da wir anderen mit heißen Backen Romane lasen und über Liebe diskutierten, *lebte* Inka ihre ersten Romane. Erst später erfuhr ich darüber Genaueres. Wie auch immer, sie selbst war sehr diskret, fern aller Renommiererei, verriet aber durch die Wahl der Lektüren, die sie unter dem Schulpult las, welche Interessen jeweils ihr liebster Freund hatte: Nietzsche oder Feuerbach, Musikgeschichte oder theoretische Physik.

Bei vielem, was Inka gerade betrieb, hatte ich den Eindruck, es ginge nicht tief. Nur bei einem Thema schien ihre ganze Person ein für allemal engagiert: dem Thema der Frauenemanzipation.

Wie kam Inka dazu, Frauenrechtlerin zu werden? Tatsächlich blieb sie es mit Leidenschaft bis zu ihrem Ende. Schon mit 17–19 Jahren begeisterte sie sich für die Idee des Urmatriarchats und stritt noch bei ihrem letzten Besuch in der Schweiz, als reife Frau, mit mir darüber, ob die Geschlechter, biologisch gesehen, verschiedene Anlagen, Begabungen haben oder nicht. Sie vertrat den extremen Standpunkt der absoluten Gleichheit, nicht nur der Gleichberechtigung. Oberflächlich gesehen, hatte niemand weniger Grund als Inka, das Problem der Geschlechter so bitterernst zu nehmen: niemand von uns anderen Mädchen entwickelte so früh soviele Fertigkeiten, und es handelte sich gewiß nicht um Sticken und Nähen; ihre Eltern vergötterten sie, obschon sie ihr auch offenbar einiges abverlangten. Vielleicht hätte ein Psychoanalytiker die Wurzeln dieser Entwicklung und die Zusammenhänge mit dem frühen Tode des Bruders aufdecken können.

Zu dem Bild, das ich mir von ihr machte als problemloses Glückskind, dessen Schauplatz die »große Welt« ist, paßte nicht so ganz, daß auch sie sich unserem Jung-Jüdischen Bund anschloß und mitmachte etwa so lange wie ich. Ihr Leben lang blieb sie auch mit Franz Kaelter und mir durch Briefe und Besuche verbunden.

Im Jahre 1933, als Hitler Reichskanzler wurde, setzte sie ihr in Freiburg/Br. begonnenes Medizinstudium in Bern während ein oder zwei Semestern fort, bevor sie mit ihrem Freund, dem späteren ersten Mann, nach Amerika ging. In Bern, wohin auch ich mich abgesetzt hatte, traf ich sie mehrmals: in dem kleinen Haus unten an der Aare, wo sie beide wohnten, oder im Marzilibad. Und ganz wie in Danzig war sie auch hier immer umringt von einem Schwarm von Verehrern, was ihr Freund mit tragischen Blicken erduldete. Ich sehe sie vor mir, wie sie ihm lachend das schwere Motorrad aus den Händen nimmt und trotz seines besorgten Protests da unten auf dem schmalen Weg vor ihrem Haus davonrattert.

Zu dem clichéhaften Bild, das ich von Inka hatte, paßte ein Teil ihres weiteren Lebens, ein anderer nicht: es paßte halbwegs, daß sie nach Beendigung ihres Studiums in Amerika, nach ihrer Spezialisierung auf Biologie, ein eigenes Laboratorium für medizinische Untersuchungen leitete (obschon ich eher gedacht hätte, sie werde vielleicht doch noch als große Schauspielerin in Hollywood landen), daß sie wissenschaftliche Interessen mit großer Geschäftstüchtigkeit verband, große Reisen an Kongresse unternahm, die sie mit Berichten an Zeitschriften zu finanzieren verstand, aber auch daß sie Künstler und musische Vereine unterstützte, Vortragstourneen mit Hilfe eines Publicity-Agenten organisierte, Thema: Frauenprobleme, auch daß sie verschiedenen Vereinigungen, z. B. der Soroptimisten, angehörte, oft in leitender Stellung.

Gar nicht in das Bild paßte, daß sie sich für die Psychologie von C. G. Jung zu interessieren begann und, wie sie mir bei ihrem letzten Besuch in Bern sagte, in Erwägung zog, am Jung-Institut in Zürich ein Jahr zu studieren, um eventuell selbst Psychotherapie betreiben zu können. Von ihrem zweiten Mann, von ihren Kindern sprach sie mit Liebe und Humor, ohne jene leichten Gewissensbisse, derer wir anderen, wenn wir unabhängig von der Familie unseren Interessen nachgehen, uns nur schwer erwehren.

Fing das Interesse für die Psychologie an, als eine Herzerkrankung sich bemerkbar machte? War es Angst? Nicht sehr lange vor ihrem letzten Besuch in Bern lag sie mehrere Monate im Spital, und nachher mußte sie abbauen.

Als sie dann doch noch einmal nach Europa kam, traf ich sie im Hotel Schweizerhof. Sie hatte noch immer große Dinge vor.

Hatte der Spitalaufenthalt, die lange krankheitsbedingte Ruhe, sie so verschönt, oder war es Kosmetik? Jetzt sah sie wieder so strahlend aus wie in ihrer Danziger Jugend: die dunklen fülligen Haare, die starkblauen Augen ihres Vaters, die helle Haut, und sie war

auch wieder schlanker. Dann mußte sie aufbrechen und wir verließen gemeinsam das Restaurant. »Du, so schnell kann ich nicht!«,
mit ihrem charmantesten Lächeln hielt sie mich fest und bewegte
sich in sehr langsamen, vorsichtigen Schritten weiter, um ein Taxi
herbeizurufen. –

Ein paar Monate danach schickte mir meine Schwester einen Zei-
tungsausschnitt aus dem San Francisco Chronicle, den sie von einer
Freundin, der Inkas Name ein Begriff war, erhalten hatte. Fassungs-
los las ich die Überschrift des zweispaltigen Artikels: More Tests in
Mrs. X's Death! Inka nicht mehr am Leben? Sie war an einer Über-
dosis Schlafmittel gestorben.

Obschon unserer Freundschaft die Intimität fehlte, ein kleines, aber
wichtiges Stück aus meiner eigenen Existenz war herausgebrochen.


# Die Bilder im Wohnzimmer

Rechts und links vom Sofa-Umbau hingen zwei alte englische Sti-
che, etwa 70 auf 60 cm groß. Das eine stellte die Purimgeschichte
dar, genauer die Szene, in der die schöne Ester dem König eine Bitte
vorträgt. Ich höre noch aus der Erläuterung, die mein Vater dazu
gab, den Satz: »Und sei es das halbe Königreich, sprich, Ester, was
Du begehrst.« So ungefähr hieß es bei meinem Vater laut dem he-
bräischen Original. Was ist Phantasie, echte oder falsche Erinnerung? Ich sehe vor mir den sich vorneigenden gütig blickenden
Ahasver auf seinem Thron und vor ihm Ester in wallendem Gewand mit Schnürbrust, den Kopf halb mit dem Arm bedeckend, als
weiche sie schüchtern zurück, bevor sie dem König ihren Ursprung
und die Gefahr, die ihrem Volk durch den bösen Haman drohe,
enthüllt.

Daß der böse Haman gehenkt wurde, schien mir gerecht, wollte
er doch die Juden im Lande grausam vernichten.

Anders lag die Sache bei dem Pendant links vom Sofa: dieses Bild
stellte Abraham dar, wie er sein Kebsweib Hagar und ihren Sohn Ismael aus dem Hause weist. Ich sehe im Geiste Abraham vor mir
mit großem Turban, die Hand in Richtung der Frau und des Jungen
und ringsum ist Wüste.

78

Sarah wünschte, daß die Nebenfrau das Feld räume, nachdem sie hundertjährig, endlich doch noch selbst einen Sohn geboren hatte. In der Ausgabe des Alten Testaments, das ich vor mir habe, heißt es: »Und Sarah sah den Sohn Hagars der Ägyptischen, den sie Abraham geboren hatte, daß es ein Spötter war und sprach zu Abraham: Treibe diese Magd aus mit ihrem Sohn; denn dieser Sohn soll nicht erben mit meinem Sohn Isaak . . .« Da Gott sich auf Seiten Sarahs stellte, mußte Abraham gehorchen: »Da stand Abraham des Morgens früh auf und nahm Brot und einen Schlauch mit Wasser und legte es Hagar auf ihre Schulter und den Knaben mit und ließ sie von sich. Da zog sie hin und ging in der Wüste irre bei Beer-Seba.«

Mein Vater tröstete mich, als ich das ungerecht fand: auch mit Hagar und Ismael meinte es Gott gut: »Und der Engel Gottes rief vom Himmel der Hagar und sprach zu ihr: Was ist dir, Hagar? Fürchte dich nicht, denn Gott hat erhört die Stimme des Knaben . . . Steh auf, nimm den Knaben und führe ihn an deiner Hand; denn ich will ihn zum großen Volk machen.« . . .

Es wundert mich, daß auch die Araber, deren Religion mit Abraham ansetzt, diesem Urvater keinen Groll, vielmehr Ehrfurcht entgegenbringen. –

Kantor Engelmeyer, mit dem ich über diesen Punkt spreche, meint dazu mit erhobenem Zeigefinger, sein freundliches Haupt mit Käppchen wiegend: »Ja, sehen Sie, Abraham mußte sie wegschicken wegen seiner Frau. Sarah bestand darauf, als sie den Isaak geboren hatte.«

Merkwürdige Geschichte: Erst läßt sich Abraham von Sarah, der so lange Unfruchtbaren, bestimmen, mit Hagar Nachkommenschaft zu zeugen, dann gibt er ihr nach, Hagar und Ismael, ihrer beider Sohn, in die Wüste zu schicken. Schließlich ist er bereit, seinen Sohn Isaak zu töten, weil die Stimme des Herrn diesen zum Opfer fordert. Mußte er beweisen, daß seine Demut bis zum letzten ginge, daß er auch seinen Sohn Isaak hergeben würde? Eine Art Rechtfertigung für die Verleugnung Ismaels, von dem er sich ungern getrennt hatte?

Auf der gegenüberliegenden Wand zu beiden Seiten der Anrichte hingen zwei viel kleinere Bilder. Das eine, eine kostbare Hinterglas-Malerei, stellte Elias dar, wie er in der Wüste von den Raben genährt wird. Das andere war, glaube ich, wieder ein Kupferstich und hatte den Messias zum Thema: da sah man einen lächelnden Knaben den langen Mantel leicht offen, die Haare lang wie es heute die Burschen tragen, mit einem Palmenzweig in der Hand daherschreiten, gefolgt von dem Löwen, dem Tiger, daneben das Lamm, und hinter ihnen die ganze Schar der weiteren Tiere. Es war ein liebliches Bild, das Ruhe und Hoffnung ausstrahlte. Ein verklärter Hippy. Ist der kleine Messias daran schuld, daß mir ein Utopist viel näher steht als ein Kulturpessimist?

# Das Herrenzimmer

Das Herrenzimmer war ebenso ein Damenzimmer und wurde es immer mehr, weil sich dorthin jeweils die eine oder die andere Tochter mit ihren Privatfreunden oder Freundinnen zurückzog.

Der Vater hielt sich dort vorwiegend am Morgen auf, um in der Zurückgezogenheit die Gebetriemen anzulegen und sein Gebet zu verrichten. Am Abend dagegen hielt er sich lieber im Wohn- und Eßzimmer auf um den Familientisch.

Die Gebetriemen hatten ihren Platz in der Schreibtischschublade neben alten Siegellackstangen und Stempeln. Auf dem Tisch lagen Gebetbücher, Zeitungsausschnitte und andere Papiere, hie und da auch ein Musterschüsselchen mit Bohnen oder Erbsen, die nach und nach zum Testen auf den Mittagstisch kamen. Meine Schwester und ich hatten seither eine ausgesprochene Abneigung gegen Hülsenfrüchte, auch wenn sie von bester Qualität waren.

Unter dem Tisch stand Papas bescheidener Vorrat an Spirituosen, Machandel, Benediktiner, merkwürdigerweise kaum einmal Danziger Goldwasser, das mir lange nur von Minna von Barnhelm her ein Begriff war. Ich nehme an, daß es bedeutend mehr kostete und mein Vater nur solche Wässerchen kaufte, die ihm für seinen Magen besonders bekömmlich schienen. An Feiertagen, wenn eine fette Gans oder Ente auf den Tisch kam, erlaubte er sich, fast als müßte er diese »Ausschweifung« vor uns rechtfertigen, einen langsamen kleinen Schluck direkt aus der Flasche und versteckte sie gleich darauf schnell wieder unter den Schreibtisch: »Mehr wäre nicht gesund!«

Im Bücherschrank reihten sich an die Shakespeare-Bände die

deutschen Klassiker. Unter den großformatigen Büchern ganz unten fesselten mich je nach Lebensalter und Laune die Bilderbibel, ein Jahrgang (oder mehrere?) der »Fliegenden Blätter« und ein Band »Werder Verkehrszeitung«, die mein Vater in jüngeren Jahren zur Ergänzung seiner Einnahmen herausgegeben hatte. Es war eines jener Gratis-Blätter, die nur von Annoncen leben. Als kleines Mädchen lachte ich über die Witze und Anekdoten, mit denen Papa die Zeitung bereichert hatte, später lachten wir über die Annoncen selbst: Anpreisung von Federhüten, Schnurrbartbürsten, Rattengift...

Zum Herrenzimmer gehörte das große Bild meiner verstorbenen Mutter nach einer Familienphotographie im Strandkorb in Zoppot, die rötliche Marmorbüste von Nathan dem Weisen auf dem Ofensims, Pfänderspiele an Kindergeburtstagen, Klavierüben und verbotenes Turnen auf dem einzigen Plüschclubsessel, den wir besaßen.

Dann, über ein paar Jahre springend, lustige und ernste Gespräche mit den beiden Schwestern aus der Freidenkergruppe, gelegentlich mit ihren beiden Freunden, vor allem mit Gerhard, als kommunistischer Funktionär der Seemannsgewerkschaft eine Zeitlang in Danzig hängen geblieben. Typischer Schleswig-Holsteiner, groß, hellblond, blauäugig, ein Typ, der von den Nazis umworben wurde. Gerhard las, was ihm an anständiger Literatur in die Finger kam – mehr Schopenhauer als Parteibroschüren, und er interessierte sich für Probleme ebenso wie für einzelne Individuen, z. B. für meinen Vater.

Als sich der Nationalsozialismus gefestigt hatte, lebte er in Le Havre, wo er die deutschen Seeleute, die dort an Land gingen, politisch zu beeinflussen suchte. Vor mir liegt sein Brief vom Januar 1939 aus Le Havre nach Genf. Darin schreibt er von einem SA-Mann, der verdiene selbst nur 100 Mark, schicke davon 80 an die Frau, das erste Kind sei an Lebensschwäche, Unterernährung der Mutter gestorben. »Ich habe mit dem nicht zu agitieren brauchen. Was soll aus uns bloß werden, wenn es wirklich losgeht, war seine Meinung.« ... »Mir selbst geht es im Moment nicht schlecht, ich habe ein kleines festes Einkommen und verdiene mit Übersetzungen und Artikelschreiben soviel nebenbei, daß ich schon mit dem Gedanken spiele, Lenchen nachkommen zu lassen...« Auch nach dem Ergehen meines Vaters fragte er... »wie schwer muß es für ihn sein, sich in seinem Alter eine neue Heimat zu suchen...«

Gerhard schloß sich nach Kriegsausbruch der Résistance an. Als die Pétain-Leute ihn fingen, gelang es ihm, auszubrechen. Das zweite Mal lieferten sie ihn der Gestapo aus. Ihr entkam er nicht lebend.

Auch Otto, den Ilse dann in Bielefeld heiratete, gehört zu meinen nicht-jüdischen Freunden, die dem Nationalsozialismus Widerstand leisteten und ihm zum Opfer fielen. Trotz seiner linken Vergangenheit konnte er sich als hochqualifizierter Facharbeiter während des Krieges in seiner Heimatstadt Bielefeld durchschlagen, wenn auch immer beschattet. Dann, im letzten Kriegsjahr, wurde er wegen Abhörens ausländischer Sender denunziert und in Haft genommen. Aufgrund weiterer Anklage der Beihilfe zur Flucht eines Kriegsgefangenen wurde er schließlich dem Henker ausgeliefert. Vor ein paar Jahren, als ich Ilse besuchte, führte sie mich zu seinem Grab, inmitten anderer von Opfern der Hitlerjustiz.

Wer Freunde solcher Art hatte, konnte nicht der Gefahr unterliegen, deutsch mit nationalsozialistisch zu identifizieren.

Die heutige Zeit beweist nur zu gut, daß wichtige Komponenten des Hitlergeistes nicht an ein bestimmtes Volk gebunden sind: Diktatur, Ohnmacht des Widerstands, Folter – alles dies, je nach Konstellation begünstigt von der Haltung ausländischer Mächte und Wirtschaftsgruppen, ist weit verbreitet, aber nicht mehr »typisch« für Deutschland.

# Kurt

Auf den ersten Blick sah man Kurt seine gute preußische Erziehung an: höflicher Diener bei der Begrüßung, wenn nicht gerade Hacken-Zusammenschlagen, so doch in jedem Moment disziplinierte, rollenbewußte Haltung. Trotzdem wirkte er beim Reden alles andere als forsch, eher schüchtern, freundlich, sympathisch. Ein schmaler, gut aussehender Jüngling mit scharf gezogenem Scheitel, aber gemüthaftem Blick.

Im ganzen ist meine Erinnerung an ihn ganz schemenhaft, und eigentlich ist es Lenchens Geschichte, die sie mir nun ans Herz legt, eine Geschichte der Gefühlswirrungen, nun entwirrt durch den Lauf der Dinge und die Zeit.

Eines Tages – war es 1931 oder 1932? – klopfe ich an der Tür bei den Schwestern Loy, und Lenchen öffnet mir mit etwas flatterndem Blick:»Weißt Du, Kurt ist da. Bleib nur, er weiß von Dir und möchte dich gern kennenlernen.« Ich trete zögernd ein. Wir beide, Kurt und ich, wissen nicht recht, wie wir uns verhalten sollen – ich mit meinem permanenten Haß auf die Nazis, er aus Schuldbewußtsein wegen des Antisemitismus seiner Partei. Auf meinem langen Weg vom »Schwarzen Meer« bis zu diesem Altstadthaus hat sich mein Haßpotential wieder frisch aufgefüllt durch die Rufe des halbuniformierten Nazi-Zeitungsverkäufers am Hohen Tor »Vorposten«, »Völkischer Beobachter!« und die an den Schaufenstern des Sportgeschäftes, in der Langgasse, ausgehängten Exemplare des »Stürmers«, der jeweils der Pogromstimmung diente (auch wenn ich nie Passanten davor anhalten sah). Wie soll ich nun die aufgestaute Aggression an diesem bescheidenen, zuvorkommenden Jüngling auslassen? Es wäre unehrenhaft, heuchlerisch, einfach seine Parteizugehörigkeit zu ignorieren – andererseits bietet er in seinem Auftreten, abgesehen davon, daß er doch Lenchens Freund ist, wenig Angriffsflächen. In diesem Dilemma fällt mir – so erinnert sich Lenchen – nichts Gescheiteres ein, als mich bösartig über seine angewachsenen, nichts Gutes verheißenden Ohrläppchen zu äußern. Heute bedaure ich diese Kränkung, denn – Ohrläppchen hin oder her – Kurt war ein ehrenwerter Mensch.

Woher kanntest Du eigentlich Kurt? Aus welchem Milieu kam er?

Lenchen antwortet: So richtig gesehen haben wir uns das erste Mal auf den Schrebergärten. Du weißt es vielleicht nicht mehr so, weil du jünger bist: aber es war schlimm mit der Lebensmittelversorgung, auch im Ersten Weltkrieg schon. Da zogen eben die Leute möglichst noch was selbst: Kartoffeln, Rüben und so. Mein Vater war Kalkulator an der Danziger Werft, wo auch Kurts Vater seine Stelle hatte. Der saß aber natürlich viel weiter oben, als ehemaliger Seeoffizier hatte er einen höheren leitenden Posten. Auf den Schrebergärten – die gehörten der Werft – spielte der Standesunterschied keine Rolle, da kamen denn alle irgendwie zusammen.

Richtig kennengelernt haben wir uns dann bei einem Betriebsfest, da tanzte er immer mit mir, und ich war darüber froh. Wir waren ein Herz und eine Seele – er ging bald bei uns aus und ein –, solange wir nicht auf Politik zu sprechen kamen. Einmal verbrachte ich sogar meinen Urlaub bei ihm in Stralsund – da studierte er Jura. Gewiß, wir stritten uns schon gelegentlich, wenn von Politischem die Rede war. Mein Vater neigte doch eher zu den Sozialdemokraten, und meine Mutter hatte uns sehr religiös erzogen, da hätte das ganze Nazigerede sowieso nicht reingepaßt. Dann aber ging's richtig los, als Ilse ihren linken Kollegen und deren Freunde nach Hause brachte. Mit denen verstand ich mich immer besser, und mit Kurt immer schlechter. Ihm waren unsere politischen Differenzen nicht so wichtig, er fand, wir sollten einfach davon nicht reden. Könntest du das? Ich jedenfalls konnte das nicht, man kann sich doch innerlich nicht so teilen. Ich wurde immer nervöser, schon der Gedanke, daß mein Freund bei der SA war, das machte mich krank. Ich sagte ihm, er solle doch nicht mehr kommen, es habe keinen Sinn. Damals fing das auch mit Gerhard an, und durch ihn bekam ich eine Stelle an der kommunistisch orientierten Seemannsgewerkschaft.

An sich störte es Kurt gar nicht, wenn unsere linken Freunde dabei waren. Er unterhielt sich ganz gern mit ihnen, und einen – erinnerst du dich an den kleinen Helmut? – den hatte er richtig in sein Herz geschlossen, er fand es schade, daß so ein guter deutscher Kerl nicht bei der nationalsozialistischen Bewegung mitmachte. Tja – ich mußte heimlich lachen: Kurt mit allen seinen Rassetheorien ahnte natürlich nicht, daß dieser blonde Junge mit den treuen blauen Augen ein polnischer Jude war, der illegalerweise unter den polnischen Arbeitern in Danzig agitierte.

(Wie verteidigte denn Kurt seinen Standpunkt?) Na, er und seine Freunde, auch Leute wie Rauschning, gingen ja damals von der großen Arbeitslosigkeit aus. Er war dafür, daß kein Beamter (oder überhaupt niemand?) mehr als 500 Gulden verdienen sollte. Man müsse auch ein Arbeitsbeschaffungsprogramm aufstellen, und alles das könne man nur mit einer wirklichen Erneuerungsbewegung. Gegen die Juden hatte er eigentlich nichts, aber sie seien doch im Großhandel und bei den akademischen Berufen zu stark vertreten. Vor allem müsse das deutsche Volk von dem ungerechten Versailler Vertrag befreit werden, das könne nur ein Mann wie Hitler fertig bringen.

Wie Kurt sah, daß es zwischen mir und Gerhard ernst wurde, zog er sich doch zurück, nur wenn er sich ganz verlassen fühlte, z. B. als sein Vater starb – die Mutter war stark depressiv – holte er sich Trost bei mir.

23    Mehr als nur historische Kulisse der Freistaat-Gegenwart: auf der Artushof-Seite
mit dem Blick auf die gegenüber liegenden »Königshäuser«. Oft hielten sich hier die
Könige Polens mit ihrem Hofstaat auf, wenn sie in den Jahrhunderten die selbstbewußte, stolze Stadt besuchten, als sie die Oberhoheit der polnischen Krone
anerkannte.

24  *Auch inmitten politisch bewegter Zeiten vielfältiger Alltag der Menschen in ihrer altehrwürdigen Stadt. Kähne, Dampfer, uralte Speicher und traditionsreiches Krantor: Mottlau-Blick von der Grünen Brücke. Danzigs Hafen war für Jahre der bedeutendste Ein- und Ausfuhrhafen für Polen. Zahlreiche regelmäßige Tourenlinien gingen zu den größten Häfen der Welt.*

25   *Arbeit auf der Fähre.*

26  *Arbeit auf der Werft. Jahrhunderte Danziger Schiffbau-Tradition. Da ist die traditionsreiche Klawitter-Werft an der Brabank. Da gibt es »The International Shipbuilding and Engineering Co., Ltd«, die ehemalige Kaiserliche und dann Danziger Werft, und die Schichau-Werft.*

Dann kamen doch im Mai 1933 die Wahlen. Wenn die Nazis jetzt die Mehrheit erreichten, so war das wegen des Terrors, und überhaupt hatten sie damit vor allem auf dem Lande Erfolg. In der Stadt waren sie unterlegen. Es kam zur Koalition mit den Deutschnationalen, Rauschning wurde Senatspräsident, aber eigentlicher Herr im Land wurde Forster, Hitlers Gauleiter.

1933, noch vor den Wahlen, wurden die Gewerkschaften gleichgeschaltet, und dann übernahmen die Nazis die Regierung. Zwar war der Sieg knapp und hauptsächlich den Stimmen auf dem Lande zu verdanken, aber die Opposition geriet ja immer mehr unter Druck. Ilse und ich gehörten zu denen, die wegen staatsfeindlicher Aktivitäten unter Schutzhaft genommen wurden. Beim Verhör stellte ich mich dumm, tat so, als hätte ich keine Ahnung, was dieser oder jener unserer Freunde politisch trieb und wohin sie sich, soweit sie Nicht-Danziger waren, verzogen hatten. Als Angestellte der nun aufgelösten kommunistischen Seemannsgewerkschaft wurde ich arbeitslos. Immer wieder fragte ich beim Arbeitsamt an – vergeblich. Endlich wurde mir beim Sozialamt eine Stelle zugewiesen.

Nicht lange danach erschien wieder einmal Kurt bei mir. Inzwischen war er unter Rauschning zum Regierungsrat der Personalabteilung der Stadt ernannt worden, und ihm hatte ich also meine neue Stelle zu verdanken. Ich war ganz gerührt, wie er uns beiden, Ilse und mir, über sein Tun und Lassen Rechenschaft ablegte: wo er nur konnte, habe er unsere politisch kompromittierten Freunde geschützt, z. B. dafür gesorgt, daß dem entlassenen sozialdemokratischen Lehrer Viedt wenigstens die Rente zugesprochen wurde. »Ich war sehr stolz auf dich!« sagte er mir, weil ich, wie er aus dem Polizeiprotokoll ersehen konnte, bei meinem Verhör niemanden verpfiffen hatte. Treue, Standhaftigkeit galten ihm viel. Er sprach auch davon daß seine eigene Lage, entsprechend der seines Vorgesetzten Rauschning, gar nicht mehr sicher war.

Anderthalb Jahre darauf hatte sich das Blatt ganz gewendet. Sein Chef Rauschning hatte sich gegenüber Forster und Greiser nicht durchsetzen können, befand sich als Verfemter auf der Flucht. Für Kurt war der Röhmputsch und die Beseitigung Röhms durch Hitler eine Katastrophe. Daß er wie alle SA-Leute, die durch Röhm vereidigt worden waren, nun die Treue-Devise aus seinem Dolch ausmerzen sollte, erschütterte ihn tief. Er kam, um sich zu verabschieden. Er habe den Befehl bekommen, nach Berlin zu gehen. Dies war sein Abschiedsbesuch.

Ich versuchte, ihn zur Flucht zu bewegen: Warum folgst du nicht Rauschning nach England? Seine Antwort klang resigniert: Was soll ich in England? Mit Jura kann ich dort nichts anfangen, und ich beherrsche überhaupt nicht die Sprache. – Das war das letzte, was ich von ihm weiß. Nie mehr seither habe ich von ihm oder über ihn etwas vernommen. –

Freunde – unter allen Opfern der Hitlerzeit wollen wir auch mit Erbitterung und Anteilnahme dieses ehrlichen Gläubigen gedenken, dessen weiteres Schicksal wir nicht kennen. Wenn ich an Kurt denke, sinken vor meinem inneren Auge müde Krieger vor Stalingrad in den Schnee.

# 4. März 1974

Heute meldete das Radio den Tod Carl J. Burckhardts. Vor ein paar Wochen hatte ich von Erwin Lichtenstein einen langen Brief erhalten, im Anschluß an meine Bemerkung »Es hat mich interessiert zu sehen, daß Sie mit Burckhardt sehr milde umgehen im Gegensatz zu Leonhardt, dessen Werk ich von meiner Schwester geerbt habe«, und dieser Brief handelte vor allem von Burckhardt. Im Gegensatz zu Leonhardt, einem ehemaligen Danziger Rechtsanwalt, glaubt Lichtenstein, Burckhardt hätte zur Wahrung der Verfassung in Danzig im damaligen Zeitpunkt (1937) nicht mehr machen können, zum mindesten nicht für die Juden. Seine Passivität angesichts der Vernichtung der politischen Opposition ist sicher weniger leicht zu verteidigen. Mir selbst scheint, daß einem Mann, der in Deutschland Konzentrationslager besuchen und mit dem von der Gestapo zusammengeschlagenen Ossietzki hatte sprechen können, von vornherein klar sein mußte, daß dem Völkerbundsvertreter nur ein gewisses Stillschweigen gegenüber Verfassungsverletzungen, Mißhandlungen politischer Gegner übrigblieb. Wer aber kann schweigen und ein Amt vertreten, wenn ringsum Verbrecher das »Gesetz« machen?

In seiner »Danziger Mission« zitiert Burckhardt ein Schreiben

von dem nach Polen geflohenen Rauschning, in dem dieser ihn auf-
forderte, entweder ihm zu helfen oder die einzige ehrenhafte Haltung einzunehmen, nämlich Danzig unter Protest zu verlassen . . .«
(S. 113) Rauschning selbst spricht in seinem Werk »Deutschland
zwischen West und Ost« Burckhardt nachträglich frei: er hätte sich
nicht durch die Verbindung mit ihm, dem Abtrünnigen, in den Augen der Nationalsozialisten kompromittieren wollen.

Burckhardt erntete für sein Wirken in Danzig viel Kritik und
auch Anerkennung. Daß letztere vor allem von der falschen Seite
kam, muß ihn sehr geschmerzt haben. Ich lese in den Berichten des
Schweizer Nachrichtenbüros Ha, das im zweiten Weltkrieg eine be-
merkenswerte Rolle gespielt hat: »Aus anderen Überlegungen, aber
nicht weniger positiv, wird in Berlin das Wirken von Professor Dr.
Carl J. Burckhardt, des ehemaligen Völkerbundskommissars in
Danzig bewertet. Aus seinen historischen Schriften wird die Hochachtung sichtbar, die er der alten preußischen Eroberungspolitik
entgegenbringt . . .« (Alphons Matt: Zwischen allen Fronten – Der
Zweite Weltkrieg aus der Sicht des Büros Ha, 1969, S. 53).

Mit dem Rechenschaftsbericht »Meine Danziger Mission
1937–1939« hatte sich Burckhardt das Problem Danzig wohl noch
nicht ganz von der Seele geschrieben: bald nach dem Erscheinen des
Lichtensteinschen Werks über die Juden in Danzig dankte er dem
Verfasser für die »faire und präzise Darstellung« in bezug auf seine
Person.

Daß Burckhardt als Mensch und Schriftsteller hohe Qualitäten
besaß, davon haben viele Zeitgenossen Zeugnis abgelegt. Immerhin: was sein politisches Wirken anbetrifft, so würde ich ihn kaum
als Vorbild für ein Lesebuchstück wählen – schon eher Hermann
Rauschning, einen Menschen, der, einem ähnlichen konservativen
und christlichen Wertsystem verpflichtet, dank völlig anderer Le-
bensumstände und innerer Voraussetzungen dem radikal Bösen
den Kampf ansagte. Gewiß der Vergleich hinkt: die beiden Männer
standen vor ungleichen Aufgaben, aber die historische Situation
stellte sie einander doch gegenüber.

Im Gegensatz zu Burckhardt verband Rauschning immer mit
dem konservativen Element den Drang nach revolutionärer Umwandlung der bestehenden Strukturen: das bedeutete bei ihm nicht
nur das Erwachen Deutschlands zu seiner geschichtlichen Aufgabe
als Reich der Mitte, er war auch bestrebt, sozialere (genossenschaft-

lichere) Lebensformen herbeizuführen. Als Senatspräsident stellte er sich auf den Boden der Verfassung und bemühte sich um verstärkte Wirtschaftsbeziehungen mit Polen. Was Hitler nur zum Schein anstrebte, um damals freie Hand im Westen zu haben – die bessere Verständigung mit den Polen –, nahm Rauschning ernst. Was den Antisemitismus anbetrifft, so akzeptierte er ihn einfach als unangenehme Begleiterscheinung, vertrat aber die Meinung, man dürfe die Juden nicht aus der Wirtschaft und Kultur ausschalten und hoffte, daß er im Laufe der Zeit seinen Einfluß werde gelten machen können. Es sollte sich dann sehr bald zeigen (1934), daß Hitler, vertreten durch den Gauleiter Forster einerseits und den Vizepräsidenten des Senats, Greiser, andererseits, einen solchen Mann nicht brauchen konnte.

Hätten die Westmächte, vor allem England, die Danziger Verfassung und ihre Verteidigung ernst genommen, d. h. hätte der Völkerbund, seiner Verpflichtung gemäß, bei der Ausschaltung der Opposition im Freistaat, bei dem zunehmenden Terror seitens der Nazis eingegriffen, dann wäre es nach Rauschning zum Sturz des Nationalsozialismus bei uns gekommen, und mehr als das: statt das Motiv für den Zweiten Weltkrieg zu werden, hätte es den Anstoß zur Überwindung der Hitler-Bewegung im ganzen deutschen Reich geben können.

Fügen wir hier noch hinzu: wenn das Eingreifen des Völkerbunds als Garant der Danziger Verfassung auch dazu geführt hätte, die zerstrittenen Arbeiterparteien in Deutschland, im Reich rechtzeitig zu einer gemeinsamen Einheitsfront zu schweißen . . .

Werde ich jemals noch Zeit und Mut haben, die Persönlichkeit und die Rolle Hermann Rauschnings – über Golo Manns Studie hinaus – weiter zu ergründen?

# Zweiter Teil
## Sommer 1977

# Im neuen Anlauf (1974–1977)

Zweimal schon hat uns unsere Gastgeberin in Gdańsk hier in der Schweiz besucht. Letztes Jahr klagte sie über die hohen Fleischpreise: »Nicht daß man hungern müsse, aber wir Polen essen gern Fleisch und Wurst.« Als Gastgeschenk brachte sie eine buntgeblümte Leinendecke mit, absolut kochecht – ich kann die Ware bestens empfehlen.

Seitdem wir einmal vor Jahren bei Freunden einen polnischen Kulturattaché trafen, schickt man uns in französischer oder deutscher Sprache – manchmal beide Ausgaben – die polnische Wochenschau, Propagandablatt des polnischen Außenministeriums (sehr gute Bildwitze mit Eigenkritik!). Immer wieder findet man darin auch eine Meldung über Danzig oder Umgebung: Weiterer Ausbau des Hafens, Musikwettbewerbe, Bilder von Opernaufführungen, den Danziger Fünflingen, Segelregatten.

Dann wiederum 1974 unser Besuch bei meinen Cousins in Columbus-Ohio. Sie leben in vieler Hinsicht noch wie in Danzig-Langfuhr: mit Arztpraxis, mit Musikabenden und Danziger Gemütlichkeit. Gerade hat auch Walter – unsere Mütter waren Schwestern – seine Erinnerungen geschrieben, in englischer Sprache, gewürzt mit gelegentlichen deutschen und danzigerischen Brocken. Ein Teil seiner Nachkommen kann ja kaum ein Wort deutsch. Ich bin nach Amerika gekommen, um etwas von diesem Kontinent zu erleben, finde mich aber nun vor dem Einschlafen mit Walters Memoiren mehr in Danzig und seinen Vororten Ohra und Langfuhr als im Staate Ohio. Aus Walters Sicht gewinnen Figuren wie seine Eltern viel mehr Relief, während andere, z. B. Tante Lutta, die mir zur zweiten Mutter wurde, nur ein paar markante Tupfen abbekommen. Im Erleben der Landschaft, Meer, Strand, Dünen, Fischerdörfer, Wälder und Seen zeigen sich zwischen ihm und mir keine Unterschiede.

Besonders interessant sind seine Schilderungen der damaligen ärztlichen Versorgung im Vergleich zu den Verhältnissen im heutigen Amerika. Sein Vater, auch unser Hausarzt, fuhr noch per Kutsche über Land zu seinen Patienten und verwendete viel mehr Hausmittel als pharmazeutische Produkte. Walter selbst betreute seine dörflichen Patienten von Langfuhr aus per Fahrrad – erst später per Auto –, und im Kaff Brentau rechnete der Bürgermeister jährlich für die ärztlichen Dienste der ganzen Bevölkerung via Krankenkasse pauschal ab, ungeachtet der Anzahl der Besuche. Es war, verglichen mit heute, fast die Zeit der »Barfüßlerärzte«. Walter weiß die Fortschritte der Medizin wohl zu schätzen, aber er, der schon in Danzig psychosomatisch dachte, findet den damaligen Betreuungsstil bei allen materiellen Nachteilen gegenüber dem heutigen Standard sehr befriedigend für Arzt und Patient.

Vor dem Einschlafen erinnere ich mich an eine Szene mit Onkel Oskar als Hausarzt: Er setzt sich in seiner forschen Art auf einen Stuhl mir gegenüber und heißt mich, mit dem Löffel in der Hand, deutlich »A« machen. Ich strecke brav die Zunge heraus, mache »A«, und etwas Schreckliches passiert: die mir kurz vorher von Mutti eingelöffelte Milchsuppe ergießt sich auf Onkels Schoß. (Seither trinke ich keine Milch mehr.) –

Aus Walters Schilderungen der eigenen Kindheit – er ist 15 Jahre älter als ich – geht mir auf, wie mein eigenes Bild von seinem Elternhaus, vor allem das Bild seines Vaters, einseitig vereinfacht und in manchem darum revisionsbedürftig ist. Ich hätte nicht gedacht, daß Walter noch die früh verstorbenen Eltern unserer Mütter in Gollub bei Thorn besucht und Erinnerungen an deren jüdisch betontes Leben bewahrt hat. Wie er sich mit dem Fähnchen in der Hand beim Umzug mit den Thorarollen beschreibt, könnte mit einigen kleinen Varianten für meine Erinnerung gelten, als ich als Kind die Großmutter väterlicherseits in Kowno besuchte.

Bei unserem Besuch 1973 in Danzig waren wir auch nach Ohra gefahren, um das Doktorhaus wiederzusehen. Es wirkte auf mich mit seinen dunkelroten Backsteinen, von einem Turm gekrönt, wie eine kleine Burg – festgefügt und unzerstörbar. Auch hier irrten wir vergeblich herum. Schließlich erinnerte sich ein älterer Mann, der noch deutsch spricht: »Ja, das war doch der Bahnarzt, Sie kommen aber eine Woche zu spät, es wurde gerade für Neubauten abgerissen.« – Häuser werden abgerissen, aber wenigstens fließt noch wie früher die Radaune zwischen den schattigen Ufern an Ohra, jetzt Orunia, vorbei, immer wieder die Landschaft, die vorläufig noch Kontinuität gewährt. –

Ob Ihr's glaubt oder nicht: auch in Rußland drängt sich Danzig immer dazwischen. Das ist nicht so verwunderlich: Aggi, ehemalige Klassenkameradin, nun ansässig in Kalifornien, trifft mich letzten

Juli in Zürich zu einer Reise nach Rußland (»10 Tage russische Kulturstädte«). Hilde kann es nach meiner schriftlichen Ankündigung kaum mehr aushalten und ruft zweimal an. Beim zweiten Anruf kurz vor unserer Abreise, vor allem um zu sagen, ich solle für Kiew (anderthalb Tage haben wir dort) ja nicht den Badeanzug vergessen, man bade vor der Dnjepr-Insel fast so schön wie in Zoppot oder Heubude. Ihre Stimme klingt nah, als käme sie nicht aus Wilna, sondern aus Zürich. Immer wieder hatte sie ja gedrängt, ich solle doch kommen, wenn möglich mit meinem »husband« (hat sie vergessen, wie man das deutsch sagt, oder stecken sie so im Englischlernen für die Auswanderung?), aber mein husband, der Rußland gleich wie Manes Sperber nach einem Psychologenkongreß auf eigene Faust bereist hatte, will sich auf eine so kurze Touristenabfertigung nicht einlassen. –

Und so kommt es Juli 1976 zu einem Danziger-Treffen in Kiew, Leningrad, Moskau. (Hilde reist uns immer nach): Wir drei Ehemaligen aus der Viktoriaschule, ihr »husband«, der als damals polnischer Staatsbürger in Danzig-Langfuhr die Technische Hochschule besucht hatte, ihre Tochter Katja, Chemikerin, die aus den Erzählungen der Eltern ebenso gut die Freie Stadt Danzig wie aus der persönlichen Anschauung Gdańsk und die Wojwodschaft rundherum kennt. Statt möglichst viel aus diesen Sowjetbürgern (auf Abruf) über ihr Land, ihre Gesellschaft herauszupressen, geraten wir immer wieder in Danziger Fahrwasser: sie leben mehr als Aggi und ich in der Vergangenheit, stehen mehr als wir mit alten Danzigern in Korrespondenz (wissen, wann der oder jener einen Enkel bekommen hat, wer und woran dieser oder jener gestorben ist . . .), andererseits interessiert sie nur noch die Zukunft – wahrscheinlich in Israel, vielleicht auch in den USA, wo schon ihr Sohn mit Hilfe von Danzigern sich eine neue Existenz aufbaut. Ganz ähnlich wie bei Gesprächen mit Irena, haben sie bei Fragen, welche Politik und Systemunterschiede betreffen, wenig Verständnis für unser Interesse. Gewiß, ohne Hilde und ihren Mann hätten wir nicht bei Kiew das Mahnmal Babi Yar und nicht das Café Praga in Moskau besucht, hätten Nataschas, Wladimirs und Genias Intourist-Erklärungen nicht auf ihre Richtigkeit prüfen können. (Wir fanden keine Widersprüche z. B. hinsichtlich Verbesserung der Wohnverhältnisse oder ärztlicher Versorgung, nur sagte uns von Intourist niemand, daß junge strebsame Sowjetbürger, wenn sie im Paß als Juden gekennzeichnet sind, keinerlei Aufstiegschancen in ihrem Beruf haben, Sache der Quote, »nicht gewöhnlicher Antisemitismus« ... aber das ist eine andere Geschichte.)

Und nun, Anfang August, erhalte ich den ersten Bericht: sie haben die Ausreise wirklich geschafft und werden in einem Übergangslager auf die Eingliederung in die dritte Heimat vorbereitet. Zuerst tönt es sehr vergnügt: »Wir leben hier wie ›auf Sommerwohnung‹ in einem komfortablen Wohnwagen, Lowa versucht mir ivrit beizubringen, aber ich krieg's nicht in den Kopf.« Sie warte ungeduldig auf den Lift aus Wilna mit ihrem Flügel, den sie für ihre Klavierstunden brauchen werde.

Am Ende des Jahres hieß es, sie bereuten die Ausreise. In ihrem Alter sei die Gewöhnung an das fremde Land zu schwer. Sie glaubten, in ein europäisiertes Land zu kommen und fanden, es sei ganz orientalisch. In Rußland kenne man ja die Bürokratie, aber in Israel sei es noch ärger ... Im letzten Schreiben schimmert wieder der alte Optimismus durch: wenigstens die Tochter könne demnächst als Laborantin im Weizmann-Institut ihre erste Stelle antreten, und die Stimmung sei weniger düster.

Ja, Litauen, Wilna waren doch dem alten Danzig landschaftlich, kulturell – politisches System hin oder her – näher als dem Land unserer Väter, dem Land der Verheißung ... Aber sie werden sich schon zurechtfinden, ein Zurück gibt es nicht mehr.

Dann kommen Abendroths nach Bern. Wolf ist zu einem Vortrag in der juristischen Fakultät eingeladen, eben jener Fakultät, die ihm vor mehr als 40 Jahren den Doktortitel mit »Summa cum laude« verliehen hatte. Kaum hatte er ihn, ging er nach Deutschland zurück, um allen politischen Gefahren zum Trotz weiter in der sozialistischen Arbeiterbewegung zu wirken. Damals waren wir alle überzeugt, wenn einmal der Nazi-Spuk vorbei sei, werde Abendroth im neuen Deutschland sozialistischer Prägung eine leitende Rolle spielen. Wie es kam, daß er auch im Nachkriegsdeutschland Mühe hatte, auch nur in einer juristischen Fakultät einen Lehrstuhl zu erhalten, ersehe ich mit allen Einzelheiten erst jetzt aus seinen politischen Memoiren, »Ein Leben in der Arbeiterbewegung« (1976), nachdem ich davon nur die groben Umrisse kannte.

Abendroth war einer der leitenden Köpfe in der studentischen Linken an der Frankfurter Universität, wo ich mein Studium begonnen hatte, und er nahm, ohne sich darum zu drängen, dieselbe

Rolle an in der losen Gruppe, die sich 1933–1935 in Bern zu Diskussionen, Ausflügen, Picknicks an der Aare zusammenfand: darunter Erwin Monus, unser ungarischer Freund – er fiel als Halbjude und Sozialdemokrat den Nazis in Mauthausen später zum Opfer –, einer der Söhne des Psychoanalytikers Heinrich Meng, er wollte nicht desertieren und kam im Laufe des russischen Feldzugs ums Leben, – dazu einige einheimische Freunde.

Beide Abendroths, jeder aus anderen Gründen, haben ein besonderes Interesse für Danzig. Als Völkerrechtler wußte er schon damals in Bern mehr als ich über die Genfer Protokolle zur Rechtslage im Freistaat, über die Diskussionen der Großmächte betreffs Polens Ansprüchen auf den Zugang zur Ostsee und seiner territorialen Forderungen. Offensichtlich war ich für ihn als Vertreterin des Danziger Freistaates, dieses unseligen Kompromißgebildes von Versailles, Zeugin und Symbol einer völkerrechtlichen Kuriosität.

Lisa ihrerseits teilt allgemein die politischen Interessen ihres Mannes, hat Geschichte studiert und ist von Bremen, also auch Hanseatin wie ich, wir gehören gewissermaßen zum gleichen historischen Club. »Ihr wart doch inzwischen in Danzig, wie war das eigentlich?« Wenn ich etwas schriftlich beschrieben habe, mag ich es nicht mündlich nachkauen. So frage ich sie, ob sie meine Aufzeichnungen nach der Danzig-Reise von 1973 durchsehen wollen.

Nach ihrem Urlaub senden sie die Blätter zurück. Sind sie aus alter Freundschaft positiv voreingenommen? Wie auch immer, sie finden es interessant und drängen, ich solle ein »Buch über mein ganzes Leben machen«. Dafür gäbe es bestimmt einen Verleger.

Über mein ganzes Leben? Dazu steht mir nicht der Sinn. Lieber gehe ich wieder zu den alten Danziger Zeiten zurück. Hatte nicht Margaret, eine Nachbarin, mit der ich viele Interessen teile, mich nach Lektüre meiner Erinnerungen herausgefordert: es fehle fast ganz der mütterliche Anteil meiner Herkunft, ich sollte überhaupt mehr über meine Familie erzählen? Margaret ist Eurasierin, in Singapore zwischen einem hochgelehrten englischen Vater und einer einfachen malayisch-indischen Mutter aufgewachsen. Merkwürdigerweise interessiert sie sich sehr für Juden und deren Probleme. Vielleicht nicht gar so merkwürdig: auch bei ihr die mehrfachen geistigen Wurzeln, die Suche nach der Identität. Andererseits muß ihr meine Herkunft – schon rein geographisch – genauso exotisch sein wie mir die ihre. –

So sitze ich wieder im Wohnzimmer am Schwarzen Meer über dem großen Tisch mit der Kelimdecke, gehe an der Hand meiner Mutter über den Karrenwall, am Theater vorbei zum Markt, begleite meinen Vater ins Kontor, auf seinen Reisen zu den Verwandten nach Kowno und nach Bialystok, erzähle meiner Ersatzmutter, Tante Charlotte, von der Schule, vergegenwärtige mir die Entwicklung meiner Schwester.

Außer dem persönlichen Werden mit allen übernommenen Vorstellungen und Vorurteilen beschäftigt mich doch auch immer wieder das Thema der offiziellen Darstellung geschichtlicher Fakten und Entwicklungen mit ihren Auslassungen, Entstellungen und zweckbedingten Lügen. Es scheint mir oft, es ist besser unkritisch an Gott zu glauben, als geschichtliche Darstellungen unbesehen für wahr zu halten. Ich habe nie ein besonderes Interesse für Geschichte gehabt, aber die Beschäftigung mit meiner eigenen stößt mich geradezu, wenigstens in einem kleinen Bereich, auf das Ausmaß der Manipulation im Dienste nationalistischer Interessen.

Ein mir bezeichnend scheinendes Detail: ein Autor – es ist Thorwald – meint in einem seiner Bücher über den Zweiten Weltkrieg, die Polen hätten den Hafenort nordwestlich von Zoppot »Gdingen« genannt, er selbst verwendet nur ganz tendenziös den Namen zur Zeit der deutschen Besetzung im Krieg »Gotenhafen«, richtig ist, daß Gdingen auf polnisch Gdynia heißt. Das Stichwort Gotenhafen finde ich weder im Columbus Weltatlas noch im Brockhaus. Unter Gdingen heißt es in letzterem: »Gdingen, im Zweiten Weltkrieg der deutsche Kriegshafen Gotenhafen, wurde 1945 zerstört.« Kurzum, die Art der Geschichtsinterpretation bei Leuten wie Thorwald führt zu folgendem Schluß: Gewiß, wir haben den bösen Samen gestreut und bekamen es doppelt und dreifach heimgezahlt. Wäre es Hitler aber gelungen, Osteuropa neu zu gestalten und den Bolschewismus zu besiegen, dann hätte er seinen historischen Auftrag erfüllt.

Wären wir damit nicht wieder wie am Anfang des Dritten Reichs? War es nicht der Kampf gegen den Bolschewismus, der in den Augen so vieler, auch außerhalb Deutschlands, Hitler die Aura des Rechts gab?

Wo ich ein wenig mit verspätetem Eifer die Vergangenheit meiner Heimatstadt studiere, begegne ich den Tücken nationalistischer Geschichtskosmetik: es wäre zum Lachen, wenn es nicht so traurig wäre. Hüben und drüben. Da liegen vor mir zwei für Touristen bestimmte reich illustrierte Danzig-Bücher, das eine deutsch von 1942, das andere polnisch (hinten die deutsche Übersetzung) von 1961. Das Format beider Bände ist sehr ähnlich, aber vergleicht man die historischen Darstellungen, vermeint man, an einem listenreichen Länderboxkampf teilzunehmen mit Volltreffern und Finten. Dabei sind die Verfasser der Texte nicht x-beliebige Schreiber: sowohl der deutsche als auch einer der beiden polnischen Autoren erscheinen im Brockhaus unter dem Stichwort »Danzig«, wenn auch mit anderen Werken.

*Zu den Ursprüngen Danzigs:* Im deutschen »Die Hansestadt Danzig« von J. Krannhals ist Danzig Vorort und Sitz eines kleinen slawischen Stammesfürsten ... aber nicht viel mehr als »einer der vielen halb im Sumpfe steckenden Küstenorte«. Erst durch Lübeck kam das Erwachen dank dem »kriegerischen deutschen Kaufmannstum«.

Es ist dann sehr viel von dem Einfluß Lübecks die Rede, nicht aber davon, daß Danzig innerhalb des Gebietes Polens lag.

Im polnischen Album »Pobrzeze gdanskie« (Das Küstengebiet von Danzig) von J. Stankiewicz und B. Szemer wird die slawische Fürstenburg mit Handwerker- und Fischersiedlung genüßlich breitgetreten, Lübeck und, im weiteren die Hanse, werden nicht einmal erwähnt.

Halt! Eben blättere ich in dem 1971 erschienenen offiziellen »Guide de voyage Pologne« und sehe, in Warschau wird nun ungeniert erklärt, daß Danzig im 13. Jahrhundert hauptsächlich von Kaufleuten aus Lübeck und Elbing bewohnt wurde und sich der Hanse anschloß.

*Zur Rolle des Deutschen Ritterordens (XIV. und XV. Jahrhundert):* Wo Herr Krannhals von »angeblicher« Zerstörung der (alten) Rechtstadt spricht und die enge Bindung an den Orden betont trotz des schweren Entschlusses, sich später doch von ihm zu trennen, heißt es bei den Polen: die Kreuzritter machten der Entwicklung des slawischen Gdańsk durch Hinterlist und Vernichtung der Stadt ein Ende. Sie war dann froh, endlich das Joch der Kreuzritter abzuschütteln und sich dem polnischen König zu unterstellen.

Krannhals gibt dann nebenbei zu, daß Danzig sich unter polnischer Krone am Kampf gegen die Kreuzritter beteiligte, aber der König wurde auch schön gerupft: er mußte Sonderrechte gewähren, die sich die Stadt ohnehin schon selbst usurpiert hatte. Im polnischen Text dagegen erscheinen die Danziger als brave Bundesgenossen und werden huldvoll vom polnischen König mit jenen Sonderrechten für ihren Einsatz belohnt.

Kraß auch die unterschiedliche Darstellung gegenüber der preußischen Eroberungspolitik unter Friedrich dem Großen, der übrigens in beiden Texten nicht erwähnt wird.

Hier ist vom langen, dornenvollen Weg die Rede, bis Danzig in den Besitz des Königreichs Preußen überging, von erstarrtem Hansegeist der Stadtregierung (nachdem vorher die Hanse hochgepriesen wird) – dort von der Standhaftigkeit Danzigs, ihrer unverbrüchlichen Treue gegenüber der polnischen Krone und einem bewaffneten Aufstand gegen die preußischen Angreifer.

Wenn wir Johanna Schopenhauer, Mutter des Philosophen, als Zeugin anrufen, so erscheint hier die polnische Version eindeutig glaubwürdiger – mit der Einschränkung, daß es den Danzigern weniger um die Zugehörigkeit zur polnischen Krone als um die Unabhängigkeit und die Auflehnung gegen die Preußen ging.

In den vergilbten Blättern der 2. Ausgabe des »Jugendleben und Wanderjahre« (1848) lese ich mit Erstaunen Worte der Abscheu und der ohnmächtigen Wut auf die preußischen Belagerer, die von der Bevölkerung wie »die Vampyre« gefürchtet wurden. Mit einer Hungerblockade und Brandraketen konnte die Stadt endlich eingenommen werden. Es nützte ihnen auch nichts, daß Friedrich starb. »Endlich, endlich!« frohlockte die Stadt, »die Leute freuten sich, als wäre durch den Tod des großen Königs alles Leid von ihnen genommen ... Mein Mann und ich hatten längst beschlossen, mit sehr bedeutenden Opfern unsere Vaterstadt zu verlassen, wenn sie jemals unter preußische Oberherrschaft gelangen sollte ... und führten diesen Entschluß innerhalb von vierundzwanzig Stunden durch.« (Schopenhauers waren radikale Republikaner und begrüßten die französische Revolution.) Tatsächlich söhnt sich Johanna bei späteren Besuchen Danzigs mit der politischen Veränderung aus, zumal nunmehr eine Zeit der wirtschaftlichen Blüte beginnt. Soweit Johanna Schopenhauer. –

Daß sich die Danziger, von je her vorwiegend von deutscher Herkunft oder doch ans Deutschtum assimiliert, in der weiteren Entwicklung als Deutsche empfanden und die Schaffung des Freistaates am Ende des Ersten Weltkrieges nicht begrüßten, ist ebenfalls nicht zu leugnen.

Die Ereignisse des 1. Septembers 1939, die den 2. Weltkrieg auslösten, werden – verständlich – von beiden Seiten diametral anders beleuchtet: Polen – so Krannhals – habe die Zeichen der Zeit nicht verstanden ... als dann der polnische Druck auf Danzig immer fühlbarer wurde, schritt die Stadt zur »Selbsthilfe« und vereinigte ihre kleine Selbstwehr mit den Armeen der deutschen Wehrmacht. Als das Dröhnen der Geschütze der »Schleswig-Holstein« vor der Westerplatte ertönte, schlug die »Befreiungsstunde« ... Und im polnischen Text: Mißachtung der polnischen Rechte, Schikanen, der Zweite Weltkrieg begann mit dem Angriff der Hitlerfaschisten auf der Westerplatte und auf das polnische Postgebäude. Polnische Politiker werden ins KZ gesteckt, die polnische Bevölkerung vertrieben.

Nochmals einen Blick in den Brockhaus: beim Vergleich des Textes zum Stichwort »Danzig« in zwei Nachkriegsauflagen (1956 und 1961) fällt manche Änderung auf: während in beiden mein Danziger Autor im Literaturverzeichnis mit einem Buch von 1937 angeführt wird, taucht in der Ausgabe von 1961 auch ein Werk einer meiner beiden polnischen Gewährsmänner auf. Inzwischen, heißt es im Text, hätten polnische Ausgrabungen Reste bisher unbekannter slawischer Siedlungen im Raum Danzig zum Vorschein gebracht, auch wisse man jetzt, daß die Stadt zum ersten Mal 997 als Gydanze, dann etwas später Kdanze genannt wird. Im Brockhaus von 1956 erscheint die Mutterstadt Lübeck schon im vierten Satz, jetzt – den slawischen Ursprüngen mehr Platz einräumend – bringt die neuere Ausgabe Lübeck erst im 8. Satz.

Das bedeutende Werk von H. L. Leonhardt (früher Lazarus, Rechtsanwalt in Danzig), geschrieben 1943 in der Emigration in den USA, wird jedoch auch in den späteren Ausgaben (1961, 1968) nicht angeführt. Ist er, obschon von Burckhardt zitiert, nicht bekannt genug, oder hat die Stimme eines Vertreters der damaligen polnischen Opposition einen zu dröhnenden Klang?

Statt mich in geschichtlichen Analysen zu verlieren, greife ich zu einer hoffnungsvoller stimmenden Lektüre: »Kontakte und Zusammenarbeit«, so lautet die Hauptüberschrift eines Berichts in der schon erwähnten polnischen Wochenschau (staatliche Kulturpropaganda im Ausland). Der Untertitel heißt »Hamburger Tage in Gdańsk.«

In der zweiten Maihälfte seien diese schon das zweite Mal durchgeführten Tage in Anwesenheit von Tausenden westdeutscher Gäste – mit den Gastgebern über 200 000 Zuschauer – ein gutes Beispiel der Realisierung des »Dritten Korbes« der Beschlüsse von Helsinki. Diese Veranstaltungen dienen »dem gegenseitigen Kennenlernen und Einanderverstehen junger Menschen, die nicht nur in unterschiedlichen Gesellschaftsordnungen leben, sondern auch bis heute Ballast von Zweifel und Mißtrauen hegen, die auf polnischer Seite als Folge der schmerzhaften und tragischen Geschehnisse des 2. Weltkrieges entstanden sind. Die Gäste aus Hamburg waren sich der Zurückhaltung des polnischen Publikums bewußt, doch sie wußten zugleich, daß sie ... Beifall spenden, daß sie sich eingehend für soziale und wirtschaftliche Probleme Hamburgs und der BRD interessieren und die Erfolge würdigen ... Die Delegation besuchte auch die Gedenkstätte im ehemaligen Konzentrationslager Stutthof in Sztutowo.«

Gleichsam als Kommentar zu der Bemerkung »Zweifel und Mißtrauen auf polnischer Seite« folgt auf den Bericht unmittelbar eine Buchbesprechung unter der Überschrift »Schatten der Vergangenheit«. Es handelt sich um ein Buch der anscheinend bekannten Schriftstellerin Sewernyia Szmaglewska, in dem unter dem Titel »Tollkirsche« Selbsterlebtes aus der Kriegszeit und Gegenwart verwoben sind. Auch ein schöner Ferienaufenthalt in Masuren wird durch die Erinnerungen an die Greuel jener Zeiten gestört. »Wieviel davon kann man vergessen, mit einem weichen Gummi wegradieren ...?«

Um dieses Kapitel abzuschließen, müßte ich vor allem Geschichtsbücher für den Schulgebrauch in beiden deutschen Ländern und in Polen studieren. Schön wär's, wenn hier die Zusammenarbeit einen Niederschlag fände. Vielleicht renne ich schon offene Türen ein?

# Vorurteile – eigene und fremde

*Christlich (katholisch) – jüdisch*

Bei aller Toleranz, die in meinem Elternhaus herrschte, auch gerade gegenüber Nichtjuden, entdecke ich bei mir noch heute immer wieder Vorurteile. Die meisten sind überwunden, aber es ist unglaublich, wieviele schlecht begründete Überzeugungen und Einstellungen man so mit sich trägt. Da nehme ich z. B. einmal meine Haltung gegenüber Heiligenbildern und anderen christlichen Darstellungen unter die Lupe. Als Kind und noch viel, viel später wandte ich mich innerlich von ihnen ab, nicht aus Feindseligkeit, mehr aus dem Gefühl des Tabu. Vielleicht geht es sogar Protestanten ähnlich? Das hing natürlich mit meiner jüdischen Erziehung zusammen: Du sollst Dir kein Bild von Gott Deinem Herrn machen.

Es steckte aber noch etwas Elementareres dahinter. Wenn ich Georg zum Spielen abholte, roch es im Treppenhaus nach Abort – im Hinterhaus sind WC auf den Treppenabsätzen –, auch nach Kohl oder Fisch. Vielleicht war das nur einmal oder gelegentlich so, und ich verallgemeinere.

Heute, wenn wir uns im katholischen Greyerzerland aufhalten, klingt nur eine leise Erinnerung an jenes Abwehrgefühl an; Kruzifixe, Heiligenbilder in einer Wohnung haben sich fast mit Folklore verbunden: den heute noch so deutlichen Unterschieden von Kanton zu Kanton, von Tal zu Tal mit typischer Bauart der Häuser, Dialekt.

Gegenüber ferneren Symbolen, z. B. des Islams oder des Hinduismus, besteht kein derartiges Abwehrgefühl, sie sind nicht mit Gerüchen verbunden, ich wachse nicht Seite an Seite mit ihnen auf.

Ob Georg nicht auch seinerseits, weil er Christ ist, ich Jüdin bin, durch allerlei Sinneseindrücke auch Jüdischem gegenüber Abwehrhaltungen entwickelt hat? Vielleicht verbindet sich mit seiner religiösen Einstellung bei ihm unsere Mesuse am Türpfosten (mit den zehn Geboten) oder Papas schwarze samtene Tasche mit dem Talles? Und auch bei uns wird mindestens einmal in der Woche Fisch gekocht, auch bei uns stehen nicht immer die Fenster weit offen. –

Dieser Tage habe ich Orwells erstaunliche Reportage über die englische Arbeiterwelt in den dreißiger Jahren »The Road to Wigen

Pier« (1937) gelesen. Auch ihn beschäftigte das Vorurteil, insbesondere das der Mittel- und Oberklasse gegenüber dem einfachen Volk – in England besonders hartnäckig verwurzelt. Ausführlich verweilt Orwell bei der Rolle des Geruchs: Arbeiter riechen schlecht. Er beschreibt, warum das so sei, wie er selbst durch das Zusammenleben mit Landstreichern systematisch alle inneren Widerstände überwand, welche sozialpolitischen Folgerungen man zu ziehen habe. Ja, Orwell hat Diktaturen gegeißelt, aber auch den Egoismus der konservativen »Demokraten«. Ein englischer Walraff in weniger »hinterhältiger« Form.

Nun, was Georg selbst anbetrifft, auch bei ihm an seiner Person, befremdete mich zeitweise ein bestimmter Geruch. Eines Tages, wie ich bei ihm in der Küche warte, während er sich die Hände wäscht, entdecke in den Ursprung des Geruchs: es ist die billige Kernseife über dem Wasserhahn. Nun ist das leise Befremden vergangen.

## Polnisch – deutsch

»Polnisch« – »polnische Wirtschaft« bedeutet je nach Zusammenhang das Gegenteil von preußischer Sauberkeit, Ordnung und Zivilisation. Innerhalb der Stadt mit ihrem geringen Anteil polnischer Bürger (knapp 4 Prozent) wirkte sich das nicht aus. Aber man denkt dabei an den Unterschied zwischen einem schmucken Fachwerkhaus im Werder oder sonstwo im Freistaat und einem polnischen Bauernanwesen jenseits der Grenze. Wer sagte sich jeweils: natürlich Polen mit allen seinen Teilungen, dieses arme Agrarland mit starkem Analphabetismus usw., usw.? Wer korrigiert heute solche Clichés im Hinblick auf ihre zeitliche Bedingtheit, auf den immer möglichen Wandel?

Man denkt um so weniger daran, wenn man sich als Opfer der Verhältnisse von Zorn und Erbitterung leiten läßt. Solche Gefühle sind verständlich: Im Haus- und Heimatkalender von 1953 wird in einem Bericht über den Wiederaufbau der zerstörten Stadt durch die Polen zwar zugegeben: »Danzig, unser Danzig, nach alten Vorbildern und erhaltenen Plänen *abendländischer* (!! Sind die Polen Morgenländer?) Baumeister wieder aufzubauen, das ist den Polen durchaus möglich ... die neuen Herren wollen sich nicht nachsagen lassen, daß sie »nix Kultura« haben ... aber nach alten Vorlagen, die eben immer modern und schön bleiben, ist es kein Kunststück ... auch für die Polen nicht.« Nach weiteren fünf Jahren haben sich aber die Verbitterung und der Hohn gelegt. »Inzwischen sind die Häuser alle wieder aufgebaut, auch das Rathaus grüßt uns wieder zu, Danzig will wieder auferstehen.« Keine Rede mehr von Forderungen nach Rückkehr, keine Überheblichkeit. Über die primitiven, rückständigen Polen. Auch der Brockhaus berichtet: D. wird kulturell besonders gefördert. Außer der unzerstört gebliebenen Technischen Hochschule gibt es nun eine medizinische Akademie (8200 Studierende), fast ebenso viel wie an der T. H., eine Pädagogische, eine Wirtschaftshochschule, eine Staatliche Musikschule und eine Ingenieur-Abendschule ... Staatsarchiv und Stadtbibliothek wurden größtenteils gerettet ... 6 Theater und Wiedereröffnung der Zoppoter Waldoper. Ob auch schon wieder Wagner gespielt wird, weiß ich nicht. Und noch diese Meldung, die meinen Vater interessiert hätte: der Artushof, eines der interessantesten und schönsten gotischen Bauwerke Danzigs, ursprünglich Haus von Kaufmanns- und Reeder-Brüderschaften, zu meiner Zeit Börse (wie oft wartete ich auf dem breiten Beschlag, um Papa abzuholen), dient nun als Kunstgalerie.

Ein weiteres Vorurteil betreffs Polen: polnische Grenzbeamte sind die schlimmsten der Welt. Ob man von Danzig oder nach Danzig reise, an der Grenze hob ein großes Zittern an. Der barsche Ton, der böse Blick bei der Paßkontrolle, das Herumwühlen im Gepäck – man atmete auf, wenn der Zug weiterrollte.

Bei unserer Ankunft am Warschauer Flugplatz im Jahre 1973 kümmerte man sich kaum um Paß und Gepäck. Der sich unser bemächtigende Taxichauffeur, der uns zum anderen Flugplatz führen sollte, flüsterte uns schon in der Halle zu: Wollen Sie Zloty kaufen? Und bei der Abreise von Danzig per Autofährschiff (nach Helsinki) gab es nur gleichgültige oder höfliche Gesichter.

Damals gehörte Danzig mit dem Freistaat zum polnischen Zollgebiet und die harte Kontrolle an den Grenzen des Korridors bedeutete auch eine Manifestation von Polens Ansprüchen. Jetzt aber nach Abschluß des deutsch-polnischen Vertrags mit dem Verzicht der Bundesrepublik auf die verlorenen Ostgebiete kann man sich entspannen, und Polen heißt Touristen aus allen Ländern herzlich willkommen.

*Ostjuden – Westjuden*
Unter den Juden selbst gibt es eine deutliche Staffelung des Anse-
hens. Erstens der Höhenunterschied zwischen Westjuden und Ostjuden. Ostjude bedeutet pauschal weniger Kultur, weniger Zivilisation, sogar dann, wenn man eigentlich meint: weniger *deutsche*
Kultur. Daß der Ostjude ein gelehrter Talmudist, ein gebildeter
Russe sein kann, wird beim gröbsten Cliché außer acht gelassen.
Man stellt sich einen Mann in wenig gepflegter Kleidung vor, betont jüdisch aussehend, gestikulierend. Sein gebrochenes Deutsch
beleidigt das Ohr, während alle anderen fremden Akzente wohllaut
tönen; er ist nicht nur ärmlich, sondern ein Schnorrer.

Solche Juden besuchen die orthodoxe Synagoge auf Mattenbuden, tragen zum Beten einen schmuddligen, breit über die Schulter
geworfenen Talles (werft mir nun nicht Antisemitismus vor!) im
Gegensatz zu den Herren der liberalen Gemeinde, der auch wir angehören; sie tragen an den hohen Feiertagen einen Zylinder, ihr
schmal zusammengelegter Talles ist aus Seide und blütenweiß, unter ihnen finden sich hochgeachtete Geschäftseigentümer, die Könige des Getreide-, Holz- und Zuckerhandels, bekannte Ärzte und
Juristen.

Ich frage mich nun, welche der Synagogen der Schneidermeister
David Jonas angehörte, jener Vorsitzender des jüdischen Handwer-
kerverbands und letzter Gemeindevorstand, der so getreulich bis
zur Liquidierung der letzten alten Juden in Danzig ausharrte. In jener Zeit gab es in Danzig überhaupt keine Synagoge mehr, ebensowenig wie in Theresienstadt, wohin man sie 1943 abschob. (Über
diese Geschichten geben vor allem Lichtenstein, aber auch Grass in
seinem Tagebuch einer Schnecke weitere Auskunft.) Was den
Schneidermeister Jonas anbetrifft, so wäre er eine Studie wert: wie
muß ein Mensch beschaffen sein, wie seine äußeren und inneren
Bedingungen, um die Rolle des Kapitäns auf dem sinkenden Schiff
so absolut zu übernehmen? Bei Korszak, dem Warschauer Arzt und
Pädagogen, der mit seinen ihm anvertrauten Kindern freiwillig in
den Tod ging, wundert man sich weniger.

Unter den Ostjuden wiederum gibt es angesehene und weniger
angesehene Volksgruppen. Litauen gilt als ehrenhafteres Herkunfts-
land als Rumänien; Wien ist schlecht, denn die Juden dort kommen ja doch aus Ungarn oder gar Galizien. Galizische Juden sind
insgesamt Habenichtse oder Gauner, richtiger beides irgendwie ver-

eint. Woher nehme ich diese Vorurteile? Zum Teil sicher aus Bemerkungen meines Vaters, der seine Erfahrungen gemacht hat. Er selbst ist ja Litauer, man kann auch sagen Russe (viel »besser« als Pole), und solche Wertungen höre ich noch, wenn auch mehr im Scherz gemeint, 1967 in Israel. Inzwischen hat sich die Wertskala mehr und mehr verschoben: westliche gegen orientalische Juden mit vielen weiteren Differenzierungen. Obenauf sind vorläufig die ehemaligen Ostjuden, und von den deutschen Juden hört man nicht viel.

Um gerecht zu sein: auch bei uns wurde der Begriff »polnische Juden« oft in negativem Zusammenhang gebracht. Der Grund dafür ist einfach: unter den polnischen Juden, die durch Danzig kamen oder auch dort blieben, gab es tatsächlich viele »Schnorrer« – mittellose meist jüngere Auswanderer, die nicht immer mit den feinsten Manieren Unterstützung suchten.

Mein Vater hatte zu solchen Leuten ein zwiespältiges Verhältnis: als gutem Juden lag ihm daran, zur Feier des Sabbats, arme heimatlose Glaubensgenossen, die er leicht am Bahnhof ausfindig machte, an den Tisch zu bitten, wurde dann aber gewöhnlich enttäuscht. Diesen Sabbatgästen lag weniger an einem feierlichen Mahl und vorübergehendem Anschluß an ein jüdisches Haus als an barem Geld, um weiterreisen zu können. Mein Vater fühlte sich übertölpelt, wenn er hinterher erfuhr, daß die Sache mit der armen kranken Frau daheim und den hungernden »Kinderlachs« bei einem anderen Gemeindemitglied wieder in anderer Version aufgetischt wurde und sich als Phantasie entpuppte.

Ich verstehe jetzt besser Papas Empfindlichkeit gegenüber dem Gegensatz zwischen Osten und Westen in der eigenen Verwandtschaft. Obschon litauischer Herkunft, also relativ gebildet und assimiliert, fühlte er sich in Ohra bei Schwägerin und Schwager nicht recht heimisch. Inmitten deren Freundeskreis, in dem das jüdische Element vollständig fehlte und vielleicht bewußt zugunsten des reinen Deutschtums zurückgedrängt wurde, fand er nicht seinen Platz. Dann fühlte er sich in rein christlichem Milieu schon freier. (Dazu kommt, daß bei B.'s vor allem Akademiker verkehrten.) Meines Vaters Zurückhaltung gegenüber diesem Teil der Verwandtschaft färbte auch auf mich ab, was mir erst jetzt bewußt wird. Die Besuche in dem schönen Arzthaus mit dem obstreichen Garten gehörten zu den Freuden meiner Kindheit, aber das Bild meines Onkels wurde dadurch ganz einseitig beleuchtet: der Inbegriff des erfolgreichen, aus reichem Hause stammenden problemlosen typisch deutschen Juden. (Ich fragte mich nicht genau, was »typisch deutscher Jude« heiße.) Die differenzierteren Ausführungen seines Sohnes Walter haben mir gezeigt, daß dies Bild verzerrt war. Erst jetzt erfahre ich, daß Onkel Oskar aus kleinen Verhältnissen stammte und sich sein Studium selbst mit Stundengeben verdienen mußte. Auch bei den deutschen Juden waren nicht alle Rothschilds.

Ganz unbekannt war mir, daß er neben seiner starken Beanspruchung als praktischer Arzt und Geburtshelfer außer der bahnärztlichen Tätigkeit sich für kommunale Aufgaben, z. B. die Wasserversorgung der Gemeinde, einsetzte. Assimiliert hieß also auch bei ihm nicht nur Abwendung von jüdischen Bräuchen, es bedeutete auch Verantwortungsgefühl für die unmittelbare Umwelt. Damit steigt heute nach einem halben Jahrhundert dieser Onkel von dem Sockel des forschen Rittmeisters, auf dem ich ihn sah, zu mir herab und sagt: sind wir nicht Kollegen? (Immerhin im Gemeinderat unserer Gemeinde wäre er eher bei einer der bürgerlichen Parteien . . .)

Ich kann es mir nicht versagen, auch hier wieder die farbigen Beschreibungen Johanna Schopenhauers einzuflechten. Ihre Erinnerungen beziehen sich auf den Gegensatz zwischen armen und reichen polnischen Juden, aber auch auf ihre eigenen Reaktionen und Wertungen. Johanna Schopenhauer, Freundin Goethes, schildert u. a. die einheimischen und fremden Typen ihrer Vaterstadt im 18. Jahrhundert: ». . . Die schmutzigen polnischen Schacherjuden schiebe ich gern beiseite, die weder vom Leibzoll, den sie zahlen, noch durch die Bedrückung und Verhöhnung aller Art, die sie von christlichen Gemütern erdulden mußten, sich abhalten ließen . . . an allen Ecken unter widrigem Geschnatter und Geschrei ihrem Gewerbe nachzugehen. Aber es gab noch andere alttestamentarische Gestalten außer diesen, deren würdiger Anblick dazu mit beitrug, dem öffentlichen Leben in den Straßen eine interessante Mannigfaltigkeit . . . zu gewähren. Reiche israelitische Kaufleute aus Warschau, Krakau, Posen und anderen bedeutenden polnischen Städten in ihrer stattlichen Nationaltracht, die geschäftehalber in Danzig sich einfanden; hochgewachsene Männer mit schwarzen, blitzenden Augen und echt orientalischen Zügen, himmelweit verschieden von jenem verlumpten Gesindel . . .«.

Diese Gegenüberstellung einer relativ vorurteilsfreien Frau der Goethezeit veranschaulicht die Polarität, der so schwer zu entgehen ist: Armut = Häßlichkeit, Mangel an Würde und bürgerlichem Anstand; Reichtum = Stattlichkeit, Attraktivität, Bildung und Wohlverhalten. Man könnte meinen, Armut und Reichtum seien gottgegebene, unabänderliche Tatsachen wie die Augenfarbe oder die Blutgruppe. Man kann es Johanna nicht verargen, daß sie bei aller Vorurteilslosigkeit und Aufgeklärtheit keinen Exkurs über die sozialen Hintergründe solcher Gegensätze anfügt. Ihr lebhaftes Interesse für die Vielfalt der Menschentypen verschiedener sozialer und religiöser Herkunft lassen vermuten, daß sie, lebte sie heute, in ihren jungen Jahren das Fach Soziologie gewählt hätte.

Wer aber hätte gedacht, daß es auch bei den so aufgeklärten Schweden, deren zähen Kampf für soziale Gerechtigkeit und Humanität ich bewundere, noch heute Vorurteile gegenüber Nachbarn gäbe! Greta, 21 Jahre alt, rümpft die hübsche Nase, wie wir auf ihre finnischen Kollegen zu reden kommen. Die seien so primitiv. Immerhin korrigiert sie sich errötend: natürlich nicht alle.

## Aus der Schule plaudern

Auf dem Schulweg traf ich oft Pferdewagen und fragte mich, woher es kommt, daß sich Pferde einfach einspannen lassen und trotz ihrer Stärke den Menschen nicht davonliefen. Schrecklich war es, wenn doch eins störrisch stehenblieb oder sich hinlegte und mit der Peitsche weitergetrieben wurde.

Aber zu fragen, warum wir beim Zuhören in der Klasse kerzengerade die Hände auf dem Pult übereinandergelegt sitzen mußten, kam mir nicht in den Sinn. (Nebenbei: wir waren anfangs 42 Schülerinnen!) Es ist mir – trotz aller wissenschaftlichen Erklärungen – immer noch Ursache eines großen Staunens, wie dressierbar Lebewesen sind. Kummer machte mir diese Form der Disziplin nicht, hingegen litt ich ausgesprochen unter der Aufforderung, bei den Freiübungen die Arme gut zu strecken, die Ellbogen durchzudrücken. Es wollte einfach im ersten, vielleicht auch noch im zweiten Schuljahr nicht recht gelingen. Zur »Strafe« bekam ich im Turnen ein »Genügend«, was mich wie ein Fleck auf weißer Weste beschämte. Auf den höheren Klassen wendete sich das Blatt, das »Sehr gut« blieb nur noch dem Turnen und Zeichnen vorbehalten. Das mit den Armen war sicher einfach eine Sache der körperlichen Entwicklung.

Weitaus plastischer und farbiger als die Schulstunden steht vor mir das Leben und Treiben in der Pause: das Verstecken hinter dem Rücken der eingehakt promenierenden Großen – wie abgeklärt und alt kamen uns die Mädchen ab 14 vor –, das Tauschen von Stammbildern, von Hauchblättern, etwas später, als man schon schön schrieb, die Wichtigkeit der Poesiealben, in die man der Kameradin unter einem passenden Bildchen einen tiefsinnigen Spruch für's Leben einschrieb. Im Sommer stehen immer ein paar Mädchen am Thermometer, um zu sehen, ob noch viel bis zum Grad fehlt, bei dem die Glocke »hitzefrei« verkündet. Man hilft heimlich ein bißchen mit Anhauchen und Reiben nach.

Spielt man heute noch das sinnige Spiel »Uhren aufziehen?« Es geht darum, daß die Uhr zu Hause kaputt ist, aber beim Uhrmacher normal tickt, dann wiederum im Haus beim Aufziehen das dümmste Zeug von sich gibt. Es tat uns wohl, »dummes Kreet, schuggere (meschuggene = verrückte) Kuh und was einem sonst so einfiel, herauszuschreien, um dann beim Uhrmacher ins brave, regelmäßige Tick-Tack überzugehen.

Über die hellen Erinnerungen an den Pausenhof legt sich ein schmaler Schatten: Ilse T., ein lang aufgeschossenes, dünnes Mädchen mit stechenden Augen und schwarzem Pagenkopf. Sie stellt uns in eine Reihe auf, postiert sich davor und befiehlt: nacheinander antreten. Mit strenger Miene läßt sie die eine laufen, die andere schlägt sie mit einem Lineal auf die Hand. Darüber liegt ein Bann, man kann sich dem nicht entziehen. Endlich an einem Regentag, beim Herumgehen im dunklen Korridor, wage ich es, sie zur Rede zu stellen: »Du willst uns nur beherrschen!« Hier hört meine Erinnerung auf. Ich weiß nur, daß Ilse sehr bald einmal sitzen blieb, die Strafe des Himmels für ihre Tyrannei. Als man später von Ilse Koch, Schrecken von Bergen-Belsen, so viel sprach, sah ich immer wieder Ilse T. vor mir, das Urbild des weiblichen Sadismus.

Beim Übergang auf die Gymnasialabteilung der Viktoriaschule fand sich unter den Neuen ein Mädchen, das aus dem Rahmen fiel. Ich habe sie fahl, unscheinbar in Erinnerung. Eine unbestimmbare

Glanzlosigkeit der Erscheinung, vielleicht trug sie immer dasselbe Kleid, während wir voller Eitelkeit gern wechselten und man uns das nicht verwehrte.

Berta hat ein Schulstipendium, die einzige, die mir in meiner ganzen Schulzeit begegnet ist, die einzige auch, die nicht dem Mittelstand angehört. Sie ist hervorragend im Turnen, und ihre Schwünge an Reck und Barren gelingen immer mit Perfektion. Sonst aber hat sie Mühe, sich in der Klasse zu halten und verläßt uns wieder.

Die Erinnerung an Berta gibt mir den Anstoß, in der Danziger Verfassung nach Schulartikeln zu suchen. Entsprechend der Verfassung der Weimarer Republik, ist unsere an ihr ausgerichtete Verfassung relativ fortschrittlich in Sachen Demokratisierung der Bildung: der Besuch der mittleren und höheren Schulen ist zwar noch nicht allgemein, aber für minderbemittelte tüchtige Kinder unentgeltlich. Ihnen sind auch zum Besuche von Hochschulen und Universitäten öffentliche Mittel bereitzustellen.

Weiter heißt es dann im Artikel 106 bezüglich der privaten Schulen u. a., die Genehmigung derselben dürfe nur erteilt werden, wenn ». . . eine Sonderung der Schüler nach den Besitzverhältnissen der Eltern nicht gefördert wird.«

Damals sprach man noch nicht von Gesamtschulen, aber hinter den Zeilen der Verfassung sieht man ihr Kommen voraus. Immerhin: gegenüber meiner Schulzeit ist wenigstens dies gewonnen: heute ist auch die höhere Schule im Osten und im Westen unentgeltlich, und die Bemühungen, Nachteile des Milieus zu kompensieren, werden trotz aller Rückschläge nicht mehr abreißen.

*Studienrat Wollentey*

Forsch, rotwangig, mit blondem Scheitel schreitet er in die Klasse und stellt sofort mit ausgestrecktem Finger auf eine Schülerin weisend eine Frage. Nicht bösartig, aber etwas aufreizend »männlich«. Er ist noch jung, und doch, wenn mich nicht alles trügt, schon ein bißchen beleibt. Vorher war er in einem Knabengymnasium und läßt uns gelegentlich unsere weibliche Unvernunft fühlen.

Englisch, zweite Fremdsprache nach Französisch, ist eines meiner Lieblingsfächer, und der Unterricht bei Herrn W. läßt einen nicht schlafen. Tatsächlich erinnere ich mich aber nur an den Inhalt einer einzelnen Stunde. Ich sehe den Lehrer vor mir, ans Fenster ge-

lehnt, die Arme verschränkt, beim Interpretieren eines Essays von
H. G. Wells über den Untergang des britischen Imperiums. Herr W.
macht keinen Hehl daraus, wie ihn Wells' Analyse und Prognose –
die sich ja als absolut richtig erwies – befriedigt. Nicht etwa, weil er
wie Wells, Sozialist und Antiimperialist wäre – oh nein, aus vor-
weggenommener Schadenfreude über den Fall des perfiden Albion
und aus Erbitterung über den Verlust der deutschen Kolonien in
Ost-Afrika.

Im Prinzip bin ich mit Wells – also in diesem Punkt auch mit
dem Lehrer einverstanden, aber nicht, weil ich lieber ein deutsches
Imperium hätte, England ist mir sympathisch. Die letzten Sommerferien durfte ich meinen Vater nach Liverpool zum Besuch der unzähligen Verwandten dort begleiten. Verschiedene ungefähr gleich-
altrige Cousins hatten mich Crickett gelehrt, mit mir Tennis gespielt, mir vorm Kinobesuch Bonbonnièren gekauft. Einer der Halb-
vettern meines Vaters betrieb damals mitten in Liverpool einen
Milchhandel mit eigenen Kühen und spricht das lustigste Gemisch
von Englisch und Jiddisch, das ich je hörte. (Der Stammvater dieses
Zweiges der Familie und seine Brüder hatten eigentlich nach Amerika auswandern wollen, meint meine Cousine Rosalind bei meinem letzten Besuch in Liverpool, sie blieben aber, da sie beim Kauf
der Fahrkarten im Osten betrogen worden waren und diese nicht
weiter als bis nach Liverpool reichten.)

Dann bin ich auch ein bißchen in Mr. Hill an der Jopengasse ver-
liebt, meinen Berlitz-School-Lehrer, bei dem ich freiwillig englische
Konversation übe und der immer mein Guldenstück von der ersten
Stunde – als Glücksbringer – in der Westentasche trägt, sein erst-
verdientes Geld in Danzig.

Schließlich gehören Oliver Twist und David Copperfield zu meinen Lieblingsbüchern, und von klein auf sind mir Shakespeare
durch gelegentliche Zitate meines Vaters und die Bände in seinem
Bücherschrank der Inbegriff britischer Schöpfungskraft, so wie in
weniger hohen Gefilden englische Stoffe und Schottenröcke.

Vielleicht wäre Herr W. und meine vielfältigen inneren Reaktionen auf seine H. G. Wells-Kommentare nicht so deutlich in Erinnerung geblieben ohne jenen zweiten Vorfall, der sich außerhalb der
Schule abspielte.

Im Danziger Stadttheater wird »Zyankali« von dem Schriftsteller-
arzt Wolff als Gastspiel gegeben. Das Stück über den Paragraphen

218 behandelt das Problem der Abtreibung und hat schon im Reich durch sein unverhohlenes sozialpolitisches Engagement Aufsehen erregt. Empörung bei den einen, große Zustimmung bei den anderen. Das Theater – so groß etwa und im gleichen Stil gebaut wie das Berner – bis auf den letzten Platz besetzt, darunter viele junge Leute, es herrscht eine geladene Atmosphäre. Plötzlich ertönt im dunklen Zuschauerraum an irgendeiner besonders markanten Stelle eine mir bekannte laut schallende Stimme. Herr W. ist an die Brüstung einer der Ränge getreten und unterbricht die Rede des Schauspielers mit Worten vehementer Entrüstung. Vor allem wendet er sich gegen die kriminelle Rattenfängerei bei der Jugend, gegen die Gefährdung der nationalen Substanz. Jugendlichen sollte der Zugang zu solchen Darbietungen verwehrt sein! (Soweit ich mich erinnere, ging die Aufführung dann doch ohne weitere Unterbrechung weiter.)

In jene Jahre fallen auch Dichterabende in Danzig: Toller, der aus seinem im Gefängnis geschriebenen Schwalbenbuch vorliest, Soehnker – damals jugendlicher Liebhaber am Stadttheater – bringt Tucholsky oder war es Brecht?

Jetzt frage ich mich, ob Herr W. nicht systematisch solche Veranstaltungen überwachte und sich merkte, wer von seinen Schülerinnen sie besuchte. In jener Zeit macht Studienrat M., unser Klassenlehrer, meinen Vater bei einem Schulbesuch auf die Gefährdung seiner Tochter durch Kommunisten aufmerksam. Er selbst interessiert sich nur für Mathematik, Naturwissenschaften und Sport in der freien Natur. Nach meinem Vater zwinkerte er bei der Mitteilung mit den Augen, als nehme er das nicht so ernst. Die meisten unserer Lehrer neigten ausgesprochen nach rechts, aber eben nicht alle. Zwei Jahre vor meinem Abitur waren in Danzig Wahlen (1930). Immerhin: trotz der Gewinne der Nazis (jetzt 12 Sitze) und der Stärke des bürgerlichen Blocks (38 Sitze) hatte die Opposition noch ihren Anteil an Vertretern (28 Sitze) im Volkstag. Noch war es kein Verbrechen, Sozialdemokrat oder gar Kommunist zu sein. Als es ein Verbrechen wurde, kamen auch, wie man weiß, nach und nach alle anderen dran, bis zur ersehnten völkischen Einheit, ein Volk, ein Reich.

Zoppoter Seesteg

27 *Mehr als nur ein Hauch von Weltbad. Wind, See, Strandleben, mondänes Leben. Zoppot mit dem wohl längsten Seesteg Europas.*

28 *Sehen und gesehen werden. Zoppoter Seesteg mit Kolonaden und dem Kasino-Hotel.*

# Schöne Sommer in Zoppot

Juli 1921. Meine Schwester und ich wohnen während der Sommer-ferien in der Veranda eines bescheidenen Häuschens in Zoppot, als Untermieter bei Klempnermeister Lenzki. Stolz sorgt Eva für unser beider Haushalt, kocht an Frau Lenzkis Herd, streicht Butterbrote und ruft mich vom Spiel, wenn es Zeit zum Essen oder Schlafen ist. Der Vater kommt jeden Tag nach der Arbeit heraus, und wir be-gleiten ihn abends zum Bahnhof, wenn er wieder in die Stadt fährt. Es besuchen uns auch Tante L., ihr Sohn Karl und seine Verlobte. Mehr oder weniger verhaltene Leidenschaft kommt in der Veranda zum Ausdruck – gewiß, Erna versteht es, ihren verliebten Karl vor den kleinen Cousinen zu bändigen. Einmal bei einer Neckerei drückt mich Karl an die Glaswand, bis sie springt, und ich verletze mich über dem Handgelenk. Die Narbe bleibt noch lange gut sicht-bar und warnt mich vor der Heftigkeit männlicher Erregungen. Karl ist 15 Jahre älter als ich und eine Art großer Bruder, mit dem wir uns necken.

Mein Spielkamerad ist Werner Lenzki, der jüngere Sohn der Fa-milie. Er sieht aus wie ein kleiner Schornsteinfeger; ist er so schmutzig oder so eingebrannt? Haare und Augen sind ebenso dun-kel wie die des Vaters. Werner ist viel wilder und viel frecher als Georg, aber auch ein guter Kamerad. Immer wieder hecken wir neue Streiche aus, beherrschen mit ein paar anderen oder zu zweit die großen ineinandergehenden Plätze zwischen den Häusern, ab-seits der Straße. Bald halten wir ein Portemonnaie, für den Passan-ten unerkennbar an einem dünnen Faden befestigt, in den Händen und warten gespannt, hinter den Büschen versteckt, auf den Mo-ment, da sich das Opfer erfreut bückt und wir den Fund unter pru-stendem Gelächter zurückziehen werden, bald schleichen wir uns in die Küche des gegenüberliegenden Hauses ein und stellen die Töpfe und Schüsseln ein wenig um, gleich Gnomen, die Schaber-nack treiben.

Abends sitzen wir bei Lenzkis in der Küche und spielen Sechs-undsechzig. Eines Abends kommt der Bruder von Frau Lenzki zu Besuch, ebenso breit und bedächtig wie der Schwager drahtig und vif. Herr X. will wissen, ob ich wirklich schon so gut lesen könne und hält mir eine Tageszeitung unter die Nase. Erstens verwechsle ich noch manchmal b und d oder g und p. Zweitens habe ich mich noch nie außer in der Schulfibel und großgedruckten Kinderbüchern mit Lesen befaßt. Nie habe ich mich noch so bloßgestellt gesehen! Frau Lenzki zieht mich tröstend an ihren mächtigen mütterlichen Busen und findet, Zeitung lesen sei viel zu schwer. Werner grinst und ist froh, daß er der Prüfung entgeht.

Herr Lenzki seinerseits, immer fidel und zu Späßen aufgelegt wie sein Sohn, neckt gern die kleinen Mädchen, amüsiert sich auch über die Naivität bei unanständigen Späßen. Wieder greift die Frau tadelnd ein: Fritz, willst wohl die Kinderche in Ruh lassen! Auch hier geht mir erst viel später ein Licht auf, warum Mutter Lenzki nicht duldete, daß ihr Mann kleine Mädchen auf den Schoß nahm.

Dann die Jahre des Schwärmens. Mit 11 oder 12 Jahren steht man stundenlang vor einem der Tennisplätze in den Strandanlagen, um den schönsten Tennistrainer der Welt zu bewundern, dann wieder können wir uns nicht von der Tanzdiele am Kasino losreißen, wo ein russisches Emigrantenpaar, für uns natürlich Großfürsten, Kunsttänze darbietet. Sie, klein und zierlich wie eine Elfe, er groß und schlank, und wir warten auf den Moment, wo er die Partnerin hoch in die Luft schwenkt, dreht und wieder zart auf den Boden setzt. Die gewöhnlichen Tanzpaare, vor allem die Damen, werden durchgehechelt, und wehe, wenn eine zu aufgetakelt daherkommt oder sich für unsere Begriffe ordinär aufführt! Spannend, hie und da Bekannte zu entdecken, z. B. eine nicht sehr viel ältere Mitschülerin, die schon ganz selbstverständlich mit Kavalieren zum Tanzen geht, manchmal begleitet von ihrer ebenso tanzfreudigen Mutter. Halb neidische, halb verächtliche Reaktion: wir sind eigentlich nicht für so oberflächliche Vergnügungen . . . Einmal merken wir, daß hinter uns eine ältere Dame unserem Geschwätz lächelnd zuhört. »Nein, nein, laßt euch nicht stören, ihr beobachtet gut!« Nun hecheln wir zu Dritt, aber nicht mehr ganz so aus freier Brust.

Ein paar Jahre später: Schon am Morgen fahren wir hinaus, Angela, Eve, eine ihrer Schwestern, und eine Schwägerin. Unser Stammplatz liegt nicht so weit vom Nordbad, dort wo es keine Strandkörbe mehr gibt. Jeden Vormittag gesellt sich zu uns ein etwa fünfunddreißigjähriger Herr, von dem ich nie mehr erfahre, als daß er aus Berlin kommt und Arzt ist. Man badet, spielt Ball in kleinen oder größeren Gruppen. Eves berühmter Mutterwitz läuft auf Hochtou-

*29   Tanztee am Ostseestrand.*

30    *Ob zünftig zum Familienbad Heubude...*

31    *... oder elegant im Kurbad Zoppot. Im Freistaat ließ sich's leben.*

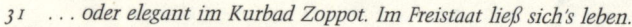

ren, und wenn wir zwei Jüngeren genug von der Unterhaltung haben, springen wir wieder ins Wasser. Eines Tages kommt es beim Schwimmen zu spielerischen Angriffen mit Spritzen und Tauchen wie schon so oft. Plötzlich ist es kein Spiel mehr. Bin ich zu heftig beim Schwimmen an Herrn X. angestoßen, habe ich zu wild gespritzt? Er packt mich und drückt meinen Kopf unter Wasser. Mit aller Kraft versuche ich, mich seinem Griff zu entziehen, aber er drückt immer fester. Schließlich lockert sich der Griff, ich bekomme wieder Luft, bin aber ganz benommen und lasse mich von Herrn X., der nun ganz erschrocken dreinguckt, ans Ufer führen. Wieder habe ich dieses unheimliche Anschwellen männlicher Brutalität erfahren. Immerhin tun mir die Reue und Beunruhigung des bösen Täters wohl, und der Zwischenfall geht, von den anderen kaum bemerkt, ohne Folgen vorüber.

In derselben Zeit wird unser Strandleben durch eine kleine Romanze verschönt. Jeden Tag taucht, vom Nordbad herkommend, ein rotbraun gebrannter Apollo auf: Yurek, ein junger Pole, der seinen Dauerlauf macht bis zu unserer Strandstelle. Er hat blondes, lockiges Haar, sehr blaue Augen, viel blauer als unser nördlicher Himmel. Von ihm erfahren wir, daß er an der Technischen Hochschule in Langfuhr studiert und Ingenieur werden will. Sein sehr rudimentäres Deutsch, sein Lächeln, bei dem ein Goldzahn aufblitzt, bezaubern uns. Mit ihm spielen wir nicht Hand- oder Fußball, wir spielen Schule, indem wir ernsthaft seine Fehler korrigieren – nicht seinen charmanten Akzent – und uns bemühen, seinen Wortschatz zu erweitern. Wem von uns beiden wird in dem vergnügten Geplänkel schließlich der Vorzug gegeben? Wir werden es nie erfahren. Einmal nimmt er, wie wir so dicht am Rand des Wassers sitzen, ein kleines Hölzchen aus dem Sand und ritzt zuerst der einen, dann der anderen seinen Namen auf das Bein, in meiner Erinnerung der Höhepunkt des Idylls. An dem Abend wusch ich jedenfalls meine Beine nicht.

Kleines sommerliches Zwischenspiel, anders als bei Hilde, die ihren »Yurek«, auch polnischer Student an der T. H., geheiratet hat und ihm nach Wilna gefolgt ist. –

Bei unserem Besuch 1973, so sagte ich anfangs, war ich beglückt über die unversehrte Natur, die weiter vorbildlich gepflegten Anlagen, das Fehlen von störenden Einbrüchen der modernen Technik. Und doch, etwas fehlte, die Tanzplatte, die Vielfalt der Gäste, das

Gemisch von Einfachheit und gesellschaftlichem Glanz, kurz die »Schönheit der Bourgeoisie«. Nein, ich traure ihr nicht nach und glaube, daß gerade die Polen zum mindesten in Warschau es verstehen, Farbigkeit und Vielfalt in den Alltag zu bringen.

Vielleicht entspricht die Toleranz gegenüber den malerisch gelagerten Hippies, denen wir an zwei verschiedenen Tagen am Eingang zum Kurhaus begegneten, der Absicht, attraktiven Randfiguren der menschlichen Gesellschaft gelten zu lassen? Wieviel von meinem Eindruck, damals sei in allem mehr Glanz gelegen, erklärt sich durch den Wandel in mir selbst?

# Formdeuten

Das Kind muß nach dem Mittagessen schlafen, aber es schläft nicht, es guckt zwischen den weißen Ornamenten der Stangen aus dem Gitterbett hinaus und sucht etwas zur Unterhaltung. Der bunte Bettvorleger lädt zum Verweilen ein: dem Muster und den Farben folgend wandern Züge von kleinen Leuten, einzelne Zwerge, Feen oder Kinder zwischen Blumengärten, Wiesen und Dörfern. Die Phantasie reicht nicht aus, um Geschehnisse zu präzisieren, es genügt, daß der Teppich sich belebt.

Vom Küchenfenster sieht man ein Stück häßlicher Mauer, die Außenwand unseres etwas winklig liegenden Kinderzimmers. Hie und da ist der Belag abgebröckelt, und die Flecken erscheinen eines Tages als Gestalt: es ist ein Reiterbild. Eine männliche Figur hält, hoch zu Roß in weitem Gewand, ein weibliches Wesen an sich gedrückt. (Jetzt, da ich die Gestalt wieder aufleben lasse, mischt sie sich mit Picassos Don Quichotte.)

Nie sehe ich beim Dösen im Sand die sanft ansteigenden bewaldeten Höhen zwischen Zoppot und Adlershorst anders als so: ein riesiger flach hingestreckter Löwe mit grünem Zottelfell, er schaut in Richtung Hela, der vom Zoppoter Strand nicht sichtbaren Halbinsel, unvollständiger Riegel unserer Danziger Bucht. Auch 1973 ist der Löwe noch da, nur etwas verunziert durch weißliche, unorganisch wirkende Flecken: Bauten eines neuen Kurorts.

Angelas Schwester aus Freiburg, die Psychiaterin und Psychoana-

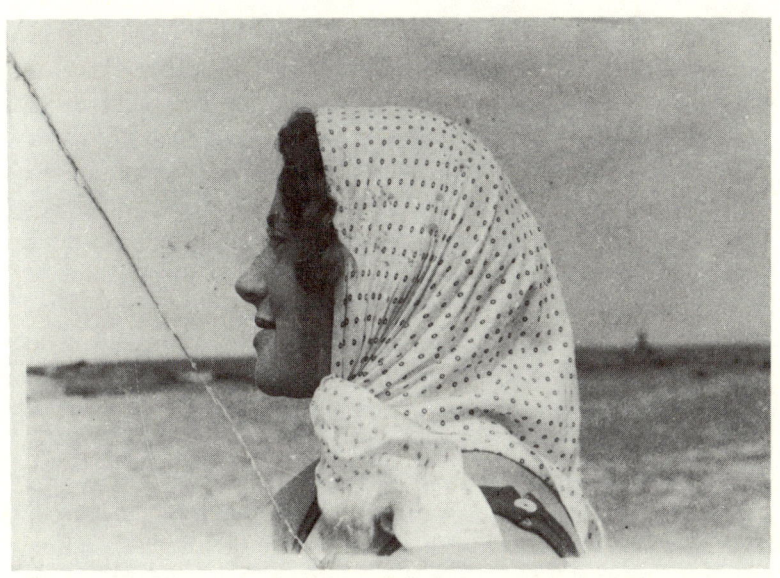

*32   Herrliche Sommer auch in Heubude. August 1932.*

*33   Wind, Strand und bürgerliche Idylle: in Glettkau.*

lytikerin, ist zu Besuch bei der Familie. Sie macht mit uns den Rorschach, den jetzt berühmten Formdeutetest. Bebend vernehme ich das Resultat. Mit Bestimmtheit weiß ich nur, daß sie etwas von der Neigung zu Tagträumen bemerkt. Kein Wunder, wenn man 17 Jahre alt ist, noch zur Schule geht und noch kein bestimmtes Berufsziel hat. Ruth überläßt mir später einmal ihre Sammlung Testaufnahmen von Epileptikern, sozusagen als Grundstock für die eigene Sammlung.

Ein zweites Mal begegne ich den Rorschachklecksen bei Prof. Henning: ich besuche im folgenden Winter als Gasthörerin einen Kurs über experimentelle Psychologie an der Technischen Hochschule. Henning gibt der Beschreibung und Charakterisierung des Tests nicht mehr als 10 Minuten: offensichtlich hält er von genauer meßbaren Methoden weitaus mehr.

Ein paar Jahre darauf in Bern sehe ich die Kleckstafeln und das dazu gehörige Lehrbuch in den Händen meiner schwedischen Kommilitonin Nancy, die sich bei Hans Zulliger in Psychoanalyse ausbilden läßt. Ohne zu zögern, kaufe ich mir nun selbst auch das ganze Material und beginne eine »Karriere« als Rorschach-Testerin. Wie unheimlich, wenn Leute, die ich als Versuchskaninchen einspanne, bei meinen vorsichtigen Diagnosen (ich schlage wie in einem Doktorbuch anfangs immer nach) mir tief erschüttert die Richtigkeit des Befunds bestätigen. (Dabei kann man ja den meisten Menschen ein paar allgemeine Charakteristika mit Sicherheit auf den Kopf zusagen, auch wenn, wie mein Mann in einer überzeugenden Studie schon vor Jahren nachwies, die Aussagen des Psychologen völlig willkürlich gewählt wurden.)

Wie dem auch sei, damals wurde das Deutenlassen von Rorschachklecksen mein Hauptinteresse, und ich bedaure, daß ich im Laufe von verschiedenen Umzügen die ganze Sammlung dem Feuer übergab. Darunter waren Protokolle meiner Zimmerwirtinnen, Kollegen und Kolleginnen, einiger Professoren und natürlich meiner Freunde und Zufallsbekanntschaften. Unter letzteren zum Beispiel der Schriftsteller Elias Canetti, dessen Rorschach, in Paris bei Freunden aufgenommen, mich durch eine ungewöhnliche innere Dynamik beeindruckte. (Ich hoffe, damit verletze ich nicht das Berufsgeheimnis!)

Unser ungarischer Freund Erwin, fasziniert und belustigt von meinem Tun, ermunterte mich, halb im Ernst, halb im Scherz: »Du mußt jetzt auf das Markt gehen und ein Stand aufstellen wie zu wahrsagen. Damit kannst du gut Geld verdienen.« (Was hätte die Schweizer Fremdenpolizei dazu gesagt, die uns mit der Aufenthaltsbewilligung striktestes Arbeitsverbot anwies?)

Mein damaliger Eifer erfuhr durch Erwins Interesse mehr Unterstützung, als ich ihm je sagen konnte. Ich weiß nicht einmal, ob ich ihm meine 1939 in Genf erschienene Dissertation über die Entwicklung der Wahrnehmung im Rorschachtest geschickt habe. Wenn ja, hatte er sie noch erhalten? Erwins menschliche Anteilnahme, sein Humor, besonders pikant durch den ungarischen Akzent, ist uns allen unvergeßlich geblieben. Auch Abendroth erwähnt ihn bei der Charakterisierung seiner politischen Freunde in Bern als den ungarischen Genossen aus der Sozialdemokratie. (»Ein Leben in der Arbeiterbewegung«).

Nach dem Kriege bat ich Jolande Jacobi, bekannte C. G.-Jung-Interpretin, die uns von ihrer bevorstehenden Reise nach Budapest berichtete, Erkundigungen über Erwin Monus einzuziehen. Sie telephonierte bei ihrer Rückkehr von Zürich: Leider keine gute Nachricht. Ihr Freund ist in Mauthausen umgekommen. Einer der acht mir nahestehenden Menschen – Verwandte oder Freunde –, die von den Nazis aus politischen oder »rassischen« Gründen umgebracht worden sind. Nach Erwins Vater, ehemaligem Herausgeber einer sozialdemokratischen Zeitung, ist in Budapest eine Straße benannt.

## Fragen und Ängste

In der ersten oder zweiten Klasse: in der Stunde war von Tieren die Rede gewesen. Es läutet zur Pause, ich laufe aber nicht heraus, umringe mit anderen, die noch etwas von der Lehrerin wollen, das Katheder. »Fräulein Knoblauch, heute auf dem Weg zur Schule habe ich zwei komische Hunde gesehen, die waren zusammengewachsen.« Fragend blicke ich zur Lehrerin empor und sehe, wie sie ganz rot wird. »Du hast dich geirrt«, war die Antwort. Noch jetzt tut die mir damals unverständliche Verwirrung der Lehrerin leid. Ohne weiter auf der Richtigkeit meiner Beobachtung zu bestehen, eile ich, selbst etwas verwirrt, auf den Pausehof. Erst ein paar Jahre später sorgte die Aufklärung durch Schulkameradinnen dafür, daß mir die Zusammenhänge zwischen meiner unschuldigen Frage und dem Ausdruck größter Peinlichkeit bei der Lehrerin aufgingen. Hätte ich sonst die ganze Szene und den Ausdruck des pummeligen ältlichen Fräulein Knoblauch noch so gut in Erinnerung?

Welch ein Gegensatz kürzlich jene Kindergärtnerin, die den kleinen seine Männlichkeit präsentierenden Jürg seelenruhig verwies mit den Worten: »Hör mal, das haben die anderen Buben auch, das ist jetzt nicht so wichtig«, worauf das gemeinsame Spiel wenigstens äußerlich harmonisch und fröhlich weiterging. Niemand, nicht einmal der kleine Jürg, wurde rot.

Dieser Verlegenheit der Großen bei unerwarteten, unbequemen Fragen bin ich in der folgenden Zeit immer wieder begegnet. Wie verlegen wurde zum Beispiel mein Vater, als ich ihn nach dem Nachtgebet noch eine Frage stellte. Die ganze Szene ist mir gegenwärtig: mein Bett steht im Schatten, und ich sehe den Vater mit der Zeitung in der Hand, das Teeglas vor sich, am abgeräumten Tisch. Aus irgendeinem Grunde diente damals eine Zeitlang unser Kinderzimmer auch als Eßzimmer, was ich sehr gemütlich zum Einschlafen fand. »Warum, Papa, gibt es eigentlich böse Menschen, sie wissen doch, daß sie dann nicht in den Himmel kommen.« Mein Vater zögert mit der Antwort, dann sagt er: »Sie glauben vielleicht nicht daran.« Tatsächlich spielen ja Himmel und Hölle im Judentum keine den christlichen Vorstellungen vergleichbare Rolle. Später einmal belehrte er mich, daß für die Juden Leben das Heiligste ist, nach dem Tode lebe man nur in den Herzen der zurückbleibenden Angehörigen. Damals aber stand ich wohl unter dem Eindruck unserer großen Bilderbibel, die auch Darstellungen von Themen des Neuen Testaments enthielt. Die zögernde Antwort meines Vaters gab mir einen heilsamen Schock der Ernüchterung und bewirkte, daß mich nie Vorstellungen von Teufeln und Hölle je heimsuchten.

Und noch dies: ich sehe mich an einer ganz bestimmten Stelle in der Anlage vom Karrenwall, dort, wo es im Winter so eine schön vereiste Stelle zum Glitschen gab. Ich bin auf dem Weg mit meiner Tante zur von uns weit abgelegenen Puppenklinik. Der Kopf meiner Puppe hält nicht mehr recht, aber es läßt sich reparieren. Vielleicht war es auch auf dem Rückweg.

Eine merkwürdige Lustlosigkeit, ein schwer zu beschreibendes Wegrücken von dem gewohnten, sonst ja nicht bewußten Selbst, und das im Zusammenhang mit der Puppe. Jetzt glaube ich, sagen zu können, was es war: durch die Reparatur tritt die Puppe, der ich warme Gefühle entgegenbringe, plötzlich in den Bereich der leblosen Dinge, als habe sich ein eben noch warmes, lebendiges Wesen in einen kalten, von Menschen fabrizierten Gegenstand verwandelt.

Wie ich damals das Spiel mit Puppen aufgebe, habe ich, wenn auch schwach, das Gefühl, untreu zu werden. Darum bette ich die Puppe sorgsam in eine schöne Schachtel, stelle sie weit weg auf den Schrank und stelle mir vor, sie sei nun im Feenreich, wo sie ein herrliches Leben führe.

Erst jetzt wird mir klar, daß dieser kleine Vorfall mit der Puppenreparatur ein paar Monate nach dem plötzlichen Tod meiner Mutter stattgefunden hat.

Nach dem Tod meiner Mutter überfällt mich im Parterre unseres Hauses und im Anfang der Treppe bis zum Absatz mit dem Fenster eine unbestimmte Angst vor übersinnlichen Erscheinungen. Ohne es mir so klar in Worten zu sagen: ich stelle mir vor, die tote Mutter könne plötzlich erscheinen. Wenn ich durch die unheimlichen Schatten hindurchgerannt bin, legt sich die Angst und im dritten Stock, wo wir wohnen, kann ich beruhigt aufatmen. Hinein spielen Bilder von der Auferstehung Jesu, die mich auch schon vorher leicht erschauern ließen, dann auch der Umstand, daß im Parterre eine Frau wohnt, die zeitweise in einer Nervenanstalt lebt und von der man gelegentlich wirre Schreie hört.

Die Angst vor der Dunkelheit währt nicht lange: Tantes gefühlsbetonte Art und ihr eigenes Liebesbedürfnis einerseits, Papas sachlichere Einstellung gemischt mit gemäßigter Frömmigkeit andererseits helfen, die Gespenster zu vertreiben.

Eines Tages, gegen Abend, komme ich vom Bischofsberg vom Rodeln und sehe plötzlich in regelmäßigen Abständen eine Lichterscheinung über den nächtlichen Himmel wandern. Assoziationen an den Weihnachtsstern, der den Hirten im Heiligen Lande erschien, auch an das bei uns unbekannte Nordlicht, dagegen innere Stimmen, die mich mahnen, eine vernünftige Erklärung zu suchen. Von dieser Erscheinung – nicht von meinen Treppenängsten – spreche ich zu Hause, und die Erklärung läßt nicht lange auf sich warten: es ist ein neuer Scheinwerfer von einem der Lotsentürme in Neufahrwasser oder sonstwo an der See. Die Erleichterung, eine rationale Erklärung zu erhalten, überwiegt das ganz leise Bedauern, kein geheimnisvolles Naturwunder erlebt zu haben.

## Meine Mutter und das Geld

Amüsiert stelle ich bei der Lektüre von C. G. Jungs Erinnerungen fest, daß auch seine Mutter nicht mit Geld umgehen konnte. Ich hoffe nur, daß die Kollegen in der Schulkommission, die ich so oft mit meinen Reformvorschlägen zur Verzweiflung bringe, diese Zeilen nie zu Gesicht bekommen. Auch ich meine: das Geld ist ja da, man muß es nur dort holen, wo es steckt.

Meine Mutter, in Gollub bei Thorn aufgewachsen, war die Jüngste von sieben Geschwistern. Im Gegensatz zu den beiden Schwestern meines Vaters, beide Akademikerinnen, wurden die Töchter Hirsch nach altem Brauch nur auf die Ehe vorbereitet. Sie waren alle ausgezeichnete Köchinnen, kannten die jüdischen Festtagsbräuche, hatten Begabung und Geduld für feine Stickarbeiten und spielten, wenigstens meine Mutter, auch etwas Klavier.

Meine Mutter starb mit 42 Jahren kurz vor meinem siebenten Geburtstag an den Folgen einer Lungenentzündung. Durch ihren frühen Tod bleiben mir nur wenige Erinnerungen, die den Charakter des persönlich Erlebten haben; viele vage Erinnerungen vermischen sich mit gelegentlich Gehörtem, aus der Zeit unmittelbar nach dem Ereignis und späteren Tagen.

Drei Dinge jedoch stehen mir lebhaft vor Augen: der einmalige Zornesausbruch von Mutti, als wir aus Unachtsamkeit die weißen handgestickten Vorhänge im Kinderzimmer verklecksen, dann die täglichen Spaziergänge an Muttis Hand in die Stadt zum Einkaufen und schließlich ihre unbezähmbare Lust am Geldausgeben, um sich, uns und anderen Freude zu machen, mit den periodisch wiederkehrenden Szenen väterlicher Vorwürfe und mütterlicher Zerknirschung.

Jeder Gang in die Stadt mit Mutti ist ein Fest: der Gang in die Geschäfte, interessanter noch auf den Wochenmarkt, wo man ein

34   Na, Madamche: frisch vom Fischmarkt.

Hühnchen, Eier, Gemüse, Obst und Blumen kauft, mit den Marktfrauen ein freundliches Wort wechselt und als Zwischenverpflegung eine Stange Gala Peter bekommt. Dankbar sind die Marktjungen, die die schweren Taschen und Körbe nach Hause tragen helfen, dankbar die Marktfrauen, da Mutti nicht handelt, eher mehr zahlt als nötig. (Zu denen, die mich nachher an Mutters Tod erinnern, was meine Schwester und ich nicht mögen, gehören die Marktfrauen: »Ach, das ist ja das Kind von der guten Madamche.«) Mutti ist wie Fortuna: sie streut Geschenke aus dem Füllhorn ihrer Freigebigkeit.

Mutter hat auch eine Vorliebe für den schönen Laden des Hofjuweliers Stumpf. So etwas gab es in Gollub bei Thorn bestimmt nicht, aber nach meinen späteren Erfahrungen auch nicht anderswo. Nicht weit vom Rathaus in der Langgasse liegt dieses Geschäft, das in mehrteiligen Parterreräumen, auf den ersten, vielleicht auch noch der zweiten Etage des alten Patrizierhauses alle erdenklichen Kostbarkeiten birgt, vom silbernen Konfirmandenkettchen bis zu Brillantgeschmeiden, Bronze- und Marmorstatuen und Kristallüstern. Mutti hat es auf silberne Schalen und Kristallvasen abgesehen, eine etwas kostspielige Vorliebe. Wenn dann die schönen Dinge geliefert werden, greift Papa sich an die Haare: »Bin ich Millionär? Woher soll ich das Geld nehmen? Du hättest Herrn X. (Zuckerkönig der Stadt, der die Kronprinzenvilla in Zoppot gekauft hat) heiraten sollen!« Während Papa die Hände ringt, steht Mutti kleinlaut da. Dann geht der Sturm vorüber, die Schalen und Vasen zieren symmetrisch Büfett und Anrichte, und Papa ist stolz auf die Pracht. Bis zum nächsten Mal ist die Welt in Ordnung. Gut, daß wenigstens Papa rechnen kann.

Pietätvoll bewahre ich neben einer prachtvollen Decke, Beispiel alter Lochstickkunst, zwei von Muttis Trophäen auf. Sie waren wohlverpackt von Papas treuer Bürolistin, monatelang von Danzig auf dem Seeweg nach Liverpool gereist, hatten die Kriegsjahre zwischen muffigen Laken und Tischdecken verschlafen und liegen nun ziemlich mißachtet bei uns im Schrank, bis unsere Kinder doch einmal Gefallen daran finden, sie verschenken oder verkaufen.

Eure Großmutter ist darob nicht böse, sie hing nicht an den Sachen, sie kaufte sie nur gern ein. Seht, wie sie als kleines Schulmädchen mit ihrem brünetten Pagenkopf neben dem Bruder Max sitzend mit dunklen sanften Augen etwas scheu in die Welt blickt, wie sie als Erwachsene aus dem Strandkorb, inmitten der künstlich hingelagerten Familie, Euch freundlich zunickt – es war ein halbes Jahr, bevor sie uns verließ. Mein Vater ließ diesen Ausschnitt aus dem Zoppoter Strandkorbbild vergrößern und hängte es über den Schreibtisch. Die Vergrößerung hat etwas Starres, mir gefällt das Kinderbild so viel besser. Der scheue, fast ängstliche Blick muß situationsbedingt sein: vielleicht hat der Photograph die Kinder erschreckt? Onkel Max, der dem Schwesterchen die Hand auf die Schulter legt, guckt genauso verschüchtert drein – und war doch ein so erfolgreicher, sicherer Mensch . . .

## Tante Lutta bewundert gern

Endlich weiß ich, warum mich blaßbraun gescheckte Kühe mit soviel Zärtlichkeit erfüllen: sie erwecken Gefühle, die mit Tante Lutta verbunden sind. Das liegt an der Pigmentierung, dem Massigen und Gutmütigen in ihrer Erscheinung. Tante Lutta hatte eine kräftige, fleischige Nase, vorn stark eingebuchtet, rötlich-blonde Haare, farblose Augenwimpern und Brauen, sehr weiße Haut, und alles an ihr verhieß Nahrung und Wärme.

Wie ich über Tante Lutta nachdenke, kommen mir ihr Wirken und ihr Lebenslauf in den Sinn, ihre äußere Erscheinung hätte ich kaum näher beschrieben. Erst Walters Bericht rückt diese konkrete Dimension in den Vordergrund. Sein jüngster Sohn habe einmal, als ihm das neue Kleid seiner Mutter zu simpel erschien, abfällig bemerkt, sie sähe aus »wie eine Tante Lutta!« Noch heute bin ich fast darüber gekränkt, als müßte ich meine Tante gegen alle Angriffe verteidigen, und doch hatte der kleine Helmut vollkommen recht.

Sie trägt ihre Kleider viel länger als andere Frauen der Familie, ihre Hüte und Schuhe sind plump, praktisch und für die Ewigkeit gedacht. Tantes Mangel an Eleganz ist für mich ganz selbstverständlich und fällt mir erst auf, wie ich in die Entwicklungsjahre komme. Andererseits werde ich auch Opfer ihres Hangs zur Einfachheit und ihrer Mißachtung der Mode. Bei einem unserer Besuche in Berlin müssen Tante und ich uns von Erna, der Schwiegertochter, und anderen Verwandten sagen lassen: das Kind brauche doch ein hübscheres Kleid, was sie im Koffer habe, sei alles nichts Rechtes. Daraus ergibt sich ein Gang ins Kaufhaus des Westens, und ich bekomme ein herrliches Matrosenkleid, nicht wie sonst ganz marineblau, sondern mit tomatenroter Bluse und kurzem Plissérock – die Höhe großstädtischer Eleganz.

Natürlich kann Tante immer geltend machen, daß Papa das Haushaltsgeld knapp bemißt, aber es bedeutete doch: sie hat eben keinen Geschmack.

Andererseits ist Tante eine großartige Köchin. Den ganzen Vormittag, während das Mädchen die Zimmer reinigt, steht sie in der Küche, nimmt Hühner aus, schuppt Fische, schnibbelt Bohnen, knetet den Teig für Nudeln, Pasteten, Strietzel und Kuchen. Im Sommer rührt sie Riesenkessel mit Früchten für das Kompott, das dann in große bauchige Steintöpfe für den Winter gefüllt wird.

Sie stehen im kleinen Korridor zwischen Kinder- und Elternschlafzimmer voller Lockungen, aber auch als Hindernis beim Spielen, vor allem seit Papa (oder Herr Kibitzki, unser Faktotum für heikle Hausarbeiten) an der Kinderzimmertür eine Schaukel angebracht hat und man aufpassen muß, sich an den schweren Gefäßen nicht zu stoßen. Ja sogar kleine Fische werden in einer speziellen Porzellanschüssel, deren Deckel mit einem blauen Hering als Griff versehen ist, mariniert, Senfgurken eingelegt und im Winter Gänsefett ausgebraten. Mit aufgekrempelten Ärmeln steht sie da und hält mir einen Löffel mit Apfelreis entgegen zum Abschmecken oder läßt mich die Teigschüssel ausschlecken.

Am Nachmittag sitzt sie an Muttis Nähtischchen und flickt, und zwischendurch, wenn nichts Besonderes zu tun ist, holt sie den Strickstrumpf hervor und je nach Stand der inneren Erregung fliegen die Nadeln geruhsamer oder heftiger hin und her – genau so wie bei meiner Schwiegermutter später und so vielen anderen verschwundenen Tanten und Müttern.

Auch das Geistige kommt nicht ganz zu kurz: Tante liest uns gern Gedichte aus dem großen Echtermeyer vor, und noch jetzt höre ich innerlich das Tippeln und Gepolter der Heinzelmännchen von Koppitz. Auch achtete Tante darauf, daß wir zu Papas Geburtstag auf besonderem Glanzpapier ein passendes Gedicht abschreiben aus dem kleinen Bändchen mit Versen für festliche Anlässe und ihm beim Aufsagen am Geburtstagsmorgen überreichen. Oder sie sitzt mit ihrem Strickstrumpf neben dem Klavier, wenn ich übe. Bei Tante Lutta ist das Leben nicht so glatt verlaufen wie bei ihren beiden Schwestern. Ihre Ehe hält kaum ein Jahr (von dem Mann wird nie gesprochen), der einzige Sohn wird, noch ein halbes Kind, kurz vor Kriegsende eingezogen, gerät in französische Gefangenschaft, wo er halbverhungert aus Mülleimern nach Eßbarem sucht. Das erfährt man erst bei seiner Rückkehr, und lange schwebt Tante, ohne Nachricht von ihm, in Todesangst. Etwas leichter ist es, wenn sie in der öffentlichen Suppenküche für Notleidende kocht, für die Soldaten strickt oder sich bei uns oder der älteren Schwester in Ohra Trost holt.

Bei unseren Besuchen in Berlin wird immer zuerst Onkel Eduard, der älteste Bruder, besucht, Tante Paula hat den berühmten Berliner Humor und doch liegt über ihr eine gewisse Schwermut. Eine der Töchter ist aus Liebeskummer frühzeitig aus dem Leben geschieden. (Erfahre ich irgendwann einmal viel später.) Der Onkel, wohlhabender Holzhändler, ist sehr kinderlieb und macht gern Witze. Wir bewundern gemeinsam die große behagliche Wohnung, das feudale Badezimmer, die Garderobe mit Extra-Toilette (in der ich einmal den Riegel nicht aufbekomme und nach einer halben Stunde Rufen und Klopfen von Onkel befreit werde – jedes Jahr danach biegt er sich vor Lachen, wenn er sich daran erinnert), na und die schöne Loggia, auf der Tante Paula stundenlang an ihren Filetdecken arbeitet. (In der Nazi-Zeit, nach Onkels Tod half ihr diese Fertigkeit, ihr Leben zu fristen.)

Der jüngste Bruder – obschon er auf einem Kinderbild mit meiner Mutter so schüchtern dreinschaut – ist der energischste: er hat eine Galanteriewarenfabrik aufgebaut, die gut floriert und ihre Produkte über ganz Deutschland und die Schweiz vertreibt. Tantes Sohn, Karl, macht bei Onkel Max seine kaufmännische Lehre und wird zum tüchtigen Reisenden. (Oh, selige Zeiten, da Karl mich im Laufe meiner Studienjahre kurz benachrichtigt, er komme dann und dann nach Frankfurt oder Bern oder Genf. Meist läßt er mich stolz einen Blick in seine Musterkoffer werfen und nach einigen Minuten der Debatte über diese oder jene Neuheit auf dem Knopf- oder Schnallenmarkt – unsere Meinungen differieren stark – darf ich diesen Gürtel, jenes Krägelchen in die Tasche stecken. Dann essen wir in einem gutbürgerlichen Restaurant in angenehmem Kontrast zur Mensa oder dem kalten Zeug, das ich mir sonst leiste.) Um aber auf Onkel Max, Karls Chef, zurückzukommen: bemerkenswert ist seine Beredsamkeit, der blumige Stil auch in seinen Familienbriefen, deren weitgeschwungene Buchstaben und arabeskenreiche Unterschrift alle anderen übertreffen. Und seine liebe Frau, so einfach und immer herzlich mit der lieben Lutta, obschon sie doch aus einer schwerreichen Familie stammt. Und wie unvergleichlich die Barmitzwah, die sie dem einzigen Sohn bereiten: noch Wochen danach reißt das Schwärmen über die Festlichkeiten, den Stil, die Großzügigkeit nicht ab.

Über allen steht aber doch der mittlere Bruder, Onkel John. Auf ihn ist Tante stolz, weil er der beliebteste Arzt in seinem Quartier ist und es heißt, er behandle viele Patienten umsonst. Leider ist dieser Stillste der Hirsch-Familie früh gestorben, während seine als »Berliner Schönheit« bekannte Frau, Tante Ella, rüstig den zweiten Weltkrieg überlebte (in Holland) und uns einmal in der Nachkriegszeit mit ihrem Blitzbesuch in der Schweiz überraschte.

Die älteste Schwester wiederum steht in Tante Luttas Stufenleiter himmelhoch über ihr selbst. Schon der Einstieg in die Ehe: da sei einmal ein Studiosus – oder war er schon fertig? – durch Gollub spaziert und habe auf dem Balkon eines Hauses drei reizende junge Mädchen erblickt. Von Amors Pfeil getroffen, sei er unverzüglich hinaufgeeilt und habe um die Hand der Schönsten, Hanna, angehalten. Dies in verkürzter Version, was Tante mir davon übermittelte.

Nun sehe ich aber bei der Lektüre von Walters Memoiren, daß unsere Familienchroniken in diesem Punkte abweichen. Nach Walter habe sich die erste Begegnung seiner Eltern viel banaler abgespielt: wie das bei meinen Eltern und wohl auch bei Tante der Fall war, lernten sie sich bei einem gesellschaftlichen Anlaß kennen »somewhere outside of Danzig.« (Wieweit bei den beiden andere Vermittler nachhalfen, entzieht sich meiner Kenntnis.)

Für Tante Lutta ist das Arzthaus in Ohra der Inbegriff der bürgerlichen Vollkommenheit, und da ich Tante in den ersten Jahren nach Muttis Tod oft bei den Besuchen begleite, nehme ich dieses vom Glück gesegnete Bild in gleicher Weise in mich auf: das gefällige von Reben überzogene rote Backsteinhaus, der Garten dahinter mit vielen Sträuchern, Obstbäumen und Blumen, der Nachmittagskaffee auf der Veranda und bei besonderen Anlässen an reich gedeckten Tischen auf dem Rasen, der Salon mit Flügel und mit Damast überzogenen Stühlen, im Vorzimmer zwei Vogelbauer mit Kanarienvögeln, während wir nur einen hatten. Na und natürlich Tante Hannchen, viel damenhafter und abgeklärter als die Schwestern, die es gewohnt ist, ein großes Haus mit Arztpraxis und gesellschaftlichen Empfängen zu führen, Onkel Oskar, Sanitätsrat, mit seiner ausgedehnten Praxis und großem Freundeskreis, alles Akademiker und Künstler.

Aus Walters Perspektive sehen die Dinge, wie schon unter dem Titel »Vorurteile« bemerkt, allerdings etwas realistischer aus. So ahnte ich nichts von den Schwierigkeiten mit der Kanalisation und hätte mir nicht vorstellen können, daß Onkel und die zwei Söhne an einer gut kaschierten Stelle des paradiesischen Gartens regelmäßig die Jauchegrube leeren mußten.

Was den Freundeskreis der »Ohraner« anbetrifft, so erinnere ich mich an eine Anekdote, die Walter vielleicht vergaß oder unwichtig fand: Dr. B., der Tierarzt, gab einmal ein Festessen, das von allen Teilnehmern, auch Onkel und Tante, als besonders gelungen gepriesen wurde. Vor allem sei das Fleisch so köstlich gewesen. Bis dann nach dem Dessert herauskam, sie hätten sich an Pferdefilet gütlich getan. Bei aller Assimilation und Abwendung von jüdischer Tradition war Tante Hannchen, angesichts ihrer religiösen Erziehung, durch diese Täuschung mehr noch als die christlichen Gäste schockiert. Neu ist für mich in Walters Bericht die Vermutung, daß dieser Tierarzt und andere nichtjüdische Freunde des Hauses im Grunde Antisemiten waren.

Natürlich kommt bei Tante Luttas Bereitschaft, all ihre Lieben zu preisen, auch meine Mutter nicht zu kurz. Nie verfehlt sie, wenn gestickte Decken aufgelegt werden, zu sagen: »Das hat Mutti gemacht« und an ihr gutes Herz zu erinnern. Vor meinem Vater hat sie Respekt, auch wenn sie von ihm natürlich nicht in so hohen Tönen redet wie von Onkel Oskar. Immerhin, auch wenn er nicht in deutsch-jüdischem, sondern in ostjüdischem Hause aufgewachsen ist, hat er in Königsberg und in Danzig seine Lehre gemacht, sich auf der Vereinsbank, im berühmten gotischen Steffenshaus, einem der schönsten auf dem Langen Markt, den letzten beruflichen Schliff geholt, durfte während des Ersten Weltkrieges dank seiner Sprachkenntnisse gefangene Russen überwachen – manches Pfund Butter kam auch der armen Tante damals zugute – und gilt als in der jüdischen Lehre gebildeter Mann.

Nur fürchtet sie Papa ein bißchen: sie muß ja mit dem Haushaltsgeld auskommen, sich für Überschreitungen des Budgets rechtfertigen (*sie* ist überaus haushälterisch, keine Verschwenderin wie meine Mutter), sie muß auch aufpassen, daß ich, die ich als »halber
Junge« gelte, mir nicht alle Glieder breche oder beim Baden nicht
ertrinke. »Papa hat gesagt, du darfst nicht länger als höchstens zehn
Minuten im Wasser bleiben.« Fast weinend steht sie am Ufer und
schreit sich nach dem ungehorsamen Kinde die Lunge aus dem Lei-
be. Dann beeile ich mich, herauszukommen, um ihr das Gelächter
vorwitziger Buben zu ersparen, die ihre Freude an Tantes dramatischen Gesten haben.

Bei Meinungsverschiedenheiten zwischen Papa und Tante nehme ich entschieden Partei für Letztere. So sehr verteidige ich sie,
daß Papa meint, ich werde einmal Jura studieren. Im Grunde geht
es wohl meistens darum, daß Tante in Papas Augen allzu naiv, allzu
überschwenglich ist und oft die gleichen Redensarten anführt. »Das
Kind schreibt wie gestochen!« (gilt mir, aha: darum fällt Karl wohl
um so mehr über die kleine Kusine her, wenn ich später alles andere als gestochen ihm auf seine Besuchsankündigungen antworte!)
oder »das arme Marthchen hat Heliotrop von allen Blumen am meisten geliebt« usw. Auch ich reagiere später allergisch. Meine Schwester ihrerseits hat die Tante nie als Mutterersatz akzeptiert und lebt
mehr und mehr im Kreise ihrer »Kameraden«, d. h. ihrem Jugendbund.

Noch in den Jahren, da Tante Lutta sich wieder ganz in ihre
Wohnung zurückzieht – meine Schwester übernimmt stolz neben
ihrer buchhändlerischen Tätigkeit die Führung unseres Haushalts –
sind Tante und ich ein Herz und eine Seele. Jeden Tag gehe ich
nach der Schule zuerst zu ihr, die mit ihrer einsamen Mahlzeit
freudig auf mich wartet und mir von allem zum Probieren gibt. (Bei
uns wird später gegessen, erst wenn Papa von der Börse kommt.) An
der Wand rechts vom Eßtisch hängt Böcklins Insel der Seligen, wie
zum Trost für ihre Einsamkeit.

In späteren Jahren nach meinem Abitur siedelt Tante nach Berlin
über, um ihrem Sohn und seiner Familie näher zu sein. Verschämt
erzählt sie mir bei einem meiner Besuche auf der Durchfahrt in den
Semesterferien von einem Mitpensionär, der sie verehre. Tante Lutta ist immer überschwenglich gewesen, doch nie hatte sie überschwenglich von eigenen Erfolgen geredet. Diese Geschichte kann

ich nicht recht verstehen und gucke etwas ungläubig drein. Ja, und er dichte sie an, überrasche sie jeden Tag mit ein paar Versen. Eines dieser Gedichte bekomme ich zu sehen, und ihrem Verehrer, einem vornehm aussehenden alten Herrn, werde ich vorgestellt. Tantes Schwiegertochter, meine liebe Cousine Erna, sonst sehr kritisch, läßt den letzten Zweifel schwinden: »Ja, da kannst Du Gift drauf nehmen: der Mann ist total in Deine Tante verschossen.«

Dieses Aschenputtel der Familie kam also noch zu einem späten Liebesglück, um das sie manche elegantere, begehrtere Verwandte vielleicht beneidet hätte. Ich hatte den Eindruck, ihr selbst sei es peinlich, als gehöre soviel Erfolg nicht in ihren Lebensstil.

Tröstlich, daß auch alte Leute sich verlieben können, und doch unfaßbar, schien uns doch etwa achtundzwanzig die Grenze für erotische Gefühle.

Karl und Erna führten die Mutter mit in die Emigration nach London, wo sie bald gestorben ist. Von ihrem späten Minnesänger habe ich nichts mehr vernommen.

Was die Kinder dieser Verwandten anbetrifft, so gibt es auch hier, neben tragischen Entwicklungen, wieder viel zu rühmen, angefangen von Rudi, der es bis zum Leiter eines hochangesehenen deutschen Verlages brachte, bis zu Werner, dem jüngsten Neffen, heute in New York, der so glücklich Bergen-Belsen überstand. Aber das sollte Tante Lutta nicht mehr erfahren.

Vier von den Onkeln und Tanten mütterlicherseits starben noch vor Hitlers Aufstieg zur Macht, die andern als Vertriebene in den USA, mit Ausnahme von Tante Paula: von nichtjüdischen Freunden versteckt, ist sie bei Kriegsende zu schwach zur Flucht, in den damaligen Wirren buchstäblich verhungert.


# Auf Vaters Seite


Außer dem jüngsten Bruder, Hermann, lebten alle Geschwister meines Vaters an einem anderen Ort: die jüngste Schwester, Lina, zuerst in Paris, dann, nach ihrer Heirat mit einem der englischen Vettern, in Liverpool.

Erinnerung an meine erste Reise zur Großmutter, zu Onkel Isaak und Tante Frieda in Kowno: etwas ist mit Papas Papieren nicht in Ordnung. Alle schreien durcheinander. Vage Bilder von bösen Grenzbeamten, sie führen Papa aus dem Zug in ein Bahnhofsbüro, während ich verängstigt warte. War das zur Zeit, da mein Vater noch staatenlos, mit irgendwelchen provisorischen Visa in seine Heimatstadt reiste? (An die Existenz eines Nansenpasses erinnere ich mich nicht.) Unter seinen Papieren findet sich nur der russische Paß mit dem Doppeladler, 1912 in Kowno ausgestellt, ergänzt durch eine Beglaubigung vom Spanischen Konsulat in Danzig, wohl Geschäftsträger für russische Staatsbürger während des Krieges, und abgeschlossen 3 Monate später durch den Stempel des Königlichen Polizeireviers Danzig mit dem einköpfigen preußischen Adler. Und jetzt sehe ich etwas schwarz auf weiß, was ich nur unbestimmt wie eine alte Legende wußte: Da steht »Geboren am 10. 12. 1874«, ausgestellt am 5. Januar 1915. Wir feierten Papas Geburtstag am 5. Januar, aber es war offenes Familiengeheimnis, daß dieses Datum nicht stimmte. Dieser kleine Unterschied hängt damit zusammen, daß die russischen Juden – vielleicht auch Nichtjuden – gern ihre Geburtsurkunde verloren oder abänderten, um sich jünger zu machen, und so den Kriegsdienst bei Väterchen Zar aufzuschieben, bzw. ihm zu entgehen. Jetzt weiß ich wenigstens, warum Papa auf das Datum »5. Januar« kam, dessen meine Schwester und ich trotz besserem Wissen immer pietätvoll gedachten.

Was die erste Reise nach Kowno anbetrifft, so ist mir noch ein Bild gegenwärtig: eine Mitreisende holt aus ihrem Reiseproviant ein längliches Ding heraus, das sie halb schält und langsam verzehrt. Flüsternd frage ich meinen Vater, was das sei. Es ist eine Banane, die erste, die ich sehe, denn Südfrüchte sind in Danzig, bzw. im ganzen polnischen Zollgebiet, unbekannt oder, in späteren Jahren, nur in Delikateßgeschäften erhältlich.

An meine Großmutter erinnere ich mich nur durch das Photo mit dem Großvater, das auf dem Schreibtisch meines Vaters stand. Über dem weißen Spitzenjabot ein sympathisches Gesicht mit hellen Augen, etwas breiten Backenknochen, die mehr slawisch als jüdisch wirken. Koestler, der gerade soviel Material zusammengetragen hat, um zu beweisen, daß möglicherweise viele Ostjuden von den Chasaren abstammen, jenem Türkenvolk, das im 8. Jahrhundert freiwillig zum Judentum übertrat, hätte sein Buch »The Thirteenth Tribe« mit ihrem Portrait illustrieren können. Auch der

Großvater sieht viel weniger »jüdisch« als östlich aus, ganz im Gegensatz zu dem dunkelhaarigen, braunäugigen Schlag auf Mutters Seite, der sozusagen »deutschstämmig« ist. Vom Hause weiß ich nur, daß dazu ein großer Hof, umstanden von Büschen, gehörte, daß es aus Holz war und mir alles so ländlich vorkam. Am Eingang an der Straße lebt in einem kleineren Haus eine Art Hofwart, dessen Töchter – älter als ich – sich gern mit mir vergnügen. Sie können nur litauisch, ich nur deutsch, aber wir spielen lustig miteinander. Wenn sie auf dem Boden tollen, verrutschen ihre hemdartigen einfachen Kleider und man sieht, daß sie gar nichts darunter tragen.

Papa kauft mir beim Bäcker eine lange Kette aus braun gebackenen Teigringen. Sie schmecken nach nichts, verderben eher den Appetit. Papa muß damit besonders angenehme Kindheitserinnerungen verbinden, immer wieder fragt er, ob sie mir schmecken.

In den Straßen fällt mir auf, daß auf vielen Geschäften hebräische Buchstaben stehen, daß viele Leute jiddisch sprechen. Vage Erinnerung an den Njemen, (die Memel) der Kowno durchfließt, breiter als die Radaune am Schwarzen Meer, aber unscheinbar verglichen mit der stattlichen Mottlau oder gar der mächtigen Weichsel.

Onkel Isaak hatte in der Hauptstraße von Kowno ein Schreibwarengeschäft mit vielen Heften, Schreibblöcken, Blei- und Buntstiften. Alles ist sehr ordentlich und peinlich genau gestapelt, ganz anders als im Kontor meines Vaters, wie überhaupt die beiden Brüder in mancher Beziehung recht gegensätzlich sind: Salomon – lebhaft, die Taschen der Jacke und des Mantels ausgebeutet von Zeitungen oder Warenproben, ist wenig auf korrekte Hosenfalten bedacht, Isaak, die Zurückhaltung und Ordnung in Person, äußerst korrekt in der Erscheinung und immer wie im Begriff, irgendwo ein Stäubchen auf sich, auf den Möbeln abzuwischen. Er und Tante Frieda wollen mir etwas zum Abschied schenken. Fast nehmen sie es mir übel, daß ich nur Papier und Farbstifte nenne, Dinge, von denen ich nie genug bekommen kann. Sie lassen es sich nicht nehmen, mir eine schöne Musikmappe zu schenken für die Klavierstunden, mit denen ich gerade beginnen soll.

Nicht lange nach dieser Reise sehe ich beim Eintreten in die Danziger Wohnung meinen Vater zu ganz ungewohnter Zeit im Entrée, mir mit dem Rücken zugewandt, den Kopf mit den erhobenen Händen gegen den Schrank gelehnt. Es ist unheimlich, furchtbar, den Vater in dieser Haltung zu sehen. Er hat ein Telegramm erhalten: Großmutter ist gestorben. Mir scheint, daß ein großer Unterschied besteht in der Art, wie Christen im mir bekannten Milieu und Juden den Tod von Angehörigen aufnehmen: hier die Verpflichtung, sich mit Hilfe des Erlösers zu ergeben, nicht mit Gott zu hadern und nicht der Trauer vollen Ausdruck zu geben – dort die Hingabe an das Leid und – bei den Orthodoxen – die äußeren Manifestationen der Trauer: Zerreißen des eigenen Gewandes, Totengebete auf niederem Schemel. Die Geste meines Vaters aber war keine vorgeschriebene Kulthandlung und berührte mich zutiefst. –

Ebenso wie Onkel und Tante in Kowno waren meine Verwandten in Bialystok kinderlos. Sie besuchten uns hie und da, und einmal durfte ich meinen Vater zu ihnen begleiten. Ich erinnere mich, es war ein strenger Winter und die Kutscher schlugen mit weitausholenden Gesten ihre Arme zusammen, um sich beim Warten vor den Pferdeschlitten zu wärmen. Ganz besonders liebte ich Onkel Mordechai, der mich immer an Charlie Chaplin erinnerte und uns, ebenso wie die anderen kinderlosen Onkel und Tanten, maßlos verwöhnten. Nun, maßlos hieß nicht durch kostbare Geschenke, denn weder den einen noch den anderen ging es geschäftlich besonders gut. Es hieß, sich den Kindern widmen, mit ihnen in der Kutsche oder dem Schlitten fahren, ihnen ihre Lieblingsspeisen kochen.

Die einzige von Vaters Seite, die öfters bei uns längere Wochen blieb, war Tante Lina. Müde liegt sie auf dem Sofa (sie war ihr Leben lang müde) und beugt sich lässig zu uns herab. Wir sitzen am kleinen Tisch und formen Gemüse aus Plastilin für den Puppenmarkt. Tante gibt die Anregung, Hüte zu formen, und so entsteht ein Modesalon nach ihren Anweisungen. Aus Streichhölzern als Griff und aus Seidenpapier, herausgetrennt aus alten Couverts, fabrizieren wir kleine Sonnenschirme. Was feines Benehmen und Mode anbetrifft, ist Tante Lina maßgebend. Sie trägt nur handgenähte Maßschuhe und handgestickte seidene Hemden. Tatsächlich ist sie unter den weiblichen Personen des Familienphotos im Strandkorb vor dem Zoppoter Kurhaus die einzige, deren Kleid auch heute noch als zeitlos elegant gelten kann.

Dies war in den Jahren ihres Studiums und ihrer beruflichen Tätigkeit an psychiatrischen Kliniken, wohl auf dem Weg von Kowno nach Paris oder umgekehrt während ihrer Sommerferien.

Durch ihre klinische Arbeit gerät sie in den Kreis um Camille Pissarro, dem impressionistischen Maler, und befreundet sich mit dessen Sohn Lucien. Einer ihrer Patienten ist Utrillo.

Dann heiratet sie einen ihrer Vettern zweiten Grades in Liverpool, unseren lieben Onkel Menachem oder Manuel. Welch ein Gegensatz: sie die hypersensible, ästhetisierende »Pariserin« – er, Handwerker und Kaufmann, der nicht einmal das volle heute übliche Schulobligatorium von 8 oder 9 Jahren absolviert hat, englisch mit jiddischem Akzent spricht, französisch überhaupt nicht und als »ungebildet« gelten kann. Dabei ist er der geborene Techniker.

Wie dem auch sei: Tante Lina gibt alle bisherigen Interessen auf, widmet sich ganz ihrem Mann, dem Sohn und dem Haus. Wenn ich mich nicht täusche, ist sie auch nie wieder nach Paris zu einem Besuch gereist – auch später noch, wie der Sohn sie nicht mehr so braucht, unternimmt sie nichts, um den Bruch mit ihrem Berufsleben zu überwinden, wie es so vielen in der nächsten Generation, gerade in England, gelingt.

Erst als ältere und alte Frau, nach dem Tod ihres Mannes, läßt sie sich durch eine Nichte – Mutter und Ärztin – dazu überreden, sie zu medizinischen Vorträgen, Tagungen, geselligen Veranstaltungen unter Fachleuten zu begleiten. Aber ihre Liebe gehört den Sprachen: dank Dantegesellschaft und Fernsehen hat sie als Siebzigjährige noch Italienisch gelernt, ihre sechste Sprache, und zuletzt noch etwas Spanisch durch ihre junge Stundenfrau. Immer schien sie kränklich, immer am Ende ihrer Kraft, aber nächstes Jahr wird sie – bis heute bei voller geistiger Frische und gar nicht kränklicher als mit 30 Jahren – ihren 90. Geburtstag begehen.

Ähnlich abrupt gab Tante Lene ihren Beruf auf, als sie Papas jüngsten Bruder – ebenfalls Getreidehändler – heiratete. Sie stammte aus Königsberg und war Mitglied des dortigen Orchesters unter Scherschen als tüchtige Bratschistin. Niemand von uns hat sie je spielen gehört. Auch sie ging völlig in ihrer Hausfrauen- und Mutterrolle auf, zumal ihr alle damit verbundenen Aktivitäten großen Spaß machten.

Ihr Mann, Onkel Hermann, gehörte vor allem vor seiner Heirat zu den Verwandten, die unsere Kindheit belebten und verschönerten. Da kommt er, flott gekleidet, der junge Lebemann, leert vor den Kindern seine Taschen mit kleinen Münzen und läßt sie wie Sterntaler auf den Boden regnen.

Das schönste Geschenk meiner Kindheit verdanke ich ihm und seiner Frau: ein verschließbares Köfferchen aus Weidenkorb, gefüllt mit vielen kleinen Dingen zum Spielen und Schlecken. Lustig, wenn Onkel von seinen Geschäftsreisen erzählt, so wie z. B. daß man in Rumänien nie ein Billet löst, vielmehr dem Eisenbahnschaffner ein gutes Trinkgeld zusteckt.

Hermann, der jüngste der drei Brüder, ist wie mein Vater Getreidekaufmann, aber viel risikofreudiger. Mein Vater schwankt zwischen leiser Bewunderung für Hermanns kühne Spekulationen und kritischer Abwehr: besser im bescheidenen Rahmen bleiben und einen ruhigen Kopf behalten.

Als Familienvater wird Hermann zum stillen, gesetzten Mann, und später in der Emigration inmitten der großen Liverpooler Verwandtschaft zum Symbol der Bescheidenheit und Zurückhaltung. Doch blenden wir wieder etwas zurück.

1935: Treffen mit Onkel in Paris. Jetzt ist er wieder der junge unternehmungslustige Hermann meiner Kindheit: »Weißt du, zeig mir doch mal die Folies Bergères!« Wir gehen mit großen Erwartungen, die meinerseits nicht enttäuscht werden. Ich finde sowieso alle Revuen großartig: die choreographischen Einfälle, der Schwung und Rhythmus. Onkel aber nicht: »Die nackigen Weiber können mich nicht reizen.« Tat er nur so, oder gefielen sie ihm wirklich nicht? –

Auch er und Tante Lene, wie die Situation in Danzig für die Juden brenzlig wird, wandern noch vor meinem Vater mit ihren Söhnen nach Liverpool aus zur Schwester Lina und all den seit Generationen dort ansässigen Verwandten.

Sie haben etwas Geld gerettet und können sehr bescheiden weiterleben, ohne auf Unterstützung angewiesen zu sein. Der beste Verdiener der Familie wird einer der Söhne, der nach Beendigung der Schule ein Studienstipendium erhält. Sie, die in Danzig bei Krankheitsfällen den besten Privatarzt und im Krankenhaus ein Privatzimmer beanspruchten, preisen den englischen Gesundheitsdienst. Einer der Söhne wird Arzt wie so viele andere Verwandte dieser Generation und trotz der so viel verschrienen angeblichen Nachteile geht es ihm wie den anderen ausgesprochen gut, auch wenn er sich keine Reisen rund um die Welt oder Kontos in der Schweiz leisten kann. Von den Hauptnutznießern dieses Systems, den Patienten, ganz zu schweigen: das, was ich selbst in Liverpool und auf dem Lande in Südengland in langen, schweren Wochen Tag für Tag gesehen und gehört habe, gibt mir die Sicherheit, daß mein Vater und meine Schwester in der allgemeinen Krankenabteilung bis zum Ende sehr gut betreut worden sind.

So findet sich nun eine reiche Nachkommenschaft des ärmlichen Urgroßvaters aus Swislotch bei Grodno an der Memel, die in die Ostsee fließt, teils schon begraben, teils sich weiter vermehrend im fernen Liverpool an der Mersey, die sich in die Irische See ergießt. Einer der Nachkommen, entfernter Vetter von mir, erhielt diesen Sommer gerade für seine Verdienste in der Chirurgie eine Ehrenmedaille zur Jubiläumsfeier der Königin, ein Sohn der Tante Feigl, die ebensowenig je richtig englisch sprechen lernte wie ihr Bruder, der fröhliche Milchmann. Einer der sympathischsten Züge des Liverpooler Clans: in allen Familien lebten die Alten, soweit sie nicht selbst ihren Haushalt weiterführten, in den Familien ihrer Söhne oder Töchter und bildeten einen ruhigen Pol inmitten der Geschäftigkeit der Jungen und Jüngsten.

Nachtrag:

Erst dieser Tage kam ich auf die Idee, meine alte Tante Lina einmal etwas näher über ihre Eltern zu befragen. Mit erstaunlicher Klarheit (sollte ich ihr Alter erreichen, der Himmel gäbe mir nur einen halb so guten Kopf!) teilt sie mir folgendes mit:

»Papa« (mein Großvater, den ich nicht mehr kannte) wurde in Swislotch geboren. Er besuchte nie eine Schule, lernte aber als Autodidakt Russisch und Deutsch mit Hilfe eines Seminaristen aus der Nachbarschaft. Papa war sehr wissensdurtig und las viel Lessing, Tolstoi, Dostojewski. Als junger Mann hatte er eine Stelle als Kontrolleur beim Holzfällen in den großen umliegenden Wäldern. Nach der Barmizwah Deines Vaters zog die Familie nach Kowno. Ich erinnere mich noch gut, wie er sehr oft nunmehr im Großhandel für Holzexport tätig, auf dem Njemen (Memel) bis nach Tilsit reiste.

Unsere Mutter stammte aus einer etwas größeren Stadt und aus einer vermögenden Familie. Da sie ihre Mutter früh verlor, war sie häufig als Kind bei einem reichen Onkel, einem Mühlenbesitzer, zu Besuch. In einem wohlhabenderen und kultivierteren Milieu als in ihrem Elternhaus. Dort machte man auch öfters größere Reisen, ich glaube, sogar ins Ausland.«

# Meine Schwester

Wird es mir gelingen, Evchen so darzustellen, daß sie damit zufrieden wäre, ihre Persönlichkeit so zu beschreiben, daß sie sich ohne Scham oder Ablehnung ebenso wiederfinden könnte, so daß sie das Bild annehmen könnte und alle, die sie kannten, sagen würden: ja, so war Eva oder auch: dies und das wußten wir nicht, aber jetzt verstehen wir sie besser. Ihre Stärken und ihre Schwächen.

Bis zum Tod meiner Mutter haben wir viel am kleinen weißen Kindertisch vor dem Fenster gesessen, Mosaik gelegt, mit Puppen gespielt. Danach aber erinnere ich mich nur an dies: Evchen versucht, sich uns im Spiel anzuschließen, aber sie läuft nicht schnell genug, läßt den Ball fallen, wird von den andern ausgelacht. Auch mich macht es ungeduldig, wenn sie ein Spiel verpatzt, aber ich gehe vom Hof hinauf, ich ertrage es nicht, daß man sie auslacht. Soviel ich mich erinnere, macht sie auf dem Hof bald nicht mehr mit.

In der Wohnung: Wir »kabbeln« uns, sie kratzt und haut wild um sich, während ich lachend ihre Hände festzuhalten suche. Das passiert mehr als einmal, aber ich habe keine Ahnung, worum wir Streit bekamen. Obschon vier Jahre älter als ich, gelingt es ihr nicht, mich kleinzukriegen, immer bleibe ich die Stärkere. Und ich lache – lache nicht aus Spott –, aber weil Evchen so unnötig faucht und kratzt wie eine Katze. Jetzt kann ich mir vorstellen, daß sie in ihrer Aggressivität durch Liebe und Angst auch gehemmt, gar nicht ihre ganze Kraft gegen mich einsetzte. Mein Vater versucht, sie zu ermutigen: »Evchen, zeig, daß du die Ältere bist, laß dir nichts gefallen.« Im Grunde aber ärgert er sich über ihre Schwächlichkeit und ist stolz auf meine Fähigkeit, durch größere Robustheit und Agilität den Kampf zu gewinnen.

Unwissentlich stellt Papa gewisse Weichen: Eva ist die zarte, ängstliche, ganz weibliche Tochter, ich bin das Mädchen, an dem »ein Junge verloren gegangen ist«. Der Vater braucht einen Sohn, und diesen nie geborenen Sohn habe ich zu spielen. Mein Naturell eignet sich scheinbar für diese Rolle. Klettere ich nicht auf alle Mauern, übe ich nicht mit Begeisterung Knie- und Bauchwelle an der Teppichstange, tobe ich nicht von klein auf mit allen Kindern auf dem Hof?

Ganz schwach erinnere ich mich an ihre zärtlichen Gesten, ja, ganz sicher möchte sie die kleine Schwester ein bißchen wie eine Puppe an sich drücken und lieb haben. Die kleine Schwester aber, ohne daß ich wüßte, wann es begann, entzieht sich der Bemutterung. Ausgenommen unser Rollenspiel auf der Fahrt nach Zoppot, wenn sie die Gouvernante und ich das lispelnde Kleinkind mimen.

Der Tod meiner Mutter muß Eva sehr tief und anhaltend getroffen haben. Ich, die schon immer stark an Tante Lutta hing, finde in ihr Trost und genügend Mutterersatz, nicht aber sie. Ich erinnere mich, daß über Schwierigkeiten zwischen Eva und Tante Lutta gesprochen wurde, daß die gute Tante immer beteuerte, beide Mädchen seien ihr gleich lieb, wie eigene Töchter. Aber meine Schwester, das wird mir erst in der Erinnerung bewußt, lehnte sie ab. Vielleicht war es nicht nur der Verlust der Mutter, vielleicht störte sie meine eigene Bereitschaft, Tante voll zu akzeptieren und mein Liebesbedürfnis auf sie zu übertragen.

Dann die bekannten Zuordnungen der Kinder zum Vater oder zur Mutter, zu diesem oder jenem Verwandten des einen oder der anderen. Evchen hat die schönen braunrötlichen Haare meiner Mutter, ist ganz eine Hirsch, die jüngere hellblonde mit blau-grauen Augen schlägt ganz in die Familie des Vaters. Viel später, als ich schon die Vierzig überschritten hatte, fand Curt, einer der Cousins aus Ohra, ich sähe seiner Mutter, also einer von Muttis Schwestern, so ähnlich. Und je älter wir wurden, um so mehr Menschen fanden, meine Schwester und ich glichen einander, nachdem in unserer Jugend immer der starke Unterschied hervorgehoben wurde – außer in den Stimmen: man konnte uns am Telephon fast nicht unterscheiden.

Wenn Tante Lutta einmal verreist war oder wir zu zweit wie damals in Zoppot allein wirtschafteten, trat Evchen deutlich aus sich heraus in ihrer Identifikation mit der Mutter: mit Eifer bestimmte sie den Menueplan, aber auch welche Hosen der Vater ausrangieren sollte. Ja, so wird es gewesen sein: Tante stand ihr in der Entfaltung ihrer eigenen mütterlichen Rolle im Wege. Doch hätte mein Vater wieder geheiratet, wäre es mit großer Wahrscheinlichkeit schlimmer gekommen.

Die Betten beider Kinder standen sich gegenüber, jedes an seiner Wand, dazwischen ein großer Tisch. So war unsere schwesterliche Beziehung ein Leben lang: im selben Zimmer, sehr nah beieinander, parallel in vielen wichtigen Gefühlen und Haltungen, und doch dazwischen ein trennender Tisch. Erst am Ende ihres Lebens gehörten wir ungetrennt ganz zueinander.

Der Altersunterschied von vier Jahren war daran schuld, daß wir fast nie gemeinsame Freunde hatten. Da pfiffen sie unten vorm Haus, lachten über den schon erwähnten Herrn Schuhmachermeister Wohlgemuth in dem Häuschen gegenüber, der so komisch seine Brille herunterschob, um die jungen Leute besser zu sehen, und über Frau Wohlgemuth, die kinderlose Schwatzbase der Straße, deren Sprechweise Herbert noch heute nachmachen kann. Evchen rief dann herunter: »Ja, ich komme gleich« oder ließ sie heraufkommen. Dann belegten sie das Herrenzimmer, schwatzten, und es gab eine Zeit, da ich den Kobold spielte und gegen diese Hausflöhe protestierte. Zum Spaß, aber gewiß nicht ganz ohne Neid.

Mir gegenüber, auch vor dem Vater und der Tante, war sie äußerst verschlossen. Sie war ein stilles Kind, immer bereit, sich zu Freunden – den »Kameraden« – zurückzuziehen. Dort blühte sie auf und war anerkannt und konnte schnell und angeregt plaudern.

Da sie nach der vierten Klasse beim Lernen Mühe hatte, kam sie in eine Privatschule, wo es mit dem Lernen viel besser ging, vor allem glänzte sie in Geschichte. Hat die verständnisvolle Pädagogik jener Schule dazu geführt, daß sie ein phänomenales Gedächtnis für Daten und Nummern entwickelte? Wie auch immer, noch einen Tag vor ihrem Hinscheiden, diktierte sie mir eine ganze Reihe Telephonnummern von Verwandten und Freunden, denen ich für Blumen und Briefe in ihrem Namen danken solle. Es war aber nicht das mechanische Gedächtnis, das man sogar bei Schwachbegabten findet: sie war fähig, mit den Daten zu manipulieren und je nach Bedürfnis und Situation Alternativen zu entwerfen. Dr. George Steiner schilderte bei der Gedächtnisfeier, die am 2. November 1971 im National Book Leage Center in London von Kollegen organisiert wurde, wie sie ihre Kunden betreute: Eva erriet bei unvollständigen Angaben, um welchen Autor, welches Werk es sich handelte, sie wußte aber nicht nur, wann und wo dieses oder jenes Buch erschienen war, sie war auch imstande, bei vergriffenen Büchern anzugeben, wo man Chancen hätte, es ausfindig zu machen oder leihweise zu erhalten. George Steiner (Cambridge), in England und den USA bekannter Publizist und Kenner der deutschen Gegenwartsliteratur, hatte Eva von seinem Vater quasi geerbt: letzterer war vor dem Kriege nach Amerika emigriert und hatte sich durch meine Schwester, wie so viele andere, auch während des Krieges auf dem Laufenden über deutsche Publikationen halten können. Doch gehen wir auf die Eva der Danziger Jahre zurück.

Wußte noch jemand ihrer Freunde, von den Buchhändlerkollegen und Kindern ganz zu schweigen, daß Evchens erster glühender Berufswunsch war, Säuglingsschwester zu werden? Auch mir ist dies erst jetzt bei der Versenkung in unsere Jugend wieder eingefallen. Es war für die Familie ein schwerer Schlag, als bei der ärztlichen Untersuchung der Eignungsabklärung herauskam, sie habe Basedow und die Ausbildung sei in jedem Fall für sie zu anstrengend. Anschließend, und später noch einmal, wurde meine Schwester in der Klinik von Dr. Liek an der Schilddrüse operiert. Die Operationen, einmal von Dr. Liek selbst ausgeführt, das zweite Mal, während er irgendwo in weiter Ferne seine völkerkundlichen Studien machte, vom Oberassistenten, und zwar mit sehr gutem Erfolg. Die Narben versteckte sie durch eine Kette oder einen ihrer winzigen um den Hals geknoteten Seidentüchlein. Schmerzlich war es, daß ihre früher sehr schönen grünen Augen nun zunehmend vortraten und den Basedow verrieten, aber im Gespräch mit ihr vergaß man das. Mir war das ein Kummer, wie so vieles im Zusammenhang mit Papas offensichtlicher Überschätzung meiner Person und Unterschätzung der älteren Tochter. (Man kann auch darunter leiden, bevorzugt zu werden.)

Dabei hatte sie, davon bin ich überzeugt, durch ihre Hingabefähigkeit und, körperlich, ihre Feindgliedrigkeit mehr weiblichen Charme als ich. Daß sie, an einer unglücklichen Jugendliebe hängend, nicht mehr heiraten wollte (auch weil sie sich nicht stark genug fühlte, Kinder zu gebären), war für meinen Vater noch schwerer zu verwinden, als daß die jüngere Tochter einen Nichtjuden heiratete. Erst spät, in seinen letzten Jahren, beruhigte er sich etwas: Evchens Befriedigung im Beruf, ihr durch Freundschaften bereichertes Leben waren ihm ein Trost.

Zwischen den Operationen oder nachher verbrachte sie etwa ein viertel Jahr in einem Sanatorium in der Hohen Tatra. An zwei Themenkreise erinnere ich mich dabei: das wunderbare böhmische Essen dort, bei deren Schilderung mir das Wasser im Munde zusammenlief, und eine viele Jahre währende Freundschaft, vor allem per Korrespondenz, mit einem der dortigen Kurgäste aus der Tschechoslowakei. Offenbar hätte er sie gern geheiratet. Aber bitte, offen gesprochen wurde über diese Angelegenheit kaum, ich erwähne es nur, um zu zeigen, auch den Manen meines Vaters, daß Evchen sehr wohl Heiratsmöglichkeiten hatte und willentlich verschmähte. Der zweite Berufswunsch, Buchhandel, kam auch nicht über Nacht. Anregungen zum Lesen gab es von allen Seiten: da war die jüdische Tradition für das Lesen und Lernen: das geistige Klima ihrer Jugendgruppe, den »Kameraden«, und der direkte Einfluß ihres intimsten Freundes, der Germanistik studierte.

Über ihren beruflichen Lebenslauf bis zum Jahre 1959 möchte ich Eva selbst das Wort erteilen. Sie bewarb sich erfolgreich bei »Dillon's University Bookshop Limited« mit folgendem Curriculum:

»Ich bin am 30. 10. 1908 in Danzig geboren. Nach Schulabschluß 1928 lernte ich den Buchhandel in der Hansa-Buchhandlung, der Danziger Filiale von Graefe & Unzer, und blieb dort bis 1934; danach konnte ich als Jüdin dort nicht länger arbeiten.

1934 gründete ich die Weichsel-Buchhandlung, die mein Teilhaber nach meinem zwangsweisen Austritt 1938 übernahm. Danach wanderte ich nach London aus.

Seither arbeite ich bei Bumpus, in den letzten sieben Jahren als Leiterin der ausländischen Abteilung.

Im Juli ist Bumpus in andere Hände übergegangen, und in einen anderen kleinen Laden übergesiedelt, in dem weder für mich noch für meine Abteilung äußerlich und innerlich Platz ist; ich muß mich daher nach einer anderen Tätigkeit umsehen.

Ich habe gute Verbindungen zum englischen und kontinentalen Buchhandel und viele persönliche Kunden, so daß ich sicher bin, daß diese mir woandershin folgen werden...« (von mir übersetzt).

Entsprechend hieß es in einem Mitteilungsblatt von Miss Dillon (Initiantin und Leiterin dieser Universitätsbuchhandlung), das an Kollegen und Kunden versandt wurde:

April 1959 ... »Sie (Leiter von Bumpus, Oxfordstreet) haben beschlossen, ihre Abteilung für fremdsprachige Bücher aufzuheben, und wir haben sie übernommen. Dabei sind wir in der glücklichen Lage, die guten Dienste von Frl. Dworetzki zu beanspruchen, die der Auslandsabteilung bei Bumpus viele Jahre lang vorgestanden hatte...«

Gewissenhaft, wie sie war, machte sie sich Gedanken, ob sie über Belletristik hinaus auch im Verkauf wissenschaftlicher Literatur genügend zu Hause sei und absolvierte noch vor dem Stellenantritt ein Praktikum in einer Universitätsbuchhandlung in Cambridge. Klein, unscheinbar, aber sehr zielbewußt, entwickelte nun »Dwo«, wie ihre Kollegen bei Dillon's sie nannten, auf ihrem Tätigkeitsfeld eine Kompetenz und Autorität, die sogar die kritischen und leicht spöttischen Cousins zu offener Bewunderung hinrissen: Bei Evchen braucht man nur anzutippen, sie weiß sofort das Richtige. Unglaublich die Unordnung auf ihrem Pult, aber immer klappt's.

Mindestens zweimal wurde sie als Vertreterin des deutschen Buches im Ausland vom Südwest-Funk interviewt, und ich war überrascht, mit welcher Sicherheit sie, die so oft ihre Sätze nicht fertig machte (»Du weißt schon, was ich meine . . .«), über die Lage des Büchermarktes Auskunft erteilte. Ihre Stimme klang durch den Äther klar und ruhig, obwohl sie bestimmt vorher sehr aufgeregt gewesen war.

Sehr viel ehrenvolle Aufmerksamkeit schenkte ihr die Frankfurter Buchmesse, wo sie zu den Ehrengästen gehörte und einen Haufen Cocktail-Parties mitmachte. Ihr gefiel es durchaus, hie und da im Mittelpunkt zu stehen in ihrer Verantwortung und Würde als Vertreterin des deutschen Buches im Ausland. Das bißchen persönliche Eitelkeit, das dabei mitspielte, machte sie um so menschlicher.

Der ausführliche Aufsatz von Karl Heinz Bohrer, Mitarbeiter der Frankfurter Allgemeinen Zeitung, faßt gut zusammen, was aus unzähligen mündlichen und schriftlichen Zeugnissen hervorgeht: ». . . Wenn man deutsche Literatur in England sucht, dann gibt es . . . nur einen Namen: Dillon. Die erst zehn Jahre alte Londoner Universitätsbuchhandlung hat das Glück, Eva Dworetzki zu haben. Bei ihr und ihrer deutschen Abteilung ist man im Zentrum deutscher Literaturinformation, mehr noch im Angesicht des authentischen deutschen westdeutschen Literaturbetriebs. Nicht genug, man hat hier auch sofort einen lebhaften Eindruck davon, wer sich heute in England für deutsche Literatur interessiert: erstens die englischen Germanisten und zweitens die alten Emigranten . . .« (1969)

Auch ihr Gespür für verlegerische Möglichkeiten und ihr Einsatz für bestimmte Bücher fand Anerkennung. So heißt es in einem Schreiben des Suhrkamp-Verlags, daß sie die Initialzündung zu den Suhrkamp-Texten ausgelöst habe und sich aus dieser Idee das Unternehmen Edition Suhrkamp entwickelt habe. (Sie hatte sich für die Neuausgabe einer Novelle von Hofmannsthal eingesetzt.)

Da ist ja auch ein schmeichelhaftes Schreiben vom Verleger Goldmann, wahrscheinlich als Dank für eine Gratulation: es mache ihn beinahe stolz, daß eine so bedeutende Kollegin seiner gedacht habe.

Die freundschaftliche Beziehung mit bekannten Persönlichkeiten oder deren Angehörigen (die Dichterin Edith Sitwell, ihr Bruder Osbert, der Historiker Gooch, der Esther aus der Familie des Malers Pissarro) bildeten den eher flüchtigen Glanz auf dem kräftigen, soliden Gewebe ihrer übrigen menschlichen Beziehungen. Eine junge Verwandte, die ich kaum kannte, sagte mir nach ihrem Tod: »Eva war für unsere ganze Generation eine Stütze. Man konnte mit allen Anliegen zu ihr kommen.« Von zwei, drei jüngeren Verwandten war mir ihre fürsorgliche Rolle bekannt, aber ich ahnte erst nach ihrem Tod, wie umfassend sie gewirkt hatte.

In den zwei Wochen, die ich 1971 an ihrem Krankenbett saß, machte sie eine Art Bestandsaufnahme, als müsse sie sich vor mir, ihrer jüngeren, oft wenig dankbaren Schwester rechtfertigen. Wie sie während des Krieges, sogar zur Zeit der Bombardierungen, als der Postverkehr in England nicht mehr recht funktionierte, wichtige Bestellungen zur Zufriedenheit ihrer Kunden ausführte, z. B. es einmal zustande brachte, mitten im Blitzkrieg, eine Ausgabe der gesammelten Werke Dostojewskis für den damaligen russischen Botschafter Maiski aufzutreiben. Wie es ihr gelang, eine gute Freundin unter unsäglichen Mühen aus dem besetzten Prag zu retten, wie sie weiter mit ihren Praktikanten, die in ihrer Abteilung ein Auslandsjahr absolvierten, in Verbindung stände. Ich sagte nur: Du solltest Deine Memoiren schreiben, worauf sie energisch den Kopf schüttelte: sowas kann ich nicht.

Wievieles – und mehr – von dem, was sie mir als Rechtfertigung ihres Lebens am Ende ihrer Krankheit erzählte, tönte als verstärktes Echo wieder von seiten derer, die es anging. So schrieb mir ihre Freundin aus Prag, jetzt in Berkeley (Kalifornien) ansässig: ». . . Wäre sie nicht gewesen – wäre ich nie aus der CSSR herausgekommen. Also mein Leben habe ich ihr zu verdanken.« Liebe Hanna: in ihrem Wohnzimmer blickte uns bei unserem Besuch 1974 vom Bücherregal das Brustbild meiner Schwester entgegen, das die Photographin Marion Herzog-Hoinskis 1970 in Frankfurt gemacht und später für alle Angehörigen und Freunde liebenswürdigerweise ver-vielfältigt hat.

Ebenso gerührt hat mich das Schreiben ihrer »Zöglinge« aus Holland, der Schweiz, aus Deutschland. ».. . ich kann mich nicht genug auf englisch ausdrücken, um meinen Erinnerungen Ausdruck zu geben ... sie war mir mit ihrem Rat meine Mutter ...« (aus Haarlem).

Genug: Sie bemutterte nicht nur mich als jüngere Schwester, unsere Kinder und alle Verwandten, die etwas von ihr wollten, sie bemutterte ihre Berufskollegen, ihre Kinder, das deutsche Buch.

Dies ist keine Biographie der Buchhändlerin Eva Dworetzki, denn viele auch berufliche Schwierigkeiten im Anfang und am Ende ihres Lebens in England lasse ich beiseite.

Nur dies will ich sagen: die schwache Schülerin Eva Dworetzki, diese kleine, oft hasplige, zarte Person hat aus ihren Gaben und allen Entbehrungen ihrer Kindheit – der fehlenden Mutter, der durch mich mitverschuldeten Einschränkung im Ausdruck ihrer mütterlichen Gefühle als ältere Tochter und als ältere Schwester – ein ungewöhnliches Maß von tätiger Liebe und Tüchtigkeit erreicht. Wir haben die Rollen gewechselt: auch wenn ich mich nicht als Pechmarie bezeichnen darf, sie jedenfalls wurde die Goldmarie.

Es wäre eine Anmaßung von mir, Genaueres über ihre Beurteilung im Literarischen zu sagen. Sicher weiß ich, daß ihr Hofmannsthal, Hesse, Thomas Mann und Stefan Zweig sehr zusagten. Was die jüngere und jüngste Generation der Schriftsteller anbetraf, so war sie eher streng. »She would tell you this or that is *Quatsch*«, so drückte es George Steiner bei seiner Gedenkrede aus, Evas typische Mimik und Gestik liebevoll imitierend und entlockte der andächtigen Hörerschaft, sogar unserer alten Tante Lina, ein wehmütiges Lächeln. Daß sie Böll und Andersch sehr bald bei deren ersten Publikationen kräftig ihren Kunden empfahl, das weiß ich, nicht aber, wer noch zu den Akzeptierten gehörte und wen sie als »Quatsch« qualifizierte.

Sie konnte offensichtlich für jeden ihrer Kunden, darunter natürlich viele deutsche Emigranten verschiedenster Bildung, die passende Lektüre bestimmen, ob es nun Kafka oder Vicky Baum, ein praktischer Reiseführer für Tirol oder eine Einführung in die Theaterwissenschaft war. Im übrigen betrieb sie im Nebenberuf, als menschenfreundliches Hobby, eine Ein-Frau-Auskunftsstelle: für

Reisen, Ämter, Beziehungspersonen. »Wir müssen Eva fragen«, ein geflügeltes Wort bei sehr vielen Menschen, die sie kannten oder die von ihr wußten. »Sie war nicht nur eine Persönlichkeit, sondern . . . eine Institution.« Diese Formulierung von Dr. Max Kreutzberger, einer ihrer alten Kunden und Freunde, taucht in ähnlicher Form immer wieder in den Beileidsschreiben und Nachrufen auf, aber nicht nur erst dann. Sie selbst war sich dieser Rolle mit Stolz bewußt und zog aus ihr bis zuletzt ihren inneren Halt.

Es heißt: Man solle niemand vor seinem Tode glücklich preisen. Gilt auch das Umkehrte? Wenn es gilt und der als glücklich zu preisen wäre, dessen letzten Tage von Hochgefühl und tiefer Befriedigung gesegnet sind, dann ist meine Schwester als glücklich zu preisen.

Da liegt sie in dem weiten hellen Krankensaal des Pembury Country Hospital in Kent, eine gute Stunde von London entfernt. Von den Betten aus sieht man durch die hohen Fenster viel Himmel und Laub. Die Betten stehen weit auseinander, man kann sie auch nach Bedarf durch Paravents abschirmen. »Siehst Du, dort im ersten Bett an der Tür: typischer englischer Landadel (ein junges Mädchen, das sich beim Reiten das Bein gebrochen hatte), und die neben mir ist eine sehr nette Farmersfrau, aber man kann nichts Vernünftiges mit ihr reden.« Schwester Sender, zufälligerweise aus unserer Heimat, aus Zoppot gebürtig, führt mich bei meiner für Eva überraschenden Ankunft (man hatte mich telephonisch von ihrer Spitaleinlieferung benachrichtigt) in den koketten Gästepavillon für auswärtige Familienangehörige, am nächsten Tage siedle ich ins nächstgelegene, per Bus erreichbare Städtchen Tunbridge Wells über und kann meine Aufgabe als Evchens Sekretärin übernehmen. Der netten Doktorin, die sich gern mit ihr über das Judentum unterhält, muß ich ein bestimmtes Buch über jüdische Fragen bestellen, Freunden und Verwandten Nachricht geben, für Blumen und andere Aufmerksamkeiten danken, die täglich einlaufen: meistens als Trost für die Erkrankte, aber auch schon nachgesandt aus London zu ihrem baldigen Geburtstag.

Um das Bett herum, am Fußende und hinter ihrem Kopfkissen häufen sich, ganz wie im Cleve House in ihrer Londoner Wohnung, Briefe, Zeitungen, vor allem das Börsenblatt des Deutschen Buchhandels, Bücherkataloge, und auf dem Fenstersims über ihrem Kopf thront der Krug mit Apfelmus unter dicken und dünnen Bü-

chern, darunter Bölls »Gruppenbild mit Dame«. Das Apfelmus hat
ihr Miß Hughes, ihre liebe alte Freundin aus Rotherfield, gebracht
(per Taxi, sie selbst ist nicht motorisiert), sie, die Evchen bei ihrem
Besuch vom Doktor hierher ins nächste Krankenhaus einweisen
ließ. Sie findet nur noch an Kompott Geschmack, und der »Spital-
fraß« ist fast das einzige, was sie kritisiert. (Ich selbst esse in der
Schwesternkantine: gar nicht so schlecht . . . und die Extraportion
Kompott für meine Schwester, um die ich bitte, wird gern gratis da-
zugegeben.)
    In der Mitte des Saals steht ein langer Tisch, voll von Blumen,
die meisten von meiner Schwester: »Die anderen bekommen oft gar
nichts, das ist mir fast peinlich.« Dann wieder ist sie ein bißchen
verärgert, daß der eine oder andere Strauß über Nacht verschwindet
und beim Wasserwechsel wohl in einen anderen Saal gestellt wurde.
    Zu den Unmengen Papier, die sich in und um Evas Bett häufen,
kommen täglich weitere: »Vergiß bitte nicht den ›Guardian‹ und
sieh, ob Du die ›Times Literary Supplement‹ findest!« Sie ist so
schwach, zum Glück ohne Schmerzen, und hat doch bis zu meinem Kommen Brief um Brief selbst geschrieben.
    Bissig wird sie bei allen Versuchen, die Zeitungsflut zu dämmen
(gut orientiert sein ist alles!) oder ihr etwas von ihrer Selbständigkeit zu nehmen.
    Unglaublich gefaßt nimmt sie die Diagnose des Arztes auf, nach-
dem sie vor der Operation – 11 Tage nach ihrer Einlieferung – ver-
langt hatte, die Wahrheit zu erfahren. »Geh auf die Stadtbibliothek
und laß dir das Adreßbuch (Titel habe ich vergessen) der Pflegehei-
me und Sanatorien geben.« Eine Beratung mit der Sozialfürsorgerin
des Spitals, zu der ich gerufen wurde, nimmt sie böse auf: »Ich habe
so vielen Menschen Adressen und Tips gegeben, jetzt soll ich das
für mich selbst nicht können?«
    Etwas enttäuscht ist sie, daß ich nicht sehr viel Begeisterung zei-
ge bei ihren Empfehlungen, von Tunbridge Wells aus doch dieses
oder jenes unbedingt sehenswerte Dörfchen oder Landschloß zu be-
sichtigen. Im Grunde aber ist sie dankbar, daß ich bei ihr sitze, zumal Pembury so abgelegen ist und nur wenige andere Besucher zu
ihr kommen. Und sie hat das Bedürfnis, von ihrem Leben zu erzählen, viele Dinge, die manche ihrer anderen Besucher und ihre jüngeren Freunde nicht interessieren würden. Immer wieder blickt sie

auf die vielen Blumen, die man ihr schickt: »Das hätte Papa sehen sollen! Ich komme mir wie eine Greta Garbo vor!« (Wohl der einzige Schwarm, den wir in unserer Jugend geteilt hatten.)

Sie genießt das Verwöhntwerden durch die Schwestern (»weißt du, die Nurse aus Jamaica hat so zarte Hände, es ist wie Samt, wenn sie mich zum Baden ins Wasser setzt«), den kleinen Schluck Cognac, den ihr Schwester Sender hie und da erlaubt: »Eigentlich darf sie mir den nicht geben«. Hier ist man nicht pedantisch. Fast schluckt sie das kostbare Getränk herunter, als sei sie eine trinkgewohnte Mondäne, die zeigt, was die große Welt ist.

Dann wieder mahnt sie mich, doch in der Kantine eine rechte Mittagspause zu machen, »und rufe bitte noch die Leute im Cleve House an (alles deutsche Emigranten, die im selben Haus wohnen) und den Notar« und wie gewöhnlich nennt sie alle Nummern auswendig mit immer schwächerer Stimme.

Am Sonntag, einen Tag vor ihrer Operation, und fünf Tage vor dem Ende, macht man ihr eine Bluttransfusion. Nie, seit unserer Kindheit, habe ich Evchen so hübsch gesehen. Ihr Teint ist blumenhaft seidig und leicht getönt, alle Falten scheinen geglättet. Eine Kollegin, die sie besucht, sagt mir, für Eva nicht hörbar, daß sei immer so bei Bluttransfusionen.

Jetzt war eine große Ruhe über sie gekommen: ein Jahr lang und mehr, nachdem sie Dillon's Buchhandlung verlassen hatte (Umorganisation des Betriebs) und vergeblich eine befriedigende Aufgabe gesucht hatte, bedeutet die Erkrankung eine Lösung. Jetzt brauchte sie nicht mehr herumzufragen, die alten Verbindungen spielen zu lassen, sich Sorgen für die Zukunft zu machen.

Am letzten Tag, an dem ich sie sehe, schwärmt sie von dem ungewöhnlich schönen Sonnenaufgang. Vor der Operation hatte sie darauf bestanden, wieder in denselben Saal und ins selbe Bett zurückkehren zu dürfen. Dankbar nistet sie sich in dieses letzte Stückchen Heimat ein, gezeichnet von ihren Insignien: Blumen, Bücherkatalogen, Zeitungen, Büchern.

Sie starb acht Tage vor ihrem 63. Geburtstag im Morgengrauen des 22. Oktobers 1971. Ihr Leben, das in Danzig begann, war erfolgreich – es hatte einen Sinn.

# Hermann Rauschnings Briefe:
## ein Bogen schließt sich

Vor zwei Monaten hatte ich – nach einigem (weltanschaulich be-
dingtem) Zögern – Dr. Rauschning zum 90. Geburtstag gratuliert, –
eine Geste wie das Kranzniederlegen vor einem Denkmal. An eine
Reaktion hatte ich nicht gedacht. Das Denkmal antwortete mir,
und das erschütterte mich. Vor allem auch, daß mein Vater und
meine Schwester von diesem Echo nicht mehr erreicht werden
konnten. Wie stolz wäre mein Vater auf die ihm geltenden Worte
gewesen!

Hermann Rauschning                    Portland, 24. 8. 77

Sehr geehrte Frau Dr. G. Meili-Dworetzki:
   Aller verbindlichsten Dank für Ihre freundlichen Wünsche zu
meinem 90. Geburtstage. Es hat mich besonders gefreut, weil sie
von einem gebürtigen Danziger kamen. Außer Ihnen grüßte mich
von Danzigern nur der ehemalige sozialdemokratische Volkstagsab-
geordnete Erich Brost.
   Es war kein großer Freudentag. Ein Vierteljahr zuvor hat mich
meine Frau, mit der ich 62 Jahre verbunden war, und unser einziger
Sohn verlassen. Und die Gedanken kehren immer wieder zu der
schönen Stadt mit Trauer zurück. Auf meinem langen Emigrations-
wege traf ich in England zwar nicht mit Ihrem Vater zusammen,
wohl aber machte mich meine gute Freundin Dr. Berta Geissmar,
die langjährige Sekretärin Furtwänglers und später Beecham, die
Verfasserin des Buchs »Musik im Schatten der Politik« mit einer
Tochter Ihres Vaters, also mit einer Schwester von Ihnen – wenn
Sie es nicht selbst waren, bekannt. Wir besuchten sie in einem angesehenen Buchladen, wo Frl. Dworetzki angestellt war. Es muß
1940 gewesen sein. Wir sprachen damals über einige Bücher von
mir, die damals gerade erschienen waren.
   Mit Dankbarkeit denke ich an Ihren Herrn Vater zurück. Er war
ein gerechter Kaufherr.
                     Mit ergebenem Gruß Hermann Rauschning

Jeder Satz dieses Schreibens könnte lange Assoziationsketten auslösen, solche ganz persönlicher, auf meine Familie bezogene, und solche allgemeiner Art: Rauschnings Anhänglichkeit an die alte schöne Stadt, seine Anhänglichkeit und seine Trauer; die Distanz im Raum und in der Zeit von allem, was früher zu seiner Welt gehörte, die Verlassenheit; die Erwähnung jener Bücher, die er nach den beiden Aufsehen erregenden »Die Revolution des Nihilismus« und »Gespräche mit Hitler« publiziert hatte, von denen er sich so viel versprochen hatte: Einflußnahme auf die deutsche Nachkriegsentwicklung, Abwendung der Teilung des deutschen Reiches, Erschaffung eines Staates des Ausgleichs zwischen der USA und der Sowjetunion. Wer kennt heute diese Nachkriegswerke? Sie waren nicht opportun.

Dann das Thema Musik. Ich hatte bis jetzt kaum beachtet, daß dieser Offizierssohn Rauschning trotz Erziehung in einem Kadettenkorps, daß dieser Politiker als Studium Germanistik gewählt und sich offenbar intensiv mit Musik befaßt hatte. Tatsächlich war er in jungen Jahren als Musikkritiker tätig und hat auch eine »Geschichte der Musik und Musikpflege in Danzig« (1931) veröffentlicht. Wissen das meine alten Danziger musikbeflissenen Korrespondenten wie Herbert, Professor der Musikologie in Tel Aviv, oder Heinz in Chicago, der als Experte in einer Musikalienhandlung tätig ist?

Wer aber ist oder wer war Erich Brost? Unschwer finde ich seine Spur. Leonhardt schildert einen höchst peinlichen Empfang bei Burckhardts Vorgänger, dem Iren Sear Lester, zur Zeit, da Rauschning sein Amt als Senatspräsident schon abgetreten hatte und auch aus der NSDAP ausgetreten war, d. h. kurz bevor er infolge offener Opposition gegen die Nazis und von ihnen persönlich bedroht die Flucht ergreifen mußte. (1935) »Kaum waren Dr. Rauschning und *Erich Brost,* Herausgeber der *Volksstimme,* im Empfangsraum erschienen, erhoben sich die Senatoren und ihre Begleitpersonen und verließen demonstrativ den Saal . . . Die nationalsozialistische Presse in Danzig machte daraufhin dem Hohen Kommissar den Vorwurf der Taktlosigkeit, zusammen mit Offizieren der nationalsozialistischen Reichsmarine (des vor Anker liegenden »Admirals Scheer«) notorische Agitatoren der Opposition eingeladen zu haben . . .« Daß dieser Mann Rauschnings gedachte, war also kein Zufall.

Offenbar hatte Brost noch bis 1937 im Danziger Volkstag als Abgeordneter wirken können, denn bei Burckhardt heißt es: »Einigen führenden Vertretern der Sozialdemokratie, wie dem hochbegabten Journalisten Brost, der nach Polen emigrieren sollte ... war auf Grund des Dekretes vom 4. Februar 1937 der Sitz im Parlament entzogen worden.«

Rauschnings zweiter Brief richtet sich gemäß meiner Frage, ob ich sein Schreiben reproduzieren dürfe, offensichtlich nicht mehr nur an mich, sondern auch an ein breiteres Publikum. Daß er seinem Bedauern über »soviel Falsches im Umlauf« Ausdruck gibt, klingt ja an das an, was ich in meinem Kapitel über »Geschichtsschreibung« anzudeuten suchte. Immerhin: Fortschritte scheinen sich abzuzeichnen: ich könnte Rauschning auf den Reiseführer des polnischen Touristenbüros (1971) aufmerksam machen, der im Gegensatz zu meinem früheren polnischen Gdańsk-Album sehr wohl die Rolle der Lübecker und der Hanse berücksichtigt.

An seiner Formulierung betreffs »jüdischem Patriziat« stoße ich mich ein bißchen. Natürlich gab es die alteingesessenen wohlhabenden und teils hochgebildeten Kaufherren und Ärzte, aber wenn er dabei an meinen Vater dachte, so hätte der gelächelt. Immerhin fühlt sich nicht auch der ärmste, auch der ungebildete Jude wenigstens jeden Freitag abend, wenn er den Sabbat einleitet, als Fürst?

Was Rauschnings Bemerkung über den Wert der Symbiose zwischen den Völkern schreibt, so entspricht dies seiner Entspannungspolitik gegenüber Polen schon damals, als er in Danzig wirkte. Es ist keine einseitige Phrase ad hoc.

Lassen wir ihn nun sprechen:

Portland, 15. 9. 77

Sehr verehrte Frau Dr. G. Meili-Dworetzki:
Mit Bedauern entnehme ich Ihrem Brief vom 2. ds. den Heimgang Ihrer Schwester. Zu Ihren Fragen

1. Die Adresse von Erich Brost: Bochum, Bahnhofsplatz 8. Code-Nr. habe ich nicht. Es ist eine alte Adresse. Br. schickte mir ein Kabel ohne Adresse.

2. Selbstverständlich haben Sie das Recht, meinen Brief in Ihren Erinnerungen zu zitieren. Ich würde es als eine Ehre dankbar zur Kenntnis nehmen.

Alle persönlichen Aufzeichnungen aus der Zeit des deutschen Danzig sind von Wert, ob sie gedruckt werden oder nicht, wenn sie nur einem Archiv oder einer Bibliothek zur Verfügung gestellt werden. Es ist soviel Falsches im Umlauf. Nahe Verwandte besuchten wie Sie Danzig und auch meine Geburtsstadt Thorn. Daß sie von Deutschen gegründet und Jahrhunderte lang deutsche Städte waren, denen seit der Emanzipation ein jüdisches Patriziat eine besondere Note gab, das wurde verschwiegen. Man sollte über der jüngsten Vergangenheit nicht die Ältere vergessen, in der es gerade in diesen Städten im Osten eine echte Symbiose zwischen Völkern gegeben hat . . .

Ich begrüße Sie mit herzlichem nochmaligen Dank

als Ihr sehr ergebner

Für andere, z. B. den konservativen Rauschning-Freund Golo Mann, mag es an den Haaren herbeigezogen scheinen, wenn ich mir unseren Freund Abendroth, als Vertreter der marxistischen Linken, vorstelle in Konfrontation mit Rauschning, Repräsentant eines revolutionären Konservatismus christlicher Prägung. Sie streiten vor mir über Revolution, Klassenkampf, die geistigen Fundamente gesellschaftlicher Entwicklung – ihre Positionen stoßen hart aufeinander.

Und doch: Liest man Rauschnings »Mut zu einer neuen Politik« (1959), ergeben sich zwischen den beiden Kontrahenten in der Deutschlandfrage überraschende Parallelen: beide Männer lehnen den kalten Krieg entschieden ab, plädieren für aktive Verständigung, Entspannungsbemühungen mit den Sowjets, für die Neutralität und den Verzicht auf militärische Macht.

Dann haben sie in ihrem politischen Schicksal noch dies gemeinsam: beide wurden von ihrer Partei ausgeschlossen: Rauschning aus der NSDAP, Abendroth aus der SPD, ersterer, weil er für eine verfassungsmäßige Politik eintrat, letzterer, weil er sich mit anderen sozialdemokratischen Intellektuellen gegen den Ausschluß des zu radikal gewordenen Sozialistischen Studentenbundes zur Wehr setzte.

Wie nachhaltig schließlich doch der geistige Einfluß dieser Männer in Deutschland gewesen ist und sich noch auswirkt, kann wohl niemand sagen, sicher aber ist, daß ihr opferreicher Widerstand gegen das Dritte Reich (Abendroth saß jahrelang im Zuchthaus, wurde in ein Strafbataillon gesteckt – Rauschning mußte fliehen), nicht belohnt wurde: der eine hatte größte Mühe, einen Lehrstuhl als Politologe zu erhalten, der andere konnte im Nachkriegsdeutschland nicht mehr recht Fuß fassen und blieb in den USA. Der Gang der Geschichte kümmert sich nicht um höchste Qualitäten bei der Wahl ihrer Exponenten, höchste Integrität der Person, politische Weitsicht, Mut, Unbeugsamkeit werden wohl geschätzt, sind aber weniger nützlich zum Durchsetzen der eigenen Persönlichkeit als Anpassung, taktisches Geschick und Ehrgeiz. Ehrgeiz spielte bei Abendroth jedenfalls eine ungewöhnlich schwache Rolle: er hielt sich an die Lehre seines Großvaters, *für* die Arbeiterbewegung, nicht *von* ihr zu leben.

Noch in einem weiteren Punkt läßt sich zwischen den beiden Männern eine Verwandtschaft feststellen. Im Gegensatz zu manchen anderen Politikern, die eine sehr persönliche Auffassung vertreten und zu schwarzen Schafen der Familie werden, stehen sie durchaus in der Familientradition. So betrachtet, ist Abendroth nicht weniger bewahrend als der konservative Rauschning, wobei ersterer aus einer Familie von Kleinbauern, Handwerkern und Lehrern stammt, letzterer – Sohn eines Offiziers und Großgrundbesitzers – durch die Erziehung in einem preußischen Kadettenkorps geprägt wurde. Abendroths Großvater mütterlicherseits gehörte schon vor dem Sozialistengesetz von 1878 zur Sozialdemokratie, der ganze Clan über die Generationen hinweg stand und steht aktiv in der Arbeiterbewegung. Rauschnings Urgroßvater war als Adjutant der Brigade v. Beneckendorff und Hindenburg aus dem Befreiungskrieg 1814/15 zurückgekehrt. Beide setzen in ihrer Art den Geist der Väter, Mütter, der Großeltern fort.

Wie hätte sich Deutschlands Schicksal, die ganze Zeitgeschichte entwickelt, wenn man wie Abendroth auf seiten der Arbeiterbewegung rechtzeitig zur Einheitsfront gegen Hitler gedrängt hätte? Oder wenn die Westmächte Rauschnings Enthüllungen und Warnungen genügend beachtet hätten? Wenn der Appell des einen oder des anderen zur Neutralität zwischen Ost und West durchgedrungen wäre? Unnützes Spekulieren . . . Die Verhältnisse waren nicht so.

# Notizen einer Reise in die alte Heimat
# Danzig, 26. Juli bis 2. August 1973

Flug über Warschau nach D. In der Saison gehen täglich 10 (!) Flüge zwischen den beiden Städten. Taxifahrer und Träger bitten mit leiser Stimme, statt Zloty lieber mit fremder Valuta zu zahlen (Fahrt zum Inland-Flugplatz).

Hotel hatten wir von der Schweiz aus nicht mehr auftreiben können, aber zufällig durch hiesige Bekannte private Unterkunft. Gastgeberin, nette lebensfreudige Vierzigerin. Höhere Stellung als Chemikerin im Institut für Herstellung von Schiffsfarben in Oliva. Frau M. ist unter der deutschen Besetzung in ihrem Geburtsort Thorn (poln. Torun) in die Schule gegangen, spricht daher fließend deutsch. Eltern wohnen weiter dort in eigenem Häuschen. Ihre Töchterchen sind getauft, konfirmiert, stehen stark unter dem Einfluß der Großmutter. Stellen unangenehme Fragen, warum Eltern nicht in die Kirche gehen, usw.

Wohnung – 2 Zimmer, Küche, Bad – in altem Haus, direkt am »Städt. Gymnasium«, Ecke Lastadie/Vorstädt. Graben. Mann und Töchter sind in Ferien, so daß wir das größere Zimmer (mit TV, großem Büchergestell, Salonmobiliar, 2 Couchen), zur Verfügung haben. Frau M.s Arbeitszeit: 7–15 Uhr, Sonnabend nur vormittags, was allgemein als Arbeitszeit Geltung hat. Nette Bewirtung. Bei Frau M.s Abwesenheit haushalten wir selber. Großer Kühlschrank, gut versehen mit Lebensmitteln.

Zwischen dem Vorstädt. Graben und der Hundegasse (Papas Kontor war No 45) Grünflächen, man sieht fast frei über den weiter wegliegenden Häusern die halbe Marienkirche, also viel mehr als bei der früheren Überbauung. In der imponierend wieder aufgebauten Altstadt fehlen immer wieder Straßenzüge, das Ganze wirkt aufgelockerter als früher, geschickt mit Spielplätzen, Rasenflächen, Anlagen ausgefüllt. Erinnert mich eigentlich an ein unvollständiges Gebiß: etwas künstlich, mit Lücken. R. empfindet das nicht so. Das Haus mit meines Vaters Kontor steht noch (wieder?) da, aber innen ganz anders, die Vorderansicht nur Kulisse. Früher war es eine ge-

35  »*Als ich meine Vaterstadt vor 36 Jahren verließ, hieß sie noch Danzig, jetzt heißt
sie Gdańsk.*« *Reise in die alte Heimat 1973.* »*Langer Markt: wie Promenade in Kurort.*« *Rechts das aus Trümmern wieder erstandene Grüne Tor, Brama Zielona.*

*36  1973 auf dem Langen Markt, Długi Targ. Aus ausgebrannten, zerborstenen Mauern ist viel von Danzigs Schönheit bewahrt, neu erstanden.*

37 *Überall junge Menschen. Blick durch das Langgasser Tor, Brama Złota, in die Langgasse, die ulica Długa. Im Hintergrund das Rechtstädtische Rathaus, Ratusz Głównego Miasta.*

wölbte Halle, hatte was von flämischen Malereien – jetzt ganz banale schäbige Treppe.

Bei strömendem Regen suchen wir am nächsten Tag die Straße, in der ich aufwuchs: das »Schwarze Meer«. Erkenne den Heumarkt, die Radaune. Wo aber ist die Brücke über Flüßchen und Eisenbahnlinie? Jetzt ist da eine Autobahn, und alles ringsum aufgerissen, Versperrungen, man kommt nicht auf die »Schwarz-Meer«-Seite. Enttäuschtes Abziehen stadtwärts.

Langer Markt: wie Promenade in Kurort. Ohne Motorverkehr, viel Touristen, Eis lutschend, herumflanierend, Stände mit Getränken hier wie an anderen Orten der Stadt, auf beiden Seiten Bänke. Die Bauten als herrliche Kulisse, noch ganz frisch verputzt. In der Langgasse wird das Trottoir erneuert. Wenig größere Geschäfte, eher Souvenirläden, ein Kino, die Hauptpost steht noch am alten Ort. Eigentliche Geschäfte (Lebensmittel u. a.) sieht man mehr in der Nähe des Bahnhofs. Nach guten Waren steht man Schlange. Komisch das riesige Möbelgeschäft auf dem Kohlenmarkt: »Dom Meble« ist voller Stilmöbel mit Damastüberzug, kämen wegen irgendeines Handelsabkommens aus Saudi-Arabien oder Ägypten. Kein Mensch wolle die, alles stürze sich auf Modernes.

In der Jopengasse trinken wir Kaffee in einem Lokal unweit der Marienkirche. Kellnerinnen in alter Danziger Tracht, gar nicht kleidsam. Überarbeitete, mürrische Mädchen. Kaffee serviert in Kupferkännchen à la turque. Kuchenauswahl nicht zu vergleichen mit der in alten Zeiten, aber gute Qualität.

Am Abend kommt verabredungsgemäß Frau K., ehemalige Hausangestellte von Walter und Kätchen (Cousin), die mit der »Herrschaft«, wie sie sagte, in Verbindung geblieben ist. Hat etwas Mühe, ihr eher kaschubisches Deutsch hervorzusuchen, da sie sonst immer polnisch spreche. Redet immer in der 3. Person: »wenn die Herrschaft wollen . . .« Ihr Mann in England gestorben, einziger Sohn hat studiert, ist Bibliothekar, verdiene gut, seine Frau (Fabrik) aber mehr. Ihr Kind wird von Großmutter gehütet.

Aus ihren Reden sowie aus Gesprächen mit Frau M.s Schwester und deren 23jähriger Tochter (hat eben Ingenieur-Studium abgeschlossen) geht hervor, daß die alten Zeiten (vor den Nazis) ihnen als die »guten« erscheinen, aber daß sie, wenigstens die Jungen, zufrieden sind.

28. Fahrt wie ehedem per Eisenbahn nach Zoppot. Jetzt geht aber

auch Bus dorthin. Ein nicht im Krieg zerstörtes Gebäude: das der Bahnverwaltung. Gegenüber dem Bahnhof »das« Hotel von Gdańsk: Orbis, auch zum Essen empfohlen. (Mit Gaststätten ist es schlecht bestellt, wenige und immer sehr voll.) Bahnhof selbst scheint unverändert – von außen. Innen hochmodern mit unterirdischem Durchgang, Kiosks. Noch moderner, mit riesigen Rolltreppen, der Bus-Bahnhof (ins Innerland, kaschubische Schweiz usw.).

Zoppot: See-Straße relativ viel Lebensmittelgeschäfte, Club der Presse, wo alle wichtigen östlichen und westlichen Zeitungen aushängen, darunter auch die Neue Zürcher, der Spiegel usw. Sehr belebt, auch hier wieder lutschen alle Eis. Welch Glück: kein Autorummel, die Strandpromenaden voll erhalten, sehr schöne Blumenbeete, geruhsame Anlagen (keine Tennisplätze mehr). Kursaal mit Steg, das ehemalige Kasino, jetzt »Grand Hotel«, ist weiter in Betrieb, natürlich ohne Spielsäle. Am Strand jetzt schöne farbfrohe Strandkörbe, Liegestuhlausleihe, hie und da einfache Verköstigungsstätten. Alles sehr sauber.

Der reizvolle Blick über die bewaldeten Höhen nach Adlerhorst für mich etwas gestört durch riesigen Betonbau: Adlershorst sei jetzt als Bad ausgebaut, der Betonbau ein Hotel.

Hier, ein paar Minuten vom ehemaligen Nordbad, lichtet sich wie ehedem die Besucherschar. Das Wasser scheint so sauber wie früher, dabei gilt die Ostsee als eins der verschmutztesten Gewässer unserer Tage. Später, in Heubude, am vorletzten Tag war das Wasser voll von schwarzen Pünktchen und unsere nackten Fußsohlen von Teer geschwärzt.

Im Kursaalpark wird mit Riesenfiguren Schach gespielt, ebenso auf normalgroßen Brettern vor den Cafés am Anfang des Stegs. Fliegende Händler verkaufen Bernsteinketten. Die Leute sind recht gut angezogen, bei den Frauen weniger Hosen als bei uns, im allgemeinen weniger nonchalant als bei uns. Allerdings gilt dies nicht für eine lockere Gruppe von sehr verwahrlost aussehenden Hippies, die vor dem Kurhauseingang hocken, ohne Aufsehen zu erregen. Sitzen auch wieder da bei unserem 2. Besuch in Zoppot.

Essen im Grand Hotel (Kasino) mit sehr viel Kellnern, große Aufmachung, Essen mäßig und für Polen sehr teuer. Neben uns französisch sprechende Familie, die Frau ist polnischen Ursprungs: hilft uns bei der Verständigung. Kellner sprechen nur polnisch.

Die meisten Leute kennen keine der uns bekannten Sprachen, Richard wundert sich über meine rudimentären Polnischkenntnisse. Wer in unseren Kreisen (außer Inka) konnte schon polnisch? Danzig hat vor allem eine zugewanderte Bevölkerung: aus den östlichen an Rußland abgetretenen Gebieten und aus dem nach dem 2. Weltkrieg geschaffenen »polnischen Korridor«, während die sich deutscher Kultur angehörig fühlende Danziger Bevölkerung so weit wie möglich nach Westdeutschland floh. Deutsch ist den jetzigen Danzigern verständlicherweise unsympathisch: selten lächelt uns jemand beim Auskunfteinholen an. Die 2 einzigen jüngeren Leute, die wir kennenlernen, hatten auf der Schule als Fremdsprache nur russisch. Bei Befragung, ob sie es auch brauchen können, abfällige Gesten.

Abends Kaffee im »Advokatenhaus« (Heilige Geistgasse oder Frauengasse?) unmittelbar an der Marienkirche. Das ganze Haus ist voll von Büros von Anwälten, alle haben verschiedene Praxiszeiten. Im Lokal bekommt man außer Getränken (nicht Alkohol) auch Poulet. Viel Deutsche unter den Besuchern, wohl hauptsächlich aus der DDR?

Auf dem Rückweg über den Dominikanerplatz (Markt): tatsächlich einige alte Frauen mit spärlichem Gemüse. Auch die Markthalle ist noch im Gebrauch: dort recht gutes Warenangebot, aber gerade Betriebsschluß. Polizei ganz unauffällig in grauer Uniform. Auf den Straßen trifft man sie sehr selten.

29. Fahrt per Autobus nach Oliva. In Langfuhr wirken alle nicht zerstörten Häuser (L. war verschont geblieben) jetzt recht schäbig, das schmucke Oliva nicht mehr ganz so schmuck. Der Park aber sehr gepflegt, voll von Familien mit Kindern. Die Kirche mit neuer Orgel ist pfropfenvoll. Menschen strömen hinein, hinaus, sich bekreuzigend.

Unser Ziel: die Wälder zwischen Oliva und Zoppot, der »Bilderweg«. Wo gibt es noch so schönen Wald voll Laub- und Nadelbäumen, Moos, Beeren, Unterholz. Finden aber »Bilderweg« nicht: die uns damals immer so entzückenden Durchblicke bis zum Meer sind wohl überwachsen, oder haben wir uns verirrt? Vor Zoppot Neusiedlungen, kommen an Kinderheim vorbei, »Korszak« nach dem berühmten Warschauer Arzt und Pädagogen, der freiwillig die Kinder ins KZ begleitet hatte. Wurden alle vergast.

Im Gegensatz zum ersten Besuch in Zoppot fährt heute der

Dampfer vom Steg nach Danzig. An der Westerplatte erscheint schon von weitem das auf einem Hügel erbaute Denkmal, eine Art nationales Heiligtum Polens. Menschen wandeln die Schneckenwindungen hinauf. (Wir steigen nicht aus.) Unsere Gastgeberin beklagte die Ignoranz ihrer französischen Kollegen (sie hatte ein Praktikum in Paris absolviert), die wüßten nicht einmal, daß bei der Verteidigung der Westerplatte durch die polnische Belegschaft des Munitionsdepots der Zweite Weltkrieg ausgebrochen ist (Überraschungsangriff des deutschen Kreuzers, der vorgeblich nur einen Besuch abstattete). Auch bei einem weiteren Ausflug – zu Fuß von Heubude nach Westerplatte – vorbei an den Hafenanlagen, den chemischen Fabriken, teils noch im Bau befindlichen Fabrikanlagen sehen wir Scharen von Leuten hinaufpilgern.

30. Wollte eigentlich nach dem stillen, romantischen Nickelswalde, finde mich aber auf der Landkarte mit nur polnischen Namen nicht zurecht. Geraten in Bus nach Kahlberg. Viele kleine Werderhäuschen mit Stockrosen davor, Gänse. Einmal auf dem Dach 3 Störche. Vorbei an Stegen, Stutthof, wo auch durch vom Bus sichtbare Plakate auf ein Mahnmal (schreckliches KZ in der Nazi-Zeit) hingewiesen wird. – Am Weg in den Kieferwäldern viele Campingplätze, Ferienhäuser am Weg.

In Kriniza Morska (Kahlberg) durch Kiefernwald an den Strand. Nicht weit davon liegt die russische Grenze. Essen nach dem Baden an einer Bude Kartoffelpuffer, an der anderen Wurst am Spieß. Schaschlik gibt es auch.

Wäre gern über's Haff nach Elbing und Frauenberg gefahren, würde aber zu spät werden.

31. Juli. Heubude: weniger hübsch, als ich es in Erinnerung hatte. Hält den Vergleich mit der Lage Zoppots nicht aus. Überrascht durch den Mischwald Richtung Westerplatte.

Am Abend mit Frau M. bei mit ihr befreundeter Familie in Zoppot, zum Wald zu gelegen. Zwei-Zimmerwohnung in Hochhausquartier. Gegenüber Haus mit Clubraum für die Anwohner. Bei Tisch, außer uns Ehepaar, etwa 6jähriger Bub, die Mutter der Frau. Der Vater ist Schiffbauingenieur, sie Chemielehrerin. Sehr hübsch gedeckter niedriger Tisch. Einrichtung modern, relativ geschmackvoll, großer Feldblumenstrauß. Mehrere kleine kalte Gerichte, darunter gefüllte Eier paniert. Unterhaltung nur via Frau M. als Übersetzerin möglich. Zeigen Dias von ihren Ferienreisen: Italien, Jugoslawien, Hohe Tatra. Spaziergang zu Aussichtsterrasse im Wald. Blick auf's Lichtermeer von Danzig bis Neufahrwasser.

1. August. Fahren mit Bus (früher gab es das Tram) nach Ohra, um zu sehen, ob Boenheim's Haus noch existiert. Erfahren von zwei älteren Leuten, daß wir etwa eine Woche zu spät kommen: das Haus wurde gerade abgerissen und die Gegend ist für Neubauten bestimmt. (Der Mann erinnert sich: ja, Dr. B., der war doch Bahnarzt . . .)

Fahrt mit unserer Gastgeberin, die sich frei genommen hat, nach Zuckau, Richtung Kartaus (Kaschubische Schweiz, Grass' Trommler stammt von dort. Meine Schwester, Evchen, verbrachte oft Wochenende in der Gegend). Frau M. lädt uns zuerst zu einem Trunk in schön über einem See gelegenes Jagdhaus ein, bekanntes Absteigequartier für Sekretäre u. andere Kaderleute. Etwas weiter dahinter Restaurant, wo wir gutes Huhn bekommen. Wanderung durch Art Märchenwald zur Quelle der Radaune (unsere Straße lag jenseits der Radaune.) Hier ist Naturschutzgebiet. Über dem Wasser der sprudelnden Bäche fliegen Libellen mit riesigen tiefblauen Flügeln; überall Blaubeeren, an den Wegrändern blaue Lupinen in Fülle. Nach der Lichtung kommen wir an Ferienkolonie vorbei mit Kindern aus Betrieb in Breslau . . . Ein Bub hält Wache am Tor. Antreten einer Gruppe Kinder vor Leiterin.

Zurückgekehrt am Bus-Bahnhof dränge ich nochmal nach dem »Schwarzen Meer«. Frau M. setzt uns in ein Taxi und erklärt dem Chauffeur, wir wollten vom Bischofsberg aus (alter Stadtwall) dorthin gelangen. Chauffeur macht Einwendungen, man käme nicht heran, da sei Polizeischule, schließlich fährt er doch los. Von der Anhöhe aus ist wiederum das »Schwarze Meer« nicht ausfindig zu machen, sieht aus wie verwahrlostes Baugelände. Aber der Blick auf die unten jenseits der Radaune liegende Stadt ist schön, fast wie ehedem.

Kommen gerade nach Hause, wie Sohn von Frau K. (Boenheims alte Haushaltshilfe) uns zur Mutter zum Essen abholt. Auch Frau K.'s alte Schwester ist dabei. Ihr Mann ist aus der Gefangenschaft in England gar nicht heimgekommen, hat dort neue Familie gegründet. Sie tröstet sich mit ihrem Schrebergarten, wo sie Rosen, Nelken, Gladiolen zieht (großer Strauß im Zimmer). Schrebergärten spielen eine große Rolle: die Hafenarbeiter hätten es mit Hilfe eines tüchtigen Journalisten durchgesetzt, daß auf Abriß wegen Neubauten verzichtet wurde.

Großes Christusbild mir gegenüber versetzt mich in alte Zeiten, so sah es bei meinem Spielkamerad Georg in der Wohnstube aus. Man spricht über Trunksucht, auch wir haben schon Betrunkene angetroffen. Hier hat sich gegenüber früher wohl wenig geändert. Frau M. zeigt uns auf dem Weg vom Bahnhof nicht weit vom Karrenwall die Spuren der Schießereien von 1970 unter Gomulka. Hier waren Arbeiter, die für Lohnerhöhung demonstrierten, von Polizisten erschossen worden. Gomulka wurde abgesetzt, es kam Giereck.

2. August. Abreise. Frau M's Mann war plötzlich aus den Ferien (Masurische Seen) zurückgekehrt, hatte erfahren, daß seine Tochter aus 1. Ehe tödlich verunfallt ist. Frau M. hilft uns beim Bestellen des Taxis. Sie reist ihrem Mann nach, der schon zur Beerdigung abgefahren ist.

Abreise per Ferry-boat – geht zweimal wöchentlich – nach Helsinki. Wieder haben wir bei der Ausfahrt aus dem Hafen das Denkmal der Westerplatte vor Augen. Gerade bezieht eine Marineabteilung kurz Stellung, verschwindet hinter dem Hang, andere pilgern nach oben.

Auf dem Schiff Gespräch mit zwei finnischen Studenten, Geometern, die in Südpolen (Austauschaktion) ein Praktikum absolviert haben: beide kehren sehr befriedigt zurück, Polen seien sehr nett gewesen, und man arbeite nicht so viel wie in Finnland. –

Warum wollte ich Danzig wiedersehen? Vor allem wegen der Landschaft. Die ist geblieben. Noch ist der Autoverkehr bei sehr guter Organisation der öffentlichen Verkehrsmittel so mäßig, daß er die Landschaft nicht verdorben hat: Wälder, Seen, »Berge« (Baltischer Höhenzug) . . . Alles ist eine Nuance heller als in der Schweiz, noch deutlicher dann in Finnland und Schweden, den nächsten Etappen unserer Reise.

Als Frau M.'s Bekannte mich fragte »Und wie gefällt Ihnen Polen?«, durchzuckte mich ein Gefühl des Mißbehagens: Wieso Polen? Gewiß, ich gönne den Polen nach allem, was geschehen ist, ihr »Gdańsk«, für mich aber ist es »die Freie Stadt Danzig.« – Heimat als Ort, als Landschaft und als Raum der Erinnerung. Mir fehlt jedoch in ihr der Strom des Lebens zwischen dem Damals und Heute, es ist fast wie eins jener hübschen Stammbilder, die wir einander in unsere Poesiealben klebten. Eine zweite Reise nach Gdańsk? Wohl kaum.

Die geistige Heimat dagegen, die trägt man auch über die Alpen, und die Landsleute sind weder an Raum noch an Zeit gebunden. Hier ist nun meine Heimat, und sie erstreckt sich von den persönlichen Quellen der Kindheit über das Heute zu den Verästelungen der Zukunft, an der ich in meinem Lebensgefühl bis ans Ende der Zeiten teilhaben werde, als Kind dieser Erde.

Thomas Omansen

# Gdańsk · Danzig · Gdańsk: Rückblicke

Die Geschichte ist ihren Weg gegangen. Abschied, Tod, Erinnerung für die einen. Hoffnung, Aufbau, neue Heimat für die anderen. Heimatort Danzig. Heimatort Gdańsk. Dazwischen der von Hitler entfesselte Krieg, dessen Opfer am Ende mehr als 50 Millionen Menschen sind, allein 6 Millionen Polen. »Rundherum Ruinen und Ruinen . . . Nil desperandum. Nicht verzweifeln. Es ist vorbei. Es gab einmal ein Danzig, und es wird für alle Zeiten Gdańsk bleiben. Jetzt bauen wir es auf, wir bringen es in Ordnung, wir geben ihm neue Gestalt.« Es ist der 2. April 1945, als der Korrespondent der Polnischen Nachrichtenagentur dies schreibt. Auf der Galerie der Artushof-Fassade im Herzen der alten, zerschlagenen, unter Bomben und Artilleriegranaten zerborstenen, in Bränden und Feuermeer zerglühten Stadt weht die Weiß-Rote Fahne. Polnische Soldaten hatten sie am 28. März gehißt, als sie mit sowjetischen Panzerspitzen bis zum Langen Markt vorgedrungen waren.

Der Krieg war nach dorthin zurückgekehrt, von wo, wie es in einer polnischen Darstellung nach dem Inferno heißt, »Fluten von Blut und Feuer sich über die Welt ergossen haben«.

Danzig, 1. September 1939, 4.45 Uhr. Mit der Feuersalve des deutschen Schulschiffs »Schleswig-Holstein« auf das befestigte polnische Munitionsdepot auf der Westerplatte und dem gleichzeitigen überfallartigen Vormarsch entlang der ganzen Grenze des Reichs zu Polen begann der Zweite Weltkrieg, ohne Kriegserklärung. Offiziell war das alte Linienschiff aus Kaisers Zeiten zu einem Freundschaftsbesuch in den Hafen der Freien Stadt Danzig eingelaufen. »Ich habe einen furchtbaren Auftrag, den ich vor meinem Gewissen nicht verantworten kann«, soll der Kommandant Carl. J. Burckhardt anvertraut haben, dem letzten Hohen Kommissar des Völkerbundes für die Freie Stadt Danzig.

## Bürgerin der Freien Stadt

»Immer wenn ich früher«, erinnert sich Gertrud Dworetzki, Tochter des Getreidehändlers aus der Hundegasse, »als Deutsche angesprochen wurde, verbesserte ich pedantisch: ich bin Danzigerin, Bürgerin der Freien Stadt Danzig mit eigenem Paß, eigenem Wappen (Wahlspruch: Nec temere – nec

timide = weder tollkühn, noch furchtsam), eigenem Geld, eigenen Briefmarken. Nicht erst in der Zeit, als es peinlich war, im Ausland als Deutsche zu gelten, auch schon in der Weimarer Republik hielt ich etwas auf
meine Zugehörigkeit zum Freistaat.

Auf dieser prekären Staatsbürgerschaft – sie dauerte alles in allem, nicht
nur für mich, 19 Jahre (1920–1939) – bestand ich . . .«

Als sie zwanzig war, Gertrud Dworetzki, 1932, ist im ›Großen Her-
der‹-Lexikon zu lesen: »*Danzig.* Souveräner Staat (Freie Stadt) unter dem
Protektorat des Völkerbunds, an der Danziger Bucht zwischen dem Polni-
schen Korridor und Ostpreußen, eine Neuschöpfung des Versailler Ver-
trags; umfaßt das Mündungsgebiet der Weichsel, den größten Teil der
Flußgebiete von Nogat, Mottlau und Radaune und den westlichen Teil der
Frischen Nehrung; im Westen bilden die bis zu 280 m hohen, bewaldeten
Ausläufer der seenreichen Moränenzüge des Baltischen Schilds eine schöne
Hügellandschaft mit Wasserkraftwerken (Pommersche Seenplatte); im
Osten liegen die Niederungsgebiete des Weichsel- und Nogatdeltas (das
Danziger Werder und ein Teil des Marienburger Werders), eine fruchtbare,
von den zahlreichen kanalisierten Mündungsarmen der Nogat und Weich-
sel durchflossene, großartige Entwässerungsanlagen aufweisende Marsch-
landschaft mit Viehzucht (Weide) und zurückgehendem Ackerbau.

Der größte Teil der Bevölkerung (55 %) wohnt in der alten Handelsstadt
Danzig und lebt von Handel, Verkehr und Industrie (Torf, Bernstein). Ne-
ben Danzig sind von Bedeutung: Zoppot (Seebad), Oliva (Kurort), Ohra,
Tiegenhof und Neuteich . . .

Von den 407 517 Einwohnern sind 97 % Deutsche und nur 2 % Polen.«

Und der Große Herder von 1932 fährt fort: »Die Haupt- und Hafenstadt
Danzig liegt 6 km von der Danziger Bucht, am Ostfuß eines waldigen Hü-
gelzugs, an der Stelle, wo die Mottlau in die Tote Weichsel führt.«

Weiter weiß das Lexikon zu berichten: »Das altehrwürdige Stadtbild mit
seinen giebelreichen Backsteinbauten aus der Blütezeit der Gotik und Renaissance und alten Toren wird beherrscht vom wuchtigen, burgartigen
Turm von St. Marien, der mit dem Krantor an der Mottlau (Ordensbau
von 1444; noch heute benutzt) ein Wahrzeichen der alten See- und Handelsstadt Danzig ist. Charakteristisch sind die altanartigen Vorbauten der
alten Bürgerhäuser (Beischlag), die mit eisernen oder Steinmetzgittern nach
der Straße abschließen.«

## Laßt uns Frieden halten, jederzeit

Heimatort Freie Stadt Danzig. Schöne Welt. Heile Welt?

Józef Beck, Polens Außenminister von 1932 bis 1939, später in seinem

›Dernier rapport‹: »Das Statut der Freien Stadt Danzig war zweifellos die bizarrste und komplizierteste Schöpfung des Versailler Vertrages.« Woodrow Wilson, Präsident der Vereinigten Staaten, hatte im Januar des letzten Kriegsjahres 1918, zehn Monate vor dem Zusammenbruch des kaiserlichen Deutschland, in seinen »Vierzehn Punkten«, Grundsätze für eine Friedensordnung, auch die Errichtung eines unabhängigen polnischen Staates unter Einschluß aller Gebiete mit unzweifelhaft polnischer Bevölkerung und mit freiem Zugang zur See gefordert. Vorschläge bei den Friedensverhandlungen sahen die bedingungslose Abtretung Danzigs an Polen vor. Aber David Lloyd George, englischer Premierminister, erklärte, wie C. J. Burckhardt in seinen Erinnerungen ›Meine Danziger Mission‹ wiedergibt, es handle sich um rein deutsches Gebiet. »Der Begriff ›rein deutsches‹ Gebiet«, fährt der Schweizer Burckhardt fort, »wurde von den Polen mit ethnischen und mit überzeugend wirkenden historischen Argumenten bestritten. Die deutsche Delegation in Versailles dagegen erklärte, ... die deutsche Regierung sehe sich gezwungen, die geplante nationale Vergewaltigung Danzigs abzulehnen und und sie müsse die klare Forderung stellen, Danzig und seine Umgebung beim Deutschen Reich zu belassen.

Vor dieses Problem gestellt, schritt man zu einer Kompromißlösung: man erfand die Freie Stadt Danzig, die nicht frei, sondern in jeder Beziehung bedingt, wohl eines der kompliziertesten Gebilde darstellte, das jemals dem theoretischen Denken improvisierender Völkerrechtler entsprungen ist. Ein Miniaturstaat wurde ins Leben gerufen, der, ohne wirkliche Unabhängigkeit, nur über sehr bedingte Souveränitätsrechte verfügte; ein wesentlicher Teil dieser Rechte wurde an Polen abgetreten«.

»Bei dem ganzen Vorgang«, schreibt Burckhardt, »scheint man damals vergessen zu haben, daß es eine Danziger Bevölkerung gab (bestehend aus 96% Deutschen und nur 4% Polen), über welche man, entgegen allen Grundsätzen, einfach verfügte.«

Aus der Distanz von Jahrzehnten formuliert 1971 der polnische Historiker Bohdan Szermer: »Der Versailler Vertrag und die auf seiner Grundlage geschlossene Pariser Konvention vom 9. November 1920 garantierten Polen viele Sonderrechte politischer und wirtschaftlicher Natur. Die Freie Stadt wurde in das polnische Zollgebiet eingegliedert, ihre außenpolitische Vertretung und Verteidigung gegen eine eventuelle Aggression wurde Polen übertragen.« Dennoch aber, so mußte es Polen damals und heute sehen, und so heißt es weiter in dem Werk ›Gdańsk – Vergangenheit und Gegenwart‹ von 1971: »Die Schaffung der Freien Stadt war nur eine halbe Lösung. Trotz der zuerkannten Rechte sicherte sie Polen nicht den vollauf freien Zugang zum Meer.« Gemeint ist ein eigener Hafen unter alleiniger polnischer Souveränität, wie er alsbald mit Gdingen aus Meer, Sand und Sumpf als Antipode Danzigs heranwuchs.

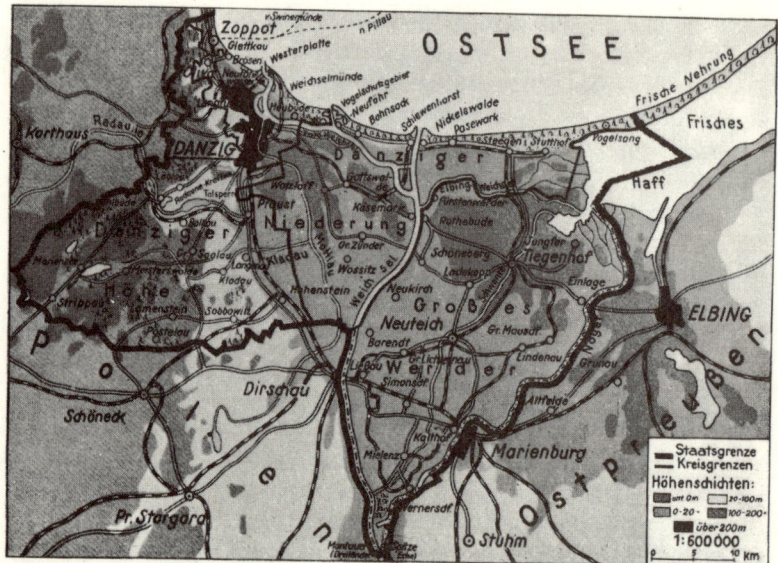

38    15. November 1920: Die Stadt Danzig und das sie umgebende Gebiet mit dem
heutigen Tage Freie Stadt. Ein Staat auf 1892 qkm.

39    Um die Osterzeit des Jahres 997. Zu Schiff war Adalbert von Prag stromabwärts
in das Gebiet der Weichselmündung zur »urbs Gyddanyzc« gelangt. Zeichnung des
Erzreliefs am Portal des Doms zu Gnesen.

Was immer in den kommenden Jahren geschah: es war als ein Weg friedlichen Ausgleichs gedacht, was am Nachmittag des 15. November 1920, es war ein Montag, im Landeshaus auf Neugarten, dem Tagungsort der Verfassunggebenden Versammlung, vollzogen wurde. In Anwesenheit des gesamten diplomatischen Korps mahnte der englische Oberstleutnant E. L. Strutt, stellvertretender Militärbefehlshaber der nach Danzig entsandten alliierten Truppen und Vertreter des ersten Hohen Kommissars des Völkerbundes: »Laßt uns Frieden halten, jederzeit, sowohl innerhalb wie außerhalb dieses Hauses. Die Welt braucht Frieden. Mögen Danzig und Polen dem östlichen Europa darin ein Vorbild sein. Beide Völker mögen glücklich und zufrieden nebeneinander leben, wachsen und gedeihen, durch gegenseitiges Vertrauen und Freundschaft bei gegenseitiger Unterstützung. Hiermit erkläre ich feierlichst die Stadt Danzig und das sie umgebende Gebiet mit dem heutigen Tage zur Freien Stadt.«

## Gyddanyzc: Als der heilige Adalbert dort taufte

Danzig, Gdańsk: zwei Namen derselben ehrwürdig-alten Stadt im Osten Europas; das Gedanum, Dantiscum alter Karten und Dokumente; noch früher die »urbs Gyddanyzc«, Sitz des pommerellischen Fürsten von Danzig im Osten seines großen Herrschaftsgebiets, als Bischof Adalbert von Prag um die Osterzeit des Jahres 997 dort taufte. Zu Schiff war er stromabwärts in das Gebiet der Weichselmündung gelangt. Zu Schiff – die Wasser des Frischen Haffs spülten damals noch bis dicht an das Gebiet der späteren Stadt – brach er von dort in das Samland auf, um den heidnischen Prußen das Evangelium zu verkünden. Kurz zuvor hatte der Danziger Fürst am Hof des christlichen polnischen Herzogs zu Gniezno, Gnesen, von Adalbert die Taufe empfangen. Und Bolesław I. Chrobry, der nachmalige König von Polen, der von Gnesen aus weite Teile des Raumes zwischen Weichsel, Warthe und Oder bis nördlich hin zur Netze regierte, zeitweilig auch über ganz Pommern, das Gebiet der Pomoranen, unterstützte die Mission des böhmischen Gottesmannes.

Seit jeher war das Mündungsland der Weichsel Einfallstor von der See auf dem Weg landeinwärts zum Süden und Pforte vom Süden nach Norden; bewohnt seit 3000 Jahren, besiedelt, besetzt, durchzogen, umkämpft, Schauplatz von Handel, Völkerbewegungen, Zuwanderungen, Abwanderungen und Mischungen. Aus dem Gebiet der »Gutones« kam schon zur Römerzeit der begehrte Bernstein: von der Nordküste des Samlandes beim Venedicus Sinus, wie Claudius Ptolemäus, der berühmte Geograph des Altertums in Alexandria, die Danziger Bucht nennt. Von hier, vom Mare Suebicum, der Ostsee, hatte die »Bernsteinstraße« nach Süden weichselaufwärts, zur Donau hin und von dort zu den antiken Verarbeitungsstätten am Po oder nach Griechenland geführt.

Pomeranen, Meeranwohner, so hieß das Volk aus der westslawischen Völkerfamilie, das seit der Völkerwanderungszeit zwischen unterer Weichsel und Oder im pommerschen Land lebte, regiert von der »urbs Gyddanyzc« aus, als das Christentum in seine Geschichte trat.

Von den Aestii, den gefürchteten Nachbarn im Osten, wußte schon Tacitus zur Römerzeit zu berichten: An den Küsten des Bernsteins, östlich der Weichsel am Frischen und Kurischen Haff bis zur Memelmündung und tief bis ins Binnenland der dichten Wälder hausten die Prußen, Pruzzen: baltische Stämme von Ackerbauern, Viehzüchtern, Fischern und Jägern, unerschrockene Krieger. Zu ihnen, die ihren Geistern des Waldes, Feldes und Wassers und den Hausgeistern religiöse Verehrung darbrachten, wollte der Botschafter Christi, wohl auch begleitet von ›politischen‹ Ambitionen des christlichen Polen-Herzogs.

»Adalbert«, heißt es in dessen Lebensbeschreibung, im Jahre seiner Heiligsprechung in Rom verfaßt, zwei Jahre nach dem Märtyrertod des Missionars am 23. April 997 am Frischen Haff, »suchte zuerst die ›urbs Gyddanyzc‹ auf, welche die Küste des Meeres berührte und von diesem die weiten Gebiete des Herzogs abtrennte. Da Gottes Barmherzigkeit seine Ankunft segnete, wurden dort große Scharen von Menschen getauft.«

Auf jene Zeit etwa datieren polnische Archäologen die nach dem zweiten Weltkrieg ausgegrabenen Reste der mächtigen Wehrsiedlung auf einer sumpfigen Insel zwischen den Flußarmen der Mottlau und dem damaligen Strombett der Weichsel mit ihrem Hafen: dort wo uralte Handelsstraßen in Nord/Süd- und West/Ost-Richtung einander trafen. Danzig damals, um die Wende vom 10. zum 11. Jahrhundert, Ort einer weitreichenden einheimischen Fürstenherrschaft in slawisch besiedeltem Land, Kreuzungspunkt ausgedehnten Handelsverkehrs, auch vom Westen her, wie Münzfunde bekunden.

Niemand hat bislang die Geschichte und Vorgeschichte des Jahrtausends an der Weichselmündung seit der Ankunft des heiligen Adalbert so schreiben können, daß alle, vor allem Deutsche und Polen gemeinsam, sie zu akzeptieren vermochten. Aber kommenden Jahren und Jahrzehnten, nicht erst kommenden Generationen sollte es, hoffentlich, gelingen.

## Geschichte auf polnisch, Geschichte auf deutsch

Ein heutiger deutschsprachiger ›Führer durch die Dreistadt‹ Gdańsk – Sopot – Gdynia von Lech Krzyżanowski, erschienen in Warschau, faßt den Weg der Stadt an der Weichsel durch die Jahrhunderte aus polnischer Sicht wie folgt zusammen: »Im Laufe seiner nahezu 1000jährigen Geschichte, beginnend mit dem ersten historischen Vermerk aus dem Jahre 997, war Gdańsk 146 Jahre unter Herrschaft des Deutschen Ritterordens, 140 Jahre unter preußischer Annektion, 26 Jahre (zweimal) war Gdańsk eine Freie Stadt und 6 Jahre war es dem Dritten Reich einverleibt. Die restlichen – rund 650 Jahre – befand sich Gdańsk innerhalb der Grenzen des polnischen Staates.«

Im dritten Band des letzten noch zur Zeit der Weimarer Republik bis zum Buchstaben Z gediehenen großen enzyklopädischen Nachschlagewerks, Meyers Lexikon, 7. Auflage, 1925 in Leipzig erschienen, wird aus deutscher Perspektive Danzigs Geschichte so dargestellt: »D., uralter Handelsplatz, 997 zuerst erwähnt als der Ort, wo Adalbert von Prag das Christentum predigte, 1148 urkundlich genannt, war Hauptort des Herzogtums Pommerellen. Die deutsche Stadt bestand schon 1224, kam 1309 an den Deutschen Orden und war Sitz eines Komturs. Diese ›Rechtstadt‹ erhielt 1343 kulmisches Recht; neben ihr entwickelte sich die ›Altstadt‹ und die ›Jungstadt‹ (1380). Seitdem hatte D., Mitglied der Hanse (1361), die Führung unter den preußischen Handelsstädten, aber aus dem Handelsgegensatz entsprang eine politische Feindschaft zum Orden (1410 ließ der Hochmeister mehrere Ratsherren hinrichten), und 1454 schloß sich D. an Polen an, erhielt große Freiheiten und Landbesitz, zog Polens Ausfuhrhandel allein an sich und blühte rasch auf. Die Reformation verbreitete sich 1557 allgemein. Gegen Stephan Báthory behauptete D. 1577 seine Freiheit. Die Schweden, die D. 1656 belagerten, vertrieb eine holländische Flotte, und die Holländer vereinbarten mit dem Großen Kurfürsten Danzigs Neutralität. 1734 von Russen und Sachsen belagert, wurde D. eingenommen, blieb bei der ersten Teilung Polens diesem, erlitt aber, von preußischem Gebiet eingeschlossen, Handelsnachteile und wurde 1793 preußisch. Unter einem französischen Gouverneur 1807–1814 dem Namen nach ›Freie Stadt‹, fiel D., nach elfmonatiger Belagerung eingenommen, 13. Februar 1814 wieder an Preußen. Es war 1816–1823 und 1878–1919 Hauptstadt der Provinz Westpreußen und nahm seit 1863 gewaltigen Aufschwung. Durch die Artikel 100–108 des Vertrages von Versailles mußte das Deutsche Reich zugunsten der alliierten und assoziierten Hauptmächte auf alle Rechte und Ansprüche auf das Gebiet von Danzig verzichten.«

Danzig, Gdańsk: auch in der Zeit des Freistaates, 1920–1939, gedieh nicht selten historische Darstellung zum Eifertertum, wurde in politischen Anspruch, nationale Überheblichkeit und Haß umgemünzt. Das galt schon den Anfängen kultureller Entwicklung an der unteren Weichsel vor 3000 Jahren bis hin zur Völkerwanderungszeit. Das meinte die Priorität und Bedeutung slawischer oder germanischer Besiedlung, galt Slawen, Ostgermanen, Prußen, Goten, Gepiden, den slawischen Wenden, Wikingern,

Polen und Pomeranen. Das lautete kontrovers vollends über das Werden der Stadt, die Ordenszeit und die Jahrhunderte danach. Über die tendenziösen Absichten und die kaum zu verstehenden Spitzfindigkeiten solcher Debatten urteilt Jahrzehnte später, 1973, der amerikanische Historiker Herbert S. Levine: »Deutsche Wissenschaftler und Publizisten bestanden darauf, daß das einzige politische Band, das Danzig und Polen zwischen 1554 und der preußischen Annektion von 1793 verband, die Union unter der Polnischen Krone gewesen sei, die weitgehend formal und wirkungslos blieb. Andererseits haben polnische Historiker Danzig als ein halbautonomes Schutzgebiet (dependency) von Polen behandelt.«

Vielleicht, hoffentlich sind die Auseinandersetzungen darüber, wie deutsch oder wie polnisch die Stadt an der Ostsee einst gewesen sein mag, bald nur noch ebenso historisch zu werten wie das wechselhafte Geschick der Menschen, Länder und Nationen am Rhein.

Kaum besser als am Beispiel Danzigs ließe sich dartun, daß Polen und Deutsche die geschichtliche Wegstrecke vieler Jahrhunderte keineswegs nur, nicht einmal überwiegend in Widerstreit und Feindseligkeit gingen. Es ist an der Zeit, auch die Geschichte der Gemeinsamkeiten, der Nachbarschaft, vieler Verwandtschaften sogar zu sehen, zu schreiben und zu bekennen. Nach Krieg, Völkermord, Flucht und Vertreibung haben sich Ansätze zu solchem Denken in europäischem Geist und politischer Einsicht neu geregt. Auch das Buch von Gertrud Dworetzki lenkt die Aufmerksamkeit darauf.


## 1000 gemeinsame Jahre

Es gibt diese Gemeinsamkeiten seit dem Wirken des Vojtěch, Apostel der Preußen. Er war Sohn des böhmischen Fürsten Slawnik und der Adilburg aus der Verwandtschaft des sächsischen Königs Heinrich I. Auf der Domschule zu Magdeburg ausgebildet, in Prag zum Priester geweiht, nach dem Tod des ersten Bischofs von Prag zu dessen Nachfolger im Hirtenamt ausgerufen, glaubte sich Adalbert, so nannte er sich seit seiner Firmung, an Mißerfolgen und Schwierigkeiten seiner riesigen Diözese gescheitert, die sich über Böhmen, Schlesien und das südliche Polen hinaus erstreckte. Entmutigt, Benediktiner-Mönch im griechischen Kloster auf dem Aventin in Rom, dann wieder für nur kurze Zeit auf dem Bischofsstuhl von Prag, gründete er dort die Abtei Brevno: fortan ein geistig-religiöses Zentrum christlicher Ideen und Mission nach Böhmen, Mähren, Ungarn, Polen und Rußland hinein. 994–995 missionierte er in Ungarn. Wieder in seinem Kloster-Refugium, erlebte er im Mai 996 tief beeindruckt die Krönung des deutschen Königs Otto III., sechzehn Jahre alt, zum Römischen Kaiser, ge-

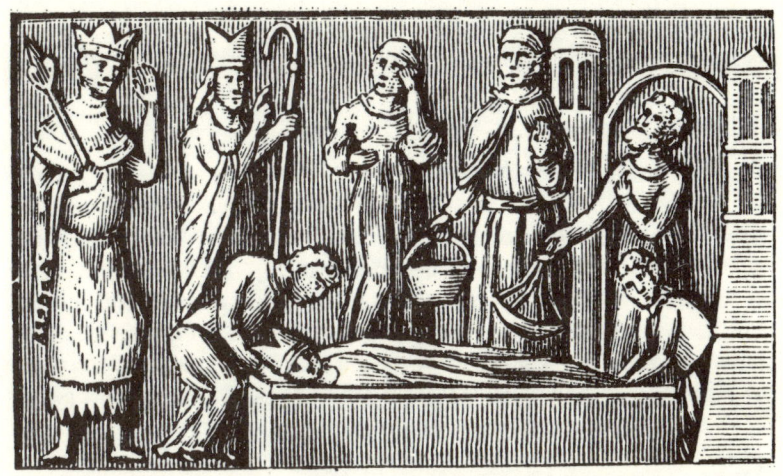

40  *Grablegung des heiligen Adalbert, Vojtěch, Apostel der Preußen. Er taufte im Gebiet der Weichselmündung und zog von dort in das Land der Pruzzen, wo er den Märtyrertod erlitt. Seine 999 in Rom geschriebene Heiligen-Vita benennt zum ersten Mal den Namen der künftigen Stadt.*

wann dessen Freundschaft, folgte ihm nach Mainz, und begeisterte ihn für seine urchristlich-asketischen Ideale und für die Glaubensausbreitung im Osten.

Vor einem Menschenalter war dort mit Mieszko I. aus der Dynastie der Piasten, dem ersten Herzog von Polen, ein straff organisierter Staat auf den Schauplatz der europäischen Geschichte getreten. Polens 1000jährige Geschichte als Staat ist von Anfang an mit einem Jahrtausend seiner Glaubens- und Kirchengeschichte verbunden. Mit einer böhmischen Prinzessin christlichen Glaubens verheiratet, hatte der Herzog im Jahre 966 das Christentum nach lateinischem Ritus angenommen, zwei Jahre darauf das Bistum Poznań, Posen, als Missionsbistum gegründet und um 990 sein Land, das seit 963 die Oberhoheit des deutschen Kaiserreiches anerkannte, dem Heiligen Stuhl unterstellt. Mit ihrem Herzog hatten die Großen des Landes und dann bald der Großteil des Volkes das Evangelium und die Taufe von dorther empfangen, wo auch der Weg des Apostels der Preußen begann: aus Böhmen.

Adalberts Tod unter prußischen Hieben und Stichen, nach mehr Mühsal und Rückschlägen als triumphaler Bekehrung, wurde zu einem Fanal des jungen christlichen Abendlandes. Sein Leichnam, so will es eine Legende wissen, wurde für eine Zeitlang beim Ort St. Albrecht bei Praust im Danziger Land bestattet. Den Prußen mit Gold oder Silber aufgewogen, läßt ihn Polens Herzog Bolesław, »der Tapfere« – Sohn und Nachfolger Mieszko I. –, der dem Missionsbischof Unterstützung und Begleitung gewährt hatte, in

179

die Fürstenhauptstadt Gniezno heimführen. 999 proklamiert Silvester II., der erste französische Papst, die Kanonisierung. Als das Jahr 1000 angebrochen ist, das Weltenende, wie viele glauben, ist unter den vielen Wallfahrern zum Grab des Heiligen auch der servus Christi, Knecht Christi, Otto III.

Der andere Freund des Märtyrers, Bolesław, geht ihm entgegen, geleitet ihn feierlich zu der Stätte, wo der Apostel der Preußen verehrt wird. Des deutschen Kaisers großräumige Vision von einem vom Glauben getragenen, von Rom aus regierten erneuerten christlich-römischen Reich bis hin zu den Staaten der polnischen Piasten und der ungarischen Arpaden, vom geistlich-weltlichen Imperium der Germanen, Romanen und Slawen unter Kaiser und Papst, begegnet den Intentionen des Mannes, dessen Ziel ein eigenes christliches Imperium ist, das über die ethnischen Grenzen der polnischen Stämme hinausreicht. Als Otto bei der historischen Begegnung in der polnischen Metropole das Erzbistum Gnesen gründet, ist dies auch ein entscheidender Schritt zur Unabhängigkeit des polnischen Staates. Als sich Bolesław 25 Jahre später zum ersten König Polens krönt, Bolesław I. Chrobry, steht Polens Kirche selbständig neben der deutschen.

Aber damals ist für Begriffe von Nation und Nationalstaat, gleichviel ob polnisch oder deutsch und vollends im Sinn der Moderne, weder Zeit noch Raum. Und über Ansprüchen, Kampf und Ambitionen auf Herrschaft, Macht und Staatwerdung wächst, Fundament und Dach zugleich, das großartige mittelalterliche Gebäude gemeinsamen Glaubens des lateinischen Ritus.

## Als die Zisterzienser-Mönche kommen

Im Namen der heiligen Dreifaltigkeit. So beginnt jene lateinische Urkunde, mit der Sambor I. aus der Danziger Fürstendynastie, Princeps der Pomoranen, viele Jahrzehnte nach Adalberts Tod, 1188, dem Zisterzienser-Orden den Besitz von Oliva und sechs benachbarten Dörfern bestätigt. Der mächtige Regent auf »castro nostro Gdanzc«, der Burg von Danzig, gewährt den Mönchen des Sacer Ordo Cisterciensis das Recht zum Bau von Mühlen, Fischereirechte, eine Landebrücke und eigene Schiffe zu Handelsfahrten. Und er verpflichtet sie, im Notfall an der Wiederherstellung der Burg mitzuwirken.

Sie kamen aus Kolbacz, Kolbatz, der Zisterzienser-Abtei östlich von Stettin in Pommern. Unter dänischem Einfluß, der auf den dauerhaften Besitz der Ostseeküste zielte, 1173 durch den Swantiboriden Wratislaw, Kastellan von Stettin gegründet, war die pommersche Abtei im Jahr darauf vom Kloster Esrom am Esromsee auf Seeland besiedelt worden. Pommern, nach dem Zerfall polnischer Oberhoheit Interessen und Ansprüchen des Königs von Dänemark und Heinrich des Löwen ausgesetzt, formell ab 1181 deutsches Lehen, unterstand damals mit seinem Herzog Bogislaw I. faktisch der Krone von Dänemark. Am Esromsee hatte Bischof Eskil von Lund, ein Freund des Bernhard von Clairvaux, schon 1153/54 Mönche aus Clara vallis, dem Tochterkloster von Cîteaux, angesiedelt.

Seit spätestens jenem Jahre 1188, in dem Kaiser Friedrich Barbarossa auf dem »Hoftag Jesu Christi« in Mainz nach der Rückeroberung Jerusalems durch Sultan Saladin den 3. Kreuzzug ins Heilige Land gelobte, hat das Weichselgebiet an der Ostsee teil an der großen Bewegung, die am Ende des 11. Jahrhunderts von dem benediktinischen Reformkloster Cîteaux nahe dem burgundischen Dijon aufgebrochen war. Mit revolutionärer Kraft hatte sie sich in wenigen Jahren und Jahrzehnten vor allem in Frankreich, England und Deutschland mit zahlreichen Klostergründungen verbreitet: Ausbreitung des Glaubens und missionarische Kolonisation. Bernhard von Clairvaux, der machtvolle Mystiker, war mit seiner Frömmigkeit und Beredsamkeit die große bewegende Kraft seines Ordens und seiner Zeit.

Das herausragende landwirtschaftliche und technische Geschick, ihre Verdienste um die innere Kolonisation machten die Mönche des Sacer Ordo Cisterciensis auch zu gefragten Trägern der Siedlung im Osten.

Das Danziger Gebiet, seit Adalbert langsam christianisiert, war schon seit 1123 dem Bischof von Kujawien unterstellt, der seinen Sitz in Włocławek (Leslau) an der Weichsel hatte, und wurde im 13. Jahrhundert als eigenes Archidiakonat Pommerellen anerkannt. Mit der Stiftung des Klosters Oliva, des ersten pommerellischen Zisterzienser-Klosters, durch Herzog Słubisław, den Vater Sambors, kamen wohl auch deutsche Mönche ins Land. Um 1200 beginnt der Bau der Klosterkirche. Oliva mit dem ersten Preußenbischof Christian ist fortan ein Zentrum der Bemühungen um die Christianisierung der Prußen. Das kriegerische Volk kämpft um seine Eigenständigkeit, auch mit Überfällen auf das Kloster und das Danziger Land.

## Friedlich nebeneinander: die Marktsiedlung der Lübecker Kaufleute

Dort gibt es slawisch-deutsche Gemeinsamkeiten auch seit dem Danziger Samboriden-Fürsten Swantopolk, »Princeps Pomoranorum«. Die Herrschaft des mächtigen Fürsten, der ab 1227 den Titel des Herzogs von Pommerellen führt, dehnte sich von der unteren Weichsel bis zum nordöstlichen Pommern und grenzte im Süden an das Königreich Polen. Er hatte sich gegen den König von Dänemark durchgesetzt, den Eroberer Danzigs für wenige Jahre.

Nachdrücklich fördert Swantopolk den Warenaustausch und die Ansiedlung der deutschen Schiffer und Kaufleute, die seit längerem vom Westen, von den Küsten der Ostsee in das Mündungsgebiet der Weichsel kommen, den Kreuzungspunkt von Binnenhandel, Küstenschiffahrt und bald auch Fernhandel. Lübeck, die alte wendische Siedlung, unter Heinrich dem Löwen 1158 wiedererrichtet, hatte das Erbe des alten Fernhandelszentrums Haithabu an der Schlei übernommen. Kauffahrteischiffe luden Rohstoffe des Ostens und Nordens und brachten Fertigwaren aus dem Westen und Süden. In Visby auf der schwedischen Ostseeinsel Gotland, das bislang den Ostseehandel beherrscht hatte, ließen sich ebenfalls deutsche Kaufleute nieder. Um 1200 war von Gotland aus im russischen Nowgorod am Ilmensee, Mittlerin des Handels zwischen Rußland und den Ostseestädten, eine Handelsniederlassung gegründet worden. Danzig nahm teil an dem immer mehr aufblühenden Güterhandel zwischen Ost und West, Norden und Süden.

Neben der großen Danziger Wallburg, dem Fürstensitz und neben der slawischen Wehrsiedlung und der ausgedehnten Ansiedlung von Fischern und Handwerkern mit eigenem Hafen beginnt, vermutlich in der Gegend des Langen Marktes, eine deutsche Marktsiedlung zu wachsen.

Zu eben jener Zeit, 1227, ruft Herzog Swantopolk auch Dominikaner aus Krakau, dem Sitz des Seniors der polnischen Teilfürsten, ein Jahrhundert später Hauptstadt und Krönungsstadt Polens. Er übereignet den Mönchen des noch jungen Predigerordens, die sich dem kraftvollen Apostolat geweiht haben, die damalige St. Nikolai-Kirche zur Errichtung eines Klosters: Danzigs erste Klostergründung. Damals ist bereits ein bedeutender Teil der heutigen Altstadt, sind Teile der Rechtstadt bewohnt. Zwei der Siedlungsviertel erhielten von jenem Herzog Świętopełk dem Großen (1217–1266) das Stadtrecht, wie Maria und Andrzej Szypowscy in ihrem 1978 in Warschau erschienenen Buch ›Gdańsk‹ darlegen: »Die am Fuße der Burg angelegten früheren Siedlungen wurden später zur Stadt ›civitas‹ mit der Pfarrkirche St. Katharina und der Dominikanerkirche St. Nikolaus; die um die Marienkirche konzentrierte Siedlung mit eigenem Hafen zwischen dem heutigen Grünen Tor und der Breitegasse – diese in den Beginn des 9. Jahrhunderts zurückreichende und später wachsende Siedlung – wurde von Kaufleuten aus Lübeck bewohnt, die von dem Herzog das Privileg erhielten, eine Stadtorganisation nach dem Lübecker Recht zu gründen.«

Seit spätestens der Mitte des 13. Jahrhunderts leben in der Marktsiedlung zahlreiche deutsche Kaufleute. Sie haben eigene Höfe und Lagerspeicher. Es gibt einen Schultheiß, Ratsherren und auch deutsche Geistliche.

Gegen Ende des 13. Jahrhunderts war Gdańsk, wie polnische Forscher betonen, bereits ein großer städtischer Organismus und ein Handels- und Handwerkszentrum mit vermutlich 8000 bis 10000 Einwohnern. Die Handelsbeziehungen reichten nach Flandern, England, Deutschland, Skandinavien, Böhmen, Ungarn, den baltischen Ländern, Rußland und dem Nahen Osten.

»In diesem Jahrhundert«, so der polnische Autor Bohdan Szermer, »begann zwar schon der Zustrom von westeuropäischen Siedlern, vorwiegend Kaufleuten, aber die Bevölkerung war in weitaus überwiegender Mehrheit weiterhin slawisch.« Für die Rechtstadt, die älteste Stadtsiedlung deutscher Kaufleute, vermutet Erich Keyser um das Jahr 1300 etwa 1000 Einwohner: Kaufleute und Handwerker wahrscheinlich von der südlichen Ostseeküste und möglicherweise z. T. auch aus Westfalen. Da Herzog Przemysław von Polen den Bürgern von Danzig 1295 die Einführung des magdeburgischen Stadtrechts anstelle des vorher geltenden Lübischen gestattet, hält Keyser für die Wende vom 13. zum 14. Jahrhundert auch die Einwanderung vornehmlich aus Mitteldeutschland, von Elbe und Saale her, für wahrscheinlich.

Friedlich leben sie im Umkreis des herzöglichen Castrums und der Civitas Gedanensis nebeneinander, miteinander: die Pomerani, die Pruteni und die burgenses Theutonici, von denen Danzigs Herzog Mestwin II. im Jahre 1271 spricht. Pomeranen, Prußen und deutsche Bürger. Als der große Herzog Swantopolk 1266 starb und feierlich zur Katharinenkirche und dann zur Begräbnisstätte im Kloster zu Oliva geleitet wurde, hatten sie gemeinsam gebetet und geweint: »Slavi, Theutonici flent, fletus ubique videtur«, so berichten die Olivaer Zisterziensermönche noch drei Jahrhunderte später aufgrund alter Überlieferung.

## Der 14. November 1308

Die strategisch und handelspolitisch günstige Lage war auch für Prußen, für die Brandenburger Markgrafen, für Polens Fürsten und die Ritter des deutschen Ordens verlockend. Die Kämpfe und Auseinandersetzungen um den Besitz von ›Pomorze Gdańskie‹, so die polnische Bezeichnung, und Erbfolge-Händel nach dem Tod des letzten Samboriden, der 1294 im Kloster Oliva, der Begräbnisstätte des pommerellischen Herzogsgeschlechts, zu Grabe getragen worden war, hatten nicht einmal ein vorläufiges Ende, als Przemyslaw II., bald König von Polen, die Herrschaft über Pommerellen antrat. Seiner kurzen Regierung bis zu seiner Ermordung im Jahre 1296 verdanken Gdańsk und sein Handel wichtige Förderung. Das gilt auch nach dreizehnjährigem Erbfolgekrieg um Pommerellen für Władysław Łokietek, »Ellenlang«, der sich mehrfach in Danzig und Oliva aufhielt und 1306 als König des Vereinigten Königreiches Polen in die Stadt einzog.

Wieder zogen die Brandenburger gegen Pommerellen, besetzten die Stadt und belagerten die Burg. In ihrer Not riefen die polnischen Verteidiger die Ritter des Deutschen Ordens zur Hilfe, die dem König von Polen lehnspflichtig waren. Es kam zum Streit mit den Rettern um die zugesagte Entschädigung. Die Bürgerschaft verweigerte die Auslieferung der polnischen Ritter. Als Landmeister Heinrich Plotzke mit 4000 Mann anrückte und mit der Erstürmung der Stadt drohte, wurden die Tore geöffnet: Es war der 14. November 1308, als sich der Deutsche Orden gewaltsam in die Geschichte der Stadt einschrieb. Die polnischen Ritter, Verteidiger der Burg, wurden als Wegelagerer hingerichtet. Bei der Einverleibung Danzigs in den Ordensstaat, für 146 Jahre, steckte das Ritterheer den Burgflecken wohl teilweise in Brand. Daß die Kreuzritter die Bevölkerung teilweise niedermachten, halten polnische Historiker für erwiesen. Aber auch deutsche Geschichtsdarstellungen räumten ein, daß damals Teile der Bürgerschaft abwanderten. Je nach der Perspektive werden die Vorgänge noch heute als »Heimtücke und Verbrechen« (Szermer) oder als »bewußt gegen den Orden ausgestreute Geschichtsfälschung« (Keyser) charakterisiert; und auf den Menschen in jener Stadt lastete damals und künftig die Bürde wechselhaften Geschicks. 1343 mußte Polenkönig Kasimir III. Danzig in einem Vertrag auch förmlich an die Deutschherren abtreten.

## Unter den Kreuzrittern

Die Tragik polnisch-deutscher gemeinsamer Geschichte schreibt sich bis heute in den grellen Kontrasten der Beschreibung und historischen Bewertung der Zeiten, Taten und Untaten der Ritter mit dem schwarzen Kreuz auf weißem Mantel fort. Das gilt auch für ihre Herrschaft über Danzig.

Der Ordo domus Sanctae Mariae Teutonicorum war aus einer Hospitalgenossenschaft hervorgegangen, die Bremer und Lübecker Bürger 1190 zur Betreuung eines Feldlazaretts auf dem dritten Kreuzzug in Akko im Heiligen Land gegründet hatten. Seit 1198/99 in einen geistlichen Ritterorden nach dem Vorbild der vorwiegend romanischen Templer und Johanniter umgebildet, als Akko als letztes christliches Bollwerk von den Mameluken erobert worden war, residierte der Ordens-Hochmeister in Montfort und dann in Venedig.

In Meyers Großem Taschenlexikon, Mannheim 1981, heißt es unter dem Stichwort Deutscher Orden knapp:

»Unter dem bedeutenden Hochmeister Hermann von Salza (1209–39) war der Grund zum Deutschordensstaat gelegt worden, als Herzog Konrad I. von Masowien dem Deutschen Orden 1225 als Gegenleistung für die Bekämpfung der heidnischen Pruzzen (Preußen) das Culmer Land schenkte ... Durch Vereinigung mit dem Schwertbrüderorden (1237) faßte der

Deutsche Orden auch in Livland Fuß. 1309 erwarb er Pomerellen und Danzig, 1346 Estland, 1398 Gotland, 1402 die Neumark.«

In der Brockhaus Enzyklopädie, Vierter Band, Wiesbaden 1968, hatte eine Passage gelautet:

»Zwischen Preußen und Livland blieb Litauen trotz aller Grenzkämpfe und Bekehrungsversuche unbezwungen. Dagegen gewann der Deutsche Orden 1308 das von Polen und Brandenburg umstrittene Pommerellen mit Danzig, geriet seitdem aber in langwierigen Konflikt mit Polen.«

Maria und Andrzej Szypowscy sprechen, Warschau 1978, in ihrem Buch ›Gdańsk‹ dieses Verdikt aus:

»Der aus deutschen Rittern gebildete Orden siedelte sich auf dem Gebiet Konrad Mazowieckis 1226 an, um ›die Heiden zu bekehren‹ und nahm schnell die Gebiete der preußischen Stämme und gewisse polnische Gebiete ein. Mit Schwert und Fälschungen schuf er bald einen mächtig werdenden Staat von kolonialem Charakter, der durch Ausrottung oder grenzenlose Ausbeute der örtlichen Bevölkerung mit seiner Ausdehnung Pommern und Polen bedrohte.«

Über die Einnahme von Danceke, wie »Danzch« eine der deutschen Schreibweisen schon des 13. Jahrhunderts, berichten die beiden polnischen Autoren:

»1308 eroberte der Deutsche Ritterorden hinterhältig Gdańsk, mordete die ansässigen Einwohner, verbrannte und vernichtete den Großteil der Stadt.«

Welche Wertungen mögen junge Historiker des Jahres 2000 für den Ordensstaat und den Ort haben, der schon bald zur größten Stadt im preußischen Ordensland emporwuchs?


## Der erste stein zu unser lieben Frauwen Kirche

Als im Jahre 1945 neunzig Prozent der alten Rechtstadt vernichtet sind, ist es sechs Jahrhunderte her, seit sie als ›Urbs Principalis‹ vom Komtur des Deutschritterordens 1343 das kulmische Stadtrecht erhielt. 1310 wird die alte Burgsiedlung westlich des Burggrabens abgebrochen. 1312 bestätigt Hochmeister Karl von Trier den auf das Hakelwerk (Osiek) umgesiedelten polnischen Einwohnern, »Hachelwerker vor dem huse«, ihre alten Rechte. Der Bau der Ordensfeste, einer gemauerten Burg am Zusammenfluß von altem Weichselbett und westlichem Flußarm der Mottlau, an eben der Stelle der alten slawischen Wehrsiedlung vor 300 Jahren, dauert Jahrzehnte.

Am Ende dieses 14. Jahrhunderts, Zeit des Übergangs zur Spätgotik überall in Europa, des Aufbruchs zur Frührenaissance in Italien, hat Danzig sein mittelalterliches Stadtgefüge: die Rechtstadt, die Altstadt an der Katha-

rinenkirche und am altstädtischen Rathaus, das Burg-Gebiet, das Hakelwerk, die Neustadt, die Vorstadt, das Terrain der Speicher – die spätere
Speicherinsel –, die alsbald wieder abgerissene Jungstadt: der Altstadt im
Nordosten bis zur Weichsel reichend vorgelagert. Am Rand der Stadt Gär-
ten und erste Grundstücke auf Mattenbuden und Langgarten, auf Neugarten und auf dem Wege zum Hagelsberg.

Seit 1343 beginnen Wehrmauern, Gräben und Wehrtürme die Rechtstadt zu umziehen, Tore mit Zugbrücken zur Sicherung der Landseiten
und später auch Tore zur Mottlau hin. Am Ende jenes 14. Jahrhunderts ist
Danzigs Rechtstadt mit ihren hohen Mauern, damals 9 Toren und 23 Türmen, gesichert wie kaum eine Stadt im Ordensland. Drinnen recken sich
neben den Fachwerkhäusern gemauerte mehrstöckige Häuser auf schmalen
tiefen Parzellen nach oben. Fast alle breiteren Gassen richten sich wie seit
alters her der Lange Markt zur Hafenseite, zur Mottlau hin. Dort, schiffbar
von der Weichsel und der See her, liegt der wichtigste Marktplatz der
Stadt: ihr Hafen. Stolz hatte schon im 13. Jahrhundert die Kogge im Stadt-
siegel die Seestadt der Kauffahrer ausgewiesen.

»Anno 1343 die mitwoch vor mitfasten ward der erste stein geleget zu
Dantzig zu der Stadt mauren und den freytag darnach der erste stein zu unser lieben Frauwen Kirche«, so beschreibt es hundert Jahre später die Chronik des Landes Preußen. Vermutlich an der Stelle einer kleinen von Herzog
Swantopolk gestifteten Kirche, einst auch Aufbahrungsort auf dem Weg zu
seiner Bestattung, wächst in anderthalb Jahrhunderten das größte Gotteshaus des Ostens. In ihrer ersten Gestalt ist die gewaltige Kirche der Back-
steingotik, eine dreischiffige Basilika mit hohem Mittelschiff und niedrigeren Seitenschiffen, in zwei Jahrzehnten vollendet: der westliche Teil der
heutigen Marienkirche mit dem noch niedrigeren Turm. Um 1400 erheben sich Querschiff und Chor. 1425–1427 werden Ostgiebel und Dächer
errichtet, 1485–1502, die Ordenszeit ist längst vorüber, die Gewölbe des
zur Hallenkirche verbreiterten und erhöhten Sakralbaus. Gratia Dei, die
Lange Glocke und Ferial läuten vom 76 m hohen monumentalen Turm einer der größten Kirchen Europas weit über das Land.

Der Artushof, Sitz der Compagny, der Gemeinschaft der Kaufleute,
wird, ein Urbau aus Holz, schon 1350 erstmals genannt. Wie die damals
noch handelsmächtigere Hansestadt Elbing, die Stadt der Deutschordens-
burg und der Lübecker Kaufleute, mit ihrer »societas regis Arthus«, hat
auch Danzig mit seinen Handelsbeziehungen nach England eine Kauf-
mannsvereinigung der ›Juncker‹, die Namen und etliches von dem Geist
der sagenhaften königlichen Tafelrunde selbstbewußt auf den bürgerlichen
Kaufmann überträgt. Für die Verwaltung der Bürger durch einen Rat, wie
ihn die Rechtstadt von Anfang an hatte, besteht seit 1357 das rechtstädtische Rathaus. Aber erst in den Jahren 1379 bis 1380 entstehen die steiner-

nen unteren Geschosse mit dem ersten Dachstuhl; 1465 wird der Turm erhöht, bis 1492 das obere Stockwerk. Die vergoldete Königsstatue des Zygmunt August, vom Meister Dirk Daniels aus der niederländischen Provinz Seeland, krönt seit 1561 den Turmhelm des schlanken Wahrzeichens der Stadt.

Seit Ordenshochmeister Ludolf König der Rechtstadt die Handfeste erteilte, wurde auch das im Norden angrenzende Gelände in die Befestigungslinien einbezogen und bebaut: die Neustadt. Dort hatten schon die von Herzog Swantopolk 1227 gerufenen Krakauer Dominikaner mit dem Bau der ersten Backsteinkirche begonnen, wo sich vermutlich die im 12. Jahrhundert die dem Patron der Segler geweihte St. Nikolaikirche befand, die Pfarrkirche der slawischen Burgsiedlung. 1340–1380 entstand der großartige überkommene Bau mit seinen Gewölben von 1487. Daran grenzte der große Komplex des Klosters der Dominikanermönche. An der Johanniskirche auf dem sumpfigen Boden nahe der Mottlau wurde von der 2. Hälfte des 14. Jahrhunderts bis nahezu zum Ende des 15. Jahrhunderts gebaut. Um 1357 wird das Heiliggeist-Hospital an seine neue Stätte bei der Tobiasgasse verlegt. Drei Jahre später wird der Fischmarkt zum ersten Male genannt.

Vorläufer des Krantores, Einrichtungen zum Heben von Schiffslasten, dürfte es schon seit den sechziger Jahren des 14. Jahrhunderts gegeben haben. Der feste Bau des Krantores, dem Hochmeister mit seiner Nähe zur Ordensburg bedenklich, steht mit seinem Hebewerk für schwere Lasten und Schiffsmasten als stolzes Werkzeug und Symbol der Danziger Handelsmacht seit 1444, zehn Jahre vor der Auflehnung gegen den Orden. Es dürfte schon damals auch wie ein hanseatisches Widerwort der Bürger gegen die Feste des Ordens gewirkt haben.

Zwei neu angelegte Kanäle, alter und neuer Mühlengraben oder Radaune- und Mühlgraben genannt, bestimmten das Wachsen der »Altstadt«. In ihrer Mitte stand die vermutlich schon 1184/85 gestiftete St. Katharinenkirche, die bereits 1263 eine Pfarrgemeinde um sich versammelte. Ab 1326 erhoben sich der heutige gemauerte Chor, der dreischiffige Hallenrumpf und der untere Turmteil, um 1400 die Seitenschiffe des Chors. Am neuen Kanal entstanden in der 2. Hälfte des 14. Jahrhunderts zwei Schleifmühlen, ein Kupferhammer, eine Loh- und Walkmühle für die Gerber und Wollweber. Eine Ölmühle sollte den ganzen Komtureibereich versorgen. Um 1350, gewiß vor 1364, bauten die Ordensherren die große Getreidemühle, ein technisches Wunderwerk, das bis 1945 in Betrieb blieb.

»De rat van der Oldenstat to Danczke« amtierte 1377. In jenen Jahren erhielten die Bewohner das Stadtrecht. Das altstädtische Rathaus, ein Fachwerkbau, wird errichtet. Kurz vor 1400 entstehen Kapelle und Gebäude des Birgittenklosters »zu Lobe und zu Ehren unseres Herrn Jesus Christus und seiner heiligsten Mutter, der Jungfrau Maria, und zur Erinnerung an die heilige Maria Magdalena und die heilige Birgitta«. Die Heilige aus dem schwedischen Upsala, deren Gebeine für kurze Zeit in Danzigs Altstadt bewahrt wurden, war 1391 zur Ehre der Altäre erhoben worden.

Das Gemeinwesen wächst, braucht Platz. Südlich der Rechtstadt die Vorstadt mit ihren Werftanlagen an der Mottlau, auf Lastadie: Schiffbau, Ausrüstung und Ausbesserung, seit dem 15. Jahrhundert auch ausländischer Schiffe, im Jahre 1507 7 Kriegsschiffe für die Lübecker. 1514 werden 18 große Schiffe auf Lastadie, der »Ladestätte« gebaut. Und längst gibt es diesseits und jenseits der Mottlau Speicher, Scheunen und Lagerstätten für den Binnenhandel und den überseeischen Handel mit Getreide, Holz und all den Gütern, die seit dem Beginn des 14. Jahrhunderts Danzig immer mehr zu einer führenden östlichen Kaufmannsmetropole machen.

## Die Stadt der dudeschen Hanse und der Orden

Überall waren den Rittern, Priestern, Brüdern und Knechten des Deutschen Ordens Scharen von städtischen und bäuerlichen Siedlern gefolgt. Danzig hatte seine traditionellen Bindungen nicht nur mit den Städten der Ostsee. Seit den Handelsbeziehungen mit Brügge gibt es Flamen in der Stadt. Seit 1390 hat der Ältermann der englischen Ostseekaufleute seinen Sitz in Danzig. Vollends seit es sich, 1361, der »dudeschen Hanse« angeschlossen hat, dem Handelsbündnis der westfälischen, sächsischen, wendischen und pommerschen Städte, zieht es immer mehr Auswanderungswillige an die Weichselmündung. Am höchsten ist die Zahl der Neubürger in den siebziger Jahren des 14. Jahrhunderts. Nur 53 von 100 Bürgern sind damals Einheimische. Die Zuwanderer kommen aus Vorpommern, Mecklenburg und Holstein, traditionell aus Lübeck, aber auch aus den großen Hansestädten des Westens wie Köln und Dortmund. Und sie kommen auch aus Mitteldeutschland, Niedersachsen, Westfalen und vom Niederrhein. Auch Engländer sind dabei, Skandinavier und Polen.

Um 1380 leben etwa 10000 Einwohner innerhalb der Befestigungen; im Jahre 1416 allein in der Rechtstadt schätzungsweise 15000, vielleicht 20000 mit Altstadt und Jungstadt zusammen. Der polnische Historiker Bohdan Szermer kommentiert dies heute so: »Der damalige große Zustrom von deutschen Siedlern bewirkte erhebliche Veränderungen des nationalen Gefüges, besonders unter den Kaufleuten und wohlhabenderen Schichten.«

Von der Bedeutung der Hansestadt sprechen auch zwei andere Zahlen. Ein Unwetter im Jahre 1351 läßt 60 Schiffe im Danziger Hafen kentern. Und 1392, so wird berichtet, sollen zur gleichen Zeit 300 Schiffe aus England in Danzig Getreide geladen haben. Das wichtige Einfallstor zum weiten Ordensland, Lande- und Stapelplatz für einfließende Güter und Waren, Exporthafen für Bernstein, Bauholz, Leder, Pelze und vor allem Getreide, wuchs zur immer bedeutenderen Stellung unter den Hansestädten und den großen Handelsstädten des Ordensgebietes, Elbing, Kulm, Thorn, Braunsberg und Königsberg. Handelsmacht und Reichtum stärken im immer wieder schwierigen Verhältnis gegenüber dem Orden. Danzig, das Handelsverbindungen zu vielen Ländern Europas unterhält, ist im Ostseeraum auch politisch und mit eigenen Kriegsschiffen aktiv.

Nach der Jahrhundertwende beginnt die Beziehung zur Ordensmacht kritischer zu werden denn je. Sie hat Danzigs Wachstum zum eigenen Nutzen gefördert, sich dann aber mehr und mehr in die handelspolitischen Beziehungen des selbstbewußten Rates und der Kaufleute einzumischen gesucht. Der Orden gerät in zunehmende Feindschaft zu Polen. Am 15. Juli 1410 wird das Ritterheer bei Tannenberg, Grunwald, vernichtend von den Truppen des polnischen Königs Jagello, Wladislaw II., und dessen russisch-tatarischen Hilfstruppen geschlagen. Im Lager vor Marienburg huldigt eine Danziger Delegation unter Bürgermeister Conrad Letzkau dem Sieger. Aber das Blatt wendet sich. Die Stadt unterwirft sich wieder vorbehaltlos dem Orden.

Am 6. April 1411 werden die Bürgermeister Letzkau und Arnold Hecht mit dem Ratsherrn Bartel Groß auf die Danziger Ordensfeste vor den Komtur Heinrich von Plauen zitiert, den Bruder des Ordenshochmeisters. Acht Tage später werden ihre Leichen ausgeliefert. Die Bürgerschaft setzt sie in der Marienkirche bei. Kontributionen, blutiger Aufruhr der Gewerke gegen den Rat der Patrizier, wirtschaftlicher Niedergang, Krieg. Überall wachsende Opposition der preußischen Stände und der Hansestädte gegen den Orden.

Als sich Städte und Ritterschaft des Preußenlandes am 14. März 1440 zu Marienwerder im »Bund der Gewalt« gegen die Ordensherrschaft zusammenfinden, ist Danzig maßgeblich auch bei den nachfolgenden diplomatischen Aktivitäten beteiligt. Anfang Februar 1454 kündigt der Bund dem Hochmeister den Gehorsam. Der Aufstand bricht aus. Am 11. Februar übergibt der Hauskomtur Konrad Petersfelden bei freiem Geleit die Ordensburg dem Rat der Stadt. Die Hochburg der Ordensfeste wird zerstört, abgebrochen. Danzig huldigt Kazimierz Jagiellończyk, dem König von Polen, stellt sich unter die Oberhoheit der polnischen Krone.

Die Ooft Zee.

Wiſtel fluͦ.

Die Oeſt Zee.

GEDANVM, Krantio, in ſua Wandalia Gdanum; vulgo, ſed corruptè, Dantiſcum, Germanicè, Dantzigk, opulentiſſima Pruſſiæ vrbs, ac nobile Mercatorum Emporium. Cuius topographica icone, Clariſſimus vir, ac ſingularis Doctor, viror. Mecœnas, D. Adamus Wachendorff, Hanſeatici Londineſis Emporÿ Secretariͦ prudens, atq; fidelis, dign̄ ampliſſima hac ſua priͣ ciuis, ſua ſumptib. depicta, plurimum ſplendoris ac ornamenti, operi noſtro perbenignè contulit

*41   Gedanum, Gdanum, Dantiscum, Dantzigk: »der berühmte Handelsplatz der Kaufleute«. Die älteste Gesamtansicht vom Maler und Stecher Franz Hogenberg nach einer vermutlich 1573/74 entstandenen Vorlage.*

# Künigliche Herrlichkeit:
## eine der größten und reichsten Hafenstädte Europas

»Opulentißima Prussiae urbs, ac nobile Mercatorum Emporium«. So wird Gedanum, Gdanum, Dantiscum, Dantzigk auf der ältesten Gesamtansicht beschrieben, die der Maler und Stecher Franz Hogenberg nach einer vermutlich 1573/74 entstandenen Vorlage für das große Werk der ›Civitas orbis terrarum‹ schuf: »Die überaus wohlhabende Stadt Preußens, der berühmte Handelsplatz der Kaufleute.« »Dantiscum«, heißt es, »ist eine Herrliche / gewaltige und reiche statt in Preussen von weitläuffiger Schiffart / grossem Gewerb und Kauffhandel / und Gelegenheit deß beylauffenden fluß der Vistel berümpt und namhafft.«

Generationen, einhundertzwanzig Jahre ist es her, »daß sie die Teutschen Herren von sich getriben / unnd sich under den Künig von Polen / biß noch auff heutigen tag / geben hat.« Und der Chronist der siebziger Jahre des sechzehnten Jahrhunderts fährt fort: »Jetz aber ist dise Statt zu solcher gewalt / unnd zu solchem Herrlichen ahnsehen auffgestigen / daß ich nicht glaub einig orth inn der Welt zu sein / da jhr nam nicht kündig sey.«

Eben dieser Lobpreis der Statt Danzick damals wußte auch zu künden: »Weñ man der selbigen Künigliche Herrlichkeit / Borstwehr / Wäll und Mauren / die besondere der Burger / und sonst gemeine Häuser und gebäuw / und die kunst sampt arbeyt / so an denselbigen keins wegs gespart. Item den weiten und gewaltigen Schiffhaffen / mit der grossen ahnzal der Schiff so man allzeit alldo findet / weñ man das wolgeordnete Polytisch und Bürgerlich regiment / sampt der grossen gewalt des Büchsenpulvers / so man allda siehet mit fleiß vberlagt / möcht wol Danzick zu dē siben wundern der Welt gezelet werden.«

Mit reichen Privilegien schon seit König Kazimierz Jagiellończyk ausgestattet und stets um Selbständigkeit und Selbstbehauptung bedacht, war Danzig zur »Königin der Weichsel« herangewachsen. Die Privilegia Casimiriana hatten der Stadt und dem ihr zugehörigen Umland eine Fülle von Rechten gewährt: die geistlichen, weltlichen und militärischen Stadtämter selbst zu besetzen, die eigene Gerichtsbarkeit nach eigenem Gesetzbuch, der Danziger Willkür, die Befreiung von allen Zöllen und Abgaben, das Münzrecht mit des Königs Bildnis, das Recht auf eigene Besatzung und die freie Entscheidung über Bündnisse, Krieg und Frieden. Warschau war der Sitz eines Sekretärs der Stadt. Bei Reichstagen und der polnischen Königswahl hatte sie ihre Stimme. Ein Mitglied des Stadtrats repräsentierte die Oberhoheit des Königs von Polen.

Den gewaltigen Umfang des Handels signalisieren im Jahre 1583 die 2229 Schiffe, die in den Hafen einliefen, und die 2113, die dort die Segel zum Auslaufen setzten. Schon seit der zweiten Hälfte des 16. Jahrhunderts machten die jährlich etwa 1000 Schiffe, die von Danzig aus durch den Sund segelten, die Meerenge zwischen Seeland und der schwedischen Küste, mehr als die Hälfte des Seeverkehrs auf diesem wichtigen Handelsweg aus. Danzig, die »Kornkammer des Nordens«, hatte herausragend und stolz teil am Wirtschaftsgeschehen Europas. Und auch an den großen geistigen, politischen und künstlerischen Strömungen von Renaissance, Humanismus und dann Barock.

Die Lehre Luthers wird vom größeren Teil der Bevölkerung, der Geistlichkeit und von den Hospitälern auch gegen die Ketzerverbote des polnischen Königs überraschend schnell angenommen. Schon 1520 wird in Danzig eine Schrift des Reformators über die zehn Gebote gedruckt. Es ist das Jahr, in dem die päpstliche Bulle 41 Sätze aus Luthers Schrift für ketzerisch erklärt. Im Sommer 1522 predigt der Geistliche Jakob Hegge vor großem Zulauf auf dem Hagelsberg, im September des nächsten Jahres in der Marienkirche. Kurz darauf kommt es zu einem Bildersturm, zu Spaltungen in der Bürgerschaft und zu einem Strafgericht des Königs. Endlich gestattet König Sigismund August auf Drängen des Rates, begleitet von einem Geldgeschenk und Darlehn, die Religionsfreiheit. In allen Kirchen Danzigs wird am 31. Oktober 1577 das Abendmahl zum ersten Mal in beiderlei Gestalt gereicht. Die Klöster stehen trotz vielerlei Druck bis zu ihrer Aufhebung Anfang des 19. Jahrhunderts zum katholischen Glauben.

Danzig wird auch hineingezogen in Wirren und Kriege der Zeit, in das Auf und Ab des Handels, erlebt innere Unruhen und Zwistigkeiten, verweigert 1577 dem polnischen König Stefan Batory die Huldigung, kämpft gegen seine Truppen, leistet hochdotierte Abbitte, hatte Hungersnot, Seuchen und, 1540, den Durchbruch der Weichsel zu überstehen.

Um 1600 ist Danzig mit seinen weiten Handelsbeziehungen bedeutendstes Produktionszentrum für Polen. Mit 50000 Einwohnern, vollends mit den etwa 76000 um das Jahr 1650, verschont von Tod und Brand des Dreißigjährigen Krieges, ist es eine der volkreichsten Städte damals. Mitte des 17. Jahrhunderts werden im Hafen von Gdańsk jährlich etwa 250000 Tonnen Getreide umgeschlagen. Danzig zählte »zu den größten und reichsten Häfen des damaligen Europa. Gdańsk übernahm fast den gesamten Außenhandel Polens . . .« Und Maria und Andrzej Szypowscy fahren in ihrem Buch ›Gdańsk‹ fort, frühere, auch deutsche Forschungen und Geschichtsschreibung zusammenfassend:

»Die wirtschaftliche und kulturelle Blüte sowie der hohe Grad der Toleranz war der Grund dafür, daß nach Gdańsk – sowie nach Polen – Ankömmlinge aus verschiedenen Ländern Europas zogen, das damals von Religionskriegen zerrüttet war und den Weg scharfer Konfessionsverfolgungen beschritt.«

Er kannte damals viele Schreibweisen, der Name der stolzen Stadt an der Ostsee, war Heimat und Wirkungsstätte vieler hervorragender Kaufleute, Baumeister, Künstler, Schriftsteller und Gelehrter. »Wenn man auf das damalige Gdańsk blickt, muß man seinen kulturellen Synkretismus wahrnehmen, wo die Schaffenden nicht nur Polen und Deutsche, sondern auch Holländer, Flamen, Franzosen, Italiener, Skandinavier, Engländer, Schotten . . . und verschiedene andere Nationen waren. ›Unter der polnischen Regierung wurde Gdańsk zur Mehrnationalitätenstadt‹, schreibt der hervorragende polnische Historiker Prof. Gerard Labuda . . .«

Der deutsche Danziger Hans Georg Siegler vermerkte unlängst zu jener Epoche der Internationalität und der kosmopolitischen Einstellung der Stadt und ihrer Bewohner: »Das Verhältnis Danzigs zu Polen gestaltete sich in den über drei Jahrhunderten der Personalunion mit der Krone gelassen und von gegenseitiger Achtung bestimmt.«

## Weltoffen, tolerant und kunstfreudig

Vom Ruhm der »Königlichen und weitberühmbten / zu der Cron Pohlen gehörigen Stadt Dantzigk« kündet auch Jacobus Hoffmanns Stadtprospekt Anno 1635. Dreisprachig, lateinisch, deutsch und polnisch, wird die »See-Stadt« gepriesen, »zu welcher aus der Cron Pohlen über den Weisselstrom allerley Wahren geführet werden: Aus dieser Stadt holen und kauffen andere Nationen / Land- und Herrschaften die Wahren / und verkauffen hergegen jhre«.

Längst umgeben Wälle und Bastionen die Stadt. Sie ist »mit Bollwercken / Graben und Contrascharpen wol versehen / wie auch innerlich mit allerley Gebäwden herrlich gezieret: Denn man findet darinnen schöne vnd grosse Kirchen und Thürme / wie sonderlich am Rahthauß der Rechten Stadt ein Thurm stehet / darauff die Cimbalen stündlich klingen / dabey auch eine schöne vnd grosse Wasserkunst vnd Springbrunn.«

Anno 1635 schaut man vom Bischofsberg her auf das topographisch ausgebreitete Stadtpanorama hinter den Wällen, auf die Straßenzüge mit ihren Dächern und Giebeln und auf jene vielen Kirchen, die mit ihren Türmen wie Wegzeichen zu Gott und zur fern sichtbaren befahrenen See weisen. Und neben der lateinischen Beschreibung für jedermann in Europa sieht man, einträchtig nebeneinander auf deutsch und polnisch, die »Vornehmbsten Gebäwde« benannt: Heilig Leichnambs Thor. Hospital zu S. Elisabeth. Weissen München Kloster. S. Bartholomaei Kirch. AltStädtische Rahthauß. Die grosse Mühle. S. Catharinen Kirche. Graw Nonnen Kloster. Das Hohe Thor. Schwartz München Kloster. Heiligen Geistes Kirche. S. Johannis Kirche. Die Pfarr Kirche. Das Rahthauß. Der Junckernhof. Giebelhauß. Grawen Münch Kloster. S. Peters Kirche. Die Schleusse mit der Mühl. S. Jacobs Kirche.

Über jene stolzeste Zeit der Weichselstadt um und nach 1600 ist in dem polnischen ›Führer durch die Dreistadt‹ heute zu lesen: »Die vielsprachige Bevölkerung trägt zur Entfaltung des Handwerks bei. In Blüte steht der Handel zwischen Gdańsk und den Niederlanden, Frankreich, Spanien und anderen Ländern. Mit Getreide beladene Schiffe nehmen ihren Weg auch nach Italien. Gdańsk erreicht nun den Gipfel seines Wohlstands. Prächtige Bauwerke werden errichtet: Zbrojownia (das Zeughaus), Złota Brama (das Goldene Tor); es erfolgt der Umbau des Rechtstädtischen Rathauses – Ratusz Główny – und des Artushofs – Dwór Artusa. Ihr Aussehen verändern die Straßen: Długi Targ (Langer Markt), ulica Długa (Langgasse). Im Stil des niederländischen Manierismus werden viele Häuser gebaut, hauptsächlich von Baumeistern aus Mechelen, Antwerpen, Gent und anderen niederländischen Städten. Die Schönen Künste, vor allem die Bildhauerei und die Malerei, finden in Gdańsk einen fruchtbaren Nährboden.«

Danzig, Gdańsk: ein fruchtbarer Nährboden für das, was man heute internationale Zusammenarbeit und Koexistenz nennen würde. Eine vornehmlich von Menschen deutscher Herkunft bewohnte Stadt, mitgeprägt von Menschen vieler Länder, zusammenlebend unter der Oberhoheit des Königs von Polen.

Wilhelm von dem Blocke, der Erbauer des Hohen Tores, kam aus Mechelen, der Stadt südlich von Antwerpen; auch Antony van Obbergen, Architekt der Peinkammer, des Altstädtischen Rathauses und des Großen Zeughauses, eines der prächtigsten Bauwerke nordischer Renaissance. Hans Kramer, Schöpfer des Grünen Tores und des Englischen Hauses, stammte aus Dresden. Anton Möller, der Maler des ›Zinsgroschen‹ in der Kämmerei des Rathauses, kam schon früh aus Königsberg nach Danzig. Danziger waren der 1611 geborene berühmte Astronom Johannes Hevelius, der Bildnis- und Tiermaler Daniel Schultz oder der Barockbaumeister Andreas Schlüter und der Physiker Daniel Fahrenheit. Unter den großen Namen sind Jan und Jerzy (Hans und Georg) Strakowski und der in Hamburg geborene Jeremias (Jeremiasz) Falck, der berühmte Kupferstecher, der auch als Polonus und Gedanensis zeichnete, oder der Dichter, Humanist und königliche Diplomat Jan Dantyszek: Johannes Dantiscus, eigentlich Flachsbinder, der sich sowohl zum Polentum als auch zu seiner deutschen Abstammung bekannte. Das Akademische Gymnasium Dantiscum im ehemaligen Franziskanerkloster bietet die Fächer, die an den Universitäten gelehrt werden. Schüler und Studenten kommen, bis in das 17. und 18. Jahrhundert hinein, aus fast allen europäischen Ländern: aus Polen, Dänemark, Finnland, aus Italien, Norwegen, Rumänien und Rußland, aus Schweden, der Schweiz und Ungarn.

Danzig wird zu einem Mittelpunkt der Schlesischen Dichterschule deutscher Barockdichtung. Martin Opitz läßt sich hier 1636 nieder. Hofmann von Hoffmanswaldau und Andreas Gryphius sind Schüler des Danziger Gymnasiums. Danziger Druckereien drucken zahlreiche wissenschaftliche Werke und Handbücher auch in polnischer Sprache. Jan Łaganowski, Lektor für Polnisch am Gymnasium Dantiscum, eröffnet eine Polnische Schule. Die Bibliothek des Stadtrates, deren Grundstock die Sammlungen des schiffbrüchig nach Danzig verschlagenen Bonifacio Marchese d'Oria aus Neapel war, konnte sich seit 1596 eines hervorragenden Bestandes rühmen.

All dies wuchs und geschah in der Freiheit eines selbstsicheren Stadtregiments, das gleichwohl seinen Souverän anerkannte. »Von der Höchsten Obrigkeit der Stadt Dantzig / und also von den Königen in Pohlen« berichtet Reinhold Curicke, Stadt-Secretarius, im Jahre Christi 1645 in seiner berühmten »Beschreibung der Stadt Dantzig«: »Die Stadt Dantzig erkennet zwar ihre schuldige Unterthänigkeit gen den König in Pohlen gar gerne / und mit Freuden: weil sie aber ihre stattliche Rechte und Freyheiten und Privilegia von Alters hero hatt / kan man ja mit Fug diese ihre freywillige Unterthänigkeit mit dem Nahmen der Dienstbahrkeit nicht umbtauffen. Gleicher weise masset sie sich zwar mit Recht ihrer wollerworbenen und von vielen Jahren hero erhaltenen Freyheit an / nimmt sich aber gar nicht Licentz ihres eigenen Gefallens / wider ihr Gebühr und ihren König / in sachen da es sich nicht geziemet zu handeln.«

In diesem Sinne verteidigt Curicke für Danzig den »Titell einer Freyen Stadt« und vergleicht: »Ebener massen giebt es in Deutschland viel Frey-Städte / welche gleichwohl den Keyser für ihren Ober-Herren erkennen / und dahero Frey-Städte heissen / daß sie ausserhalb dem Keyser / keinen anderen geringeren Fürsten und Herren unterworffen seyn; sondern ihre eigenen Rechte und sonderliche Privilegien und Freyheiten / als da seyn: die Freyheit zu müntzen / Gesetze zu stifften; auf den Reichstagen zu stimmen / und dergleichen mehr; für anderen Städten haben. Weil nun eben dieses von Dantzig kan gesagt werden / so sehe ich nicht / warumb man sich an dem Titell einer Freyen Stadt dermassen zu ärgeren habe.«

Was sich zwischen den diplomatischen, aber brisanten Zeilen des Danziger Stadtsecretarius lesen läßt, kann man heute mit den Worten der polnischen Autoren M. und A. Szypowscy so im historischen Kontext begreifen: »Da Gdańsk vom polnisch-litauisch-russischen Hinterland ökonomisch abhängig war, bemühte es sich eifrig, ihre gegenüber anderen polnischen Städten und auch gegenüber dem polnischen Adel und Ankömmlingen aus fremden Städten bevorzugte Stellung beizubehalten – was mehrmals zu scharfen Auseinandersetzungen mit den Königen führte, die ihre Rechte um Gdańsk ausweiten und die unmittelbare Seeherrschaft erreichen wollten.

In den für Polen schwierigsten Zeiten aber (z. B. als die schwedische Armee im 17. Jahrhundert ganz Polen besetzte) blieb Gdańsk den Königen und dem polnischen Königreich treu.«

»Diese Treue«, konstatiert der ›Führer durch die Dreistadt‹, »bezahlt Gdańsk mit großen materiellen Schäden, die nicht nur in der Zerstörung der vorstädtischen Besitztümer und der völligen Lahmlegung des Handels besteht, sondern auch in der Notwendigkeit, städtische Streitkräfte auszurüsten, sowie in der Finanzierung der an Polens Seite kämpfenden Söldnerheere.«

## Das Ende von Danzigs großer Zeit

Im 17. und vollends im 18. Jahrhundert geht im Streit der euopäischen Mächte und Nationen »das Zeitalter eigenmächtiger und eigenwilliger Städtepolitik« auch im Osten, auch für Danzig zu Ende, wie Erich Keyser in der Freistaat-Ära des zwanzigsten Jahrhunderts in seiner Geschichte Danzigs schrieb.

Fast zwei Jahrhunderte hindurch wird zwischen Polen und Schweden, Rußland und Preußen um die Vormachtstellung an der Ostsee und den Besitz des Weichsellandes diplomatisch agiert, gestritten und gekämpft. Gustav II. Adolf, König von Schweden, will unter schwedischer Flagge das Dominum maris baltici verwirklichen, nachdem schon drei Herrscher aus dem schwedischen Hause Wasa den Thron Polens inne hatten. Als 1626 ganz Livland nördlich der Düna erobert ist, landet er am 5. Juli an der ostpreußischen Küste, marschiert auf die Weichsel zu, nimmt Putzig, sperrt den Danziger Hafen. Als Danzig sich dem Schwedenkönig verweigert, die mächtigen Befestigungen von einer Belagerung abschrecken, kommt es zu Handelsblockade und nahezu undurchdringlichen Zollschranken auf See.

Auch nach dem Waffenstillstand von Altmark bei Stuhm auf sechs Jahre, währenddessen Danzigs Handel um den Preis massiver Zölle wieder zu agieren vermag, bleibt die Umgebung von schwedischen und brandenburgischen Truppen besetzt. Danzig sichert sich die Neutralität, rüstet auf, verstärkt und erweitert die Bastionen. In Europa, vorwiegend auf deutschem Boden, wütet der dreißigjährige Krieg. Im Jahre nach der Ermordung Wallensteins in Eger kommt es im Osten zum erneuten Waffenstillstand. Zu Stuhmsdorf verpflichten sich die Schweden am 9. September 1635 zur Räumung Preußens und zum Verzicht auf die Seezölle. Danzig erholt sich von den Kriegslasten und den angewachsenen Schulden.

1655 ist die schwedische Kriegsflotte wieder im Sinus Bautzensis, der Danziger Bucht, in wenigen Monaten stehen die schwedischen Heere vor Krakau. Das Werder wird besetzt. Als eine niederländische Flotte mit däni-

42   *Blick auf die Stadt von der Mottlau. Stich von J. Schuster 1770 nach einer Hand-
zeichnung von Friedrich Lohrmann.*

43   *Pracht und Selbstbewußtsein vergangener Zeiten. So sah J. C. Schultz 1868 die
Pfarramtsstube von St. Barbara im 18. Jahrhundert.*

schen Schiffen die Danziger Bucht frei macht und drei Jahre später die Schweden-Schanzen auf dem Danziger Haupt übergeben werden, kommt es wenig später zur Einstellung der Feindseligkeiten. Die Gesandten von Schweden, Österreich, Polen, Frankreich und Brandenburg schließen im Kloster Oliva am 3. Mai 1660 den Frieden. Schweden zieht sich aus Marienburg und dem Danziger Land zurück. Artikel 15 des Friedensvertrages regelt die Handelsfreiheit Danzigs und der übrigen Städte in Preußen. Brandenburg erhält die Souveränität über Ostpreußen. Polens Handel und Ausfuhr leiden, suchen auch andere Wege als über Danzig. Die große Zeit der Stadt ist vorbei.

Umgeben von den Großmächten Rußland und Habsburg, gezwungen, die Unabhängigkeit Preußens anzuerkennen, im Innern zerrissen und gelähmt, von Schweden erneut bedroht, konnte Polen Danzig keine Hilfe sein. Stärker denn je war Rußland mit nachdrücklichen Ambitionen gen Westen auf den Plan getreten. Als Stanisław I. Leszczyński, 1704 ein erstes Mal unter schwedischem Druck von einer Minderheit des polnischen Adels zum König von Polen gewählt, Schwiegervater Ludwig XV. von Frankreich, im September 1733 nach dem Tod August des Starken mit französischer und schwedischer Unterstützung erneut auf den Thron gelangt, bricht der europäische Krieg um die polnische Thronfolge aus.

Stanisław flieht vor den russischen Truppen nach Danzig. Den russischen und sächsischen Belagerern, 40 000 Mann, ergibt sich die Stadt mit ihren Danziger, schwedischen, polnischen und russischen Verteidigern nach 6 Monaten Belagerung Ende Juni 1734. Sie huldigt dem neuen polnischen König, muß hohe Reparationen an Rußland zahlen und durch eine Delegation bei der Zarin Katharina Vergebung erflehen. 4430 Bomben waren in die Stadt geschleudert worden, so verzeichnen die Chronisten, 1500 Menschen getötet oder verstümmelt; fast 1800 Häuser sind zerstört und, außer Artushof, Rathausturm, Bartholomäi- und St. Jakobskirche, alle öffentlichen Gebäude beschädigt. Kein Menschenalter vorher, 1709, hatte die Pest 24 500 Menschen in Danzig dahingerafft.

## Dieser Schatten von Unabhängigkeit

Polen hatte den Kampf um die Ostseeküste verloren, bald auch den um den eigenen Staat. Es ist Objekt der Politik und Einmischung der Großmächte, Einflußgebiet Rußlands, erlebt anarchische Zustände, Thronwirren und einen Bürgerkrieg. Nachbar Preußen, im siebenjährigen Krieg um Schlesien 1756–1763 fast untergegangen, ist auf dem Weg zur Großmacht.

Danzigs Handel und damit seine wirtschaftliche Situation liegen darnieder.

Als sich Rußland und Preußen mit Österreich im August 1772 über die 1. Teilung Polens einig werden und das Königreich fast 30% seines Gebietes und über ein Drittel seiner Einwohner verliert, ist Danzig, mit seinem Territorium noch Enklave, von preußischem Gebiet umgeben. Vom Hinterland abgeschnitten, von preußischen Truppen eingeschnürt, hat es 21 schwerste Jahre vor sich. Sechzig Jahre später, im Todesjahr Goethes, berichtet das ›Neue Rheinische Conversations-Lexicon‹, herausgegeben »mit Genehmigung einer Königl. Preuß. Censurbehörde«, über jene Zeit der Stadt, »gleichsam vom preuß. Gebiet umschlossen; die Weichsel und das Fahrwasser in preußischer Gewalt; die starken Zölle drückten sie schwer. Handel, Kunstfleiß und Bevölkerung sanken, und der letzte König von Polen erklärte, daß er Danzig seinem Schicksale überlassen müsse.«

Als Wilhelm Cornelius im Jahre 1841 sein Reisebuch ›Wanderungen an der Ostsee‹ vorlegt, erzählt er seinen Lesern davon, wie Danzigs Handel im siebenjährigen Krieg sank und den »Todesstoss 1772 bei der ersten Theilung Polens« erhielt: »Die Stadt verlor Vorstädte und Hafen, und somit ihren ganzen Wohlstand an Preussen, und Friedrich der Grosse wusste nun der Zölle und Chikanen so viele . . .«

Sich freiwillig, wie mehrfach aufgefordert, unterwerfen? Sich arrangieren, die Oberhoheit des Königs von Preußen anerkennen? Von Polen an Rußland verkauft werden? Auf Hilfe von Rußland hoffen? Oder sich verzweifelt an das Hergebrachte klammern, die einst stolze Tradition, das was von ihr noch übriggeblieben war in jenen Zeiten, da seit der Geistesbewegung der Aufklärung und vollends seit dem Sturm auf die Bastille so vieles anders, neu geworden war in Europa.

Vor allem die Kaufleute unter Danzigs Bürgerschaft sahen nur noch in der Vereinigung mit dem machtvoll aufgestiegenen preußischen Staat die Chance, der völligen Verarmung der Stadt zu begegnen. Auch Christian Heinrich Trosiner, der Vater der Johanna Schopenhauer, gehörte zu denen, die schließlich für die preußische Lösung votierten: »Hängt unsere Fortdauer von der Konkurrenz der Handlung mit den benachbarten preußischen Untertanen allein ab, so müssen wir zu derselben zu gelangen suchen, und führt uns kein Nebenweg dahin, so viele wir deren zu betreten versucht haben, so müssen wir den offenen gehen und – mag er immer bei dem ersten Anblick das Gefühl eines Republikaners empören – Untertanen eines Königs zu werden versuchen, unter dessen Zepter sich unsere nächsten Nachbarn besser befinden als wir . . . das scheint von uns abzuhängen, ob wir über kurz oder lang aus Politik ohne besondere Vorteile für uns aufgeopfert werden oder unsere Freiheit ohne Brot – selbst mit Vorteilen – aufopfern wollen? Wer kann in solchen Fällen lange wählen?«

Das ›Neue Rheinische Conversations-Lexikon‹ 1832 über die verzweifelte Situation Danzigs damals: »Als . . . Preußen dessen Unterwerfung verlangte, mußte der vernünftigere Teil der Einwohner, dem dieser Schatten von Unabhängigkeit lästiger war als ihr glänzender Verlust, leicht über die wenigen Familien Meister werden, die bis jetzt regiert hatten.« Am 4. Januar 1793, knapp drei Wochen bevor Frankreichs König Ludwig XVI. unter der Guillotine der Revolution stirbt, geht Preußen das Abkommen mit Rußland ein, das Polen in seiner zweiten Teilung zu einem Reststaat reduziert, Danzig und Thorn Preußen zuspricht. Nach russischen Truppen marschieren auch preußische in Polen ein. Am 12. März 1793 tragen aufgrund eines einhelligen Beschlusses Rat und Bürgerschaft Danzigs König Friedrich Wilhelm II. »den Wunsch der sämtlichen Bürger und Einwohner demütig vor, von nun an unter Aller Höchst Dero Oberherrschaft zu leben und ihr Glück, sowie das Glück ihrer Nachkommen von Ew. Kgl. Majestät Gnade und Wohlwollen befördert zu sehen«.

Obgleich es zu einer Meuterei unter den Danziger Stadtsoldaten kommt und kurzen Feuergefechten mit den anrückenden Preußen, obgleich ein Funke von Revolution aufflammt: am 4. April 1793, am Donnerstag der Osterwoche, ziehen die preußischen Truppen ungehindert in die Stadt ein. Danzig ist preußisch.

## Preußisch

Carl von Raumer, Königlich-preußischer General-Lieutenant, und Carl Anton Wilhelm Frhr. von Schweinitz, Königlich Preußischer Präsident der Westpreußischen Regierung, erklären zehn Tage danach: »Wir sind . . . authorisirt, hierdurch nochmals in Seiner Königlichen Majestät Namen die Versicherung öffentlich zu wiederholen, daß die Stadt unter Seiner Majestät Bothmäßigkeit mit eben der Milde und wohlthätigen Sorgfalt behandelt und regiert werden wird, welche Dero sämmtliche Unterthanen erfahren; und daß besonders der Handelstand und die Gewerbe sich aller nur immer thunlichen und mit Billigkeit zu erwartenden Begünstigungen und Vortheile zu versprechen haben, um ihrem jetzigen Verfall aufzuhelfen und sie, wo möglich, eines blühendern Zustandes, als sie je gehabt, genießen zu lassen.«

Preußisches Regiment und preußische Verwaltung halten Einzug. Bohdan Szermer schreibt darüber: »Auf die Aufhebung der Selbstverwaltung und der alten Privilegien reagierten die Bürger von Gdańsk mit der Niederlegung der städtischen Ehrenämter. Viele legten Trauer an und emigrierten sogar ins Ausland. Die Einwohnerzahl sank auf 36 000.«

Schon am Ausgang des 18. Jahrhunderts war Danzig, beschreibt Keyser, »hinter der Entwicklung anderer Städte und Länder weit zurückgeblieben. Auf den Fremden, der damals etwa auf der Reise von Berlin nach Petersburg durch seine hohen Stadttore in die dämmerigen Gassen mit ihren ehrwürdigen Häusern seinen Einzug hielt, machte die Stadt einen durchaus altertümlichen und zurückgebliebenen Eindruck.« Johanna Schopenhauer, die Mutter des am 22. Februar 1788 in der alten Stadt geborenen Philosophen, entschlossen emigriert nach dem Einzug der Preußen, schreibt 1830 in ihren Lebenserinnerungen: »Vor sechzig bis siebzig Jahren konnte Danzig noch füglich für einen der deutschen Marksteine der kultivierten Welt gelten; mit Riesenschritten hat seitdem die Kultur die früher ihr gesetzten Grenzen in den Staub getreten und im Innern wie im Äußeren die bedeutendsten Umwandlungen herbeigeführt. Doch behielt meine Vaterstadt, abgesehen von ihrer vor anderen sich auszeichnenden Bauart, noch genug von ihrer früheren Originalität übrig, um noch heutzutage dem Fremdling in ihren Mauern ein lebhaftes Interesse einzuflößen, wenn er einigen Sinn für dergleichen mitbringt.«

Obgleich in jener Zeit wenig gebaut wurde und viele Häuser verlassen sind: Stadt und Bürger gewöhnen sich um. Handel und Verkehr Danzigs beginnen sich unter dem preußischen Adler neu zu regen. Szermer, Warschau 1978, dazu: »... im Vergleich zur Zeit zwischen der ersten und der zweiten Teilung Polens erfuhr die wirtschaftliche Lage der Stadt eine gewisse Besserung. Zu Beginn des 19. Jahrhunderts wuchs die Getreideausfuhr auf etwa 120000 Tonnen.« Im Jahre 1804 weiß ein in Leipzig erschienenes Lexikon zu berichten: »Es giebt hier gute Fabriken von Zeug, Corduan, Vitriol, Aquavit etc. und 4 Schifswerfte. Die Einkünfte der Stadt schätzt man auf eine Million Thlr. Seit 1773 ist die blühende Handlung sehr gesunken. Indessen geht doch noch ein großer Theil des polnischen Handels durch die Hände der Danziger; sie treiben einen wichtigen Handel mit Getreide, Leder, Potasche, Wolle, Wachs, Talch, Butter, Lachs, Brandteweinen und andern guten Aquaviten.« Und von der Stadt, »die Straßen sind meistens eng und die 5000 Häuser nach alter Art gebaut«, heißt es weiter: »Im May 1793 ergab sich Danzig auf immer dem König in Preussen und macht nunmehr einen Theil der preußischen Monarchie aus; doch sind ihr viele Freyheiten zugestanden worden. Sie gehört nun zu Westpreußen.«

Aber schon stehen, nach dem Zusammenbruch des preußischen Staats nach der Niederlage bei Jena und Auerstädt des Oktober 1806, im März 1807 die Truppen des napoleonischen Marschalls Lefèbvre vor den Befestigungen der Stadt. Einschließung durch die Belagerungsarmee, Franzosen, Sachsen, Badener und Polen, zuletzt 50000 Mann. Bombardement. Vergeblicher Durchbruchsversuch einer englischen Fregatte mit Munition für die 7000 Mann der preußischen Garnison. Vergeblicher Entsatzversuch durch russische Truppen. Kapitulation und Abzug der preußischen Truppen »mit Kriegsehren und der Verpflichtung ein Jahr lang nicht gegen Frankreich zu dienen«. Der Sieger Lefèbvre wird von seinem Kaiser mit dem Titel eines

Herzogs von Danzig belohnt. Seit dem 9. Juli 1807, gemäß dem Frieden von Tilsit, ist Danzig Freistaat: mit einem Territorium von 2 deutschen Meilen, eine Republik unter dem Schutz von Frankreich, Preußen und Sachsen.

## Napoleonisch: Freistaat und Festung

Danzig unter dem französischen Gouverneur Rapp. »Enthusiastisch begrüßt es den einziehenden Napoleon«, vermerkt Lech Krzyżanowski im heutigen Reiseführer durch die Dreistadt. Von der »Befreiung durch die französisch-polnische Armee« sprechen im Jahre 1978 Maria und Andrzej Szypowscy. Was Wilhelm Cornelius in seinen ›Wanderungen an der Nord- und Ostsee‹ 1841, vor bald anderthalb Jahrhunderten, von der Einnahme und ersten Freistaatzeit der Stadt berichtete, lautet so: »... welche empörenden Bedrückungen sie von nun an sieben Jahre lang unter Rapp's Gouvernement zu dulden hatte, ist weltbekannt, und keine Feder ist im Stande, die hier verübten Greuel treu genug vor's Auge zu führen.«

Aber auch die polnische Perspektive von heute muß durch den Historiker Szermer konstatieren: »Die Hoffnungen der Bevölkerung von Gdańsk wurden jedoch ähnlich wie die polnischen Hoffnungen enttäuscht. Napoleon hatte seine eigenen politischen Ziele. Anstatt der Wiederherstellung Polens wurde ein Rumpfstaat, das Großherzogtum Warschau geschaffen, Gdańsk wurde als freie Stadt zu einem Militärstützpunkt gemacht.« Danzig, dem Namen nach freie Stadt, konnte aber, so berichtet ein Zeitgenosse im Jahre 1830, »als französischer Waffenplatz dieses Heils niemals froh werden«.

Kontributionen von 20 Millionen Francs, die von Napoleon 1806 eingeleitete Kontinentalsperre, die Wirtschaftsblockade des französisch beherrschten Kontinents gegen England und dessen Gegenmaßnahmen, die darauf folgenden Krisen in den getreideexportierenden Ländern trafen Danzig unmittelbar und mittelbar an seinem Lebensnerv, da »sein Hauptnahrungszweig, der Handel mit England, verkümmert ward«. »Nur ein geringer Handel bestand noch mit dem Herzogthume Warschau und dem nördlichen Preußen«, wird 1847 die ›Allgemeine Realencyclopädie ... für das katholische Deutschland‹ über jene Jahre berichten.

Im Juni 1812 zieht die Grande Armée mit 453 000 Mann gegen Rußland. Ohne Kriegserklärung überschreiten die napoleonischen Truppen den Njemen. Als am Ende jenes Jahres die Trümmer der Hauptarmee, zerschlagen und ausgeblutet, die preußische Grenze erreichen, wird am 31. Dezember für die Festung Danzig der Belagerungszustand erklärt. Französische und polnische Truppen des 10. Armeekorps werfen sich in geschicktem Rückzug in die Stadt. Mit Verstärkung aus Spandau und Magdeburg zählt die Garnison jetzt 30 000 Mann.

Als sie nach 11 monatiger Belagerung durch ein russisches Korps unter Herzog Alexander von Württemberg und preußische Landwehr, nach Bombardement, Not, Tod, Hunger, Feuer und Verwüstungen die Waffen streckt, gleicht Danzig einem Trümmerhaufen. Sechs Jahre später, 1820, berichtet die ›Allgemeine deutsche Real-Enzyklopädie für die gebildeten Stände‹ von F. A. Brockhaus, Leipzig: »Die beklagenswerthe Stadt hatte, während dieser 11 monatlichen Blockade und Belagerung, durch Mangel, Krankheiten etc. unendlich gelitten, 309 Häuser und Speicher waren durch das Bombardement niedergebrannt, 1115 Gebäude beschädigt, 90 Menschen notorisch verhungert.« Andere Quellen beziffern den Verlust der Stadt seit 1807 bis 1814 auf 250 Millionen Gulden.

Am 2. Januar 1814 ziehen die preußischen und russischen Truppen in die Stadt ein. »Ihr Handel war vernichtet«, so Keyser, »ihre Speicher waren niedergebrannt, ihre Kassen geleert.« Und Bohdan Szermer schreibt: »Infolge der Flucht eines Teils der Einwohner vor der Belagerung, von Aussiedlungen, Kriegsverlusten, Hunger und Krankheiten schrumpfte die Bevölkerungszahl auf 16 000, auf den Stand zu Anfang des 15. Jahrhunderts zusammen.«

»Es ist bekannt«, liest man im Jahre 1820 bei F. A. Brockhaus über die geschundene Stadt, »daß sie jetzt, unter Preußens Regierung zurückgekehrt, einer bessern Zukunft entgegensieht, und daß ihr im Jahr 1816 durch das Auffliegen eines Pulverthurms abermals ein großer Schaden erwuchs.«

## Nur noch eine Stadt in Preußen

Drei Monate vor dem Verlust Danzigs hatte Napoleon, im Oktober 1813, die vernichtende Niederlage der Völkerschlacht bei Leipzig erlitten. Zwei Tage vor dem Fall Danzigs, in der Neujahrsnacht 1814, hatte Blücher mit dem Rheinübergang bei Kaub den Vormarsch der Verbündeten gegen den Korsen auf das linksrheinische Gebiet verlagert. Am 31. März besetzen die alliierten Mächte Paris. Im April muß Napoleon auf den Thron verzichten und erhält die Insel Elba zugewiesen. Im September beginnt der Wiener Kongreß mit den Delegierten aller europäischen Mächte mit Ausnahme der Türkei: Es geht um die politische Neuordnung nach dem Sturz Napoleons. Auch um das weitere Schicksal Polens und – am Rande – Danzigs.

Als für die neu gebildete preußische Provinz Westpreußen durch Verordnung vom 30. April 1815 ein Oberpräsidium mit dem Sitz Danzig gegründet wird, ist Napoleon seit einem Monat, nach der überraschenden Landung mit seiner Garde, wieder als Herrscher in Paris. Aber die genau

100 Tage seines zweiten Kaisertums, die Europa erneut aufwühlen, machen die Beschlüsse des Wiener Kongresses nicht hinfällig, der am 9. Juni 1815 zu Ende geht. Rußland erhält in Personalunion den größten Teil des Herzogtums Warschau als Königreich: Kongreßpolen; Preußen die Nordhälfte Sachsens, die Rheinlande, Westfalen, das restliche Schwedisch-Vorpommern sowie aus seinen Erwerbungen von 1793/95 Thorn, Posen und Danzig.

Die alte, verarmte Ostseekönigin mochte nicht einmal mehr zur preußischen Provinzhauptstadt taugen. Schon 1824 wird die selbständige Verwaltung der Provinz wieder aufgehoben und mit der der Provinz Ostpreußen mit dem Sitz in Königsberg vereinigt. Die Provinziallandtage aber finden abwechselnd in Danzig und in Königsberg statt. »Der Anschluß Danzigs an Preußen«, konstatierte 1928 Erich Keyser in seinem Buch über Danzigs Geschichte, hatte »den sofortigen Verlust aller jener staatlichen Rechte zur Folge, deren sich die Stadt zum großen Teil schon seit der Ordenszeit erfreut hatte. Gesetzgebung und Rechtsprechung gingen an die Behörden und Körperschaften über, die für den gesamten Staat oder einzelne seiner Bezirke diese Obliegenheiten wahrzunehmen hatten. Auch die selbständige Verbindung mit dem Auslande wurde sogleich aufgehoben.«

Die Zeit war wenig zur Erholung Danzigs angetan. Daran vermochten preußische Behörden und preußische Verwaltung kaum zu ändern. Preußen, das Staatsgebilde aus acht Provinzen, die Monarchie inmitten des krisenhaften Aufbruchs vom Absolutismus zum Verfassungsstaat, war mit vielfältigen eigenen Sorgen belastet: mit der Auseinandersetzung um eine neue politische Verfassung, mit Reformversuchen, mit der beginnenden industriellen Revolution und ihren sozialen Folgen, den Rückschlägen bei der Agrargesetzgebung, mit Mißernten, mit der Verproletarisierung von Kleinbauern und Häuslern. Zwar wurde schon 1818 ein innerer zollfreier Markt geschaffen, aber erst schrittweise als Zollgebiet mit den benachbarten Staaten zum deutschen Zollverein von 1834 erweitert.

Danzig, nur noch eine Stadt in jenem Preußen, war nicht mehr die große, selbstbewußte Mittlerin der Warenströme. Vielfach waren sie, die Danzigs Bedeutung ausmachten, umgeleitet: Getreide, Holz. Ein großer Teil des natürlichen Hinterlandes fehlte: Polen war nur noch als Nation, nicht mehr als Staat existent. Hohe Ausfuhrzölle der Agrarländer und hohe Einfuhrzölle der Abnehmer versperrten viele Wege zu den traditionellen Handelspartnern. Erst die Aufhebung der Einfuhr- und Durchfahrzölle in den westeuropäischen Staaten schuf in den 40er Jahren Wandel.

Dennoch, die schwerverwundete, ausgeblutete Stadt hatte sich wieder zu beleben begonnen. Viele frühere Einwohner sind zurückgeströmt, neue hinzugekommen. Im Jahre 1820 kann sich Danzig »eine wichtige preußische Handelsstadt und Festung« mit 48 000 Einwohnern nennen lassen:

»Die Stadt hat nicht unbedeutende Manufacturen und Fabriken in goldenen und silbernen Borden, Tuch, wollenen Zeuchen und Corduan, Färbereien, Zuckersiedereien, Branntwein- und Liqueur-Brennereien, Vitriolfabriken, Pottasche- und Salpetersiedereien, Waid- und Waidaschenfabriken u.s.w. Der Haupthandelszweig für Danzig ist aber ein unermeßlicher Verkehr mit Getreide, welches aus Polen auf der Weichsel zugeführt wird ... und welches von Danzig nach England, Holland und den Hansestädten weiter gesandt wird.«

1832, »durch ihre Bedeutung als Handelsplatz und als Festung von erstem Range in der Gegenwart, gehört diese Stadt zu den wichtigsten Wohnplätzen der preußischen Monarchie, und sie nimmt in dieser Hinsicht durch Größe und Bevölkerung die 5. Stelle unter denselben ein«. Vom fernen Rhein her gesehen wird Danzig im selben Jahr sogar als »die erste Handelsstadt und die größte und stärkste Festung in ganz Preußen« genannt. Das Innere der Stadt wurde »nach den vielen Zerstörungen, welche sie 1806/15 erlitten, größtentheils neu gebaut«.

Eingezwängt in seine Wälle, Tore und Festungsgräben, war das alte Danzig, prall angefüllt mit den steinernen Zeugnissen der Gotik, der Renaissance und des Barock, schon seit längerem manchen fremden Reisenden wie »eine alte Matrone« erschienen, »geputzt nach der Sitte des Zeitalters Ludwig XIV. in einer englischen Anlage«. Was ein Süddeutscher als seinen Eindruck vom Zwangsaufenthalt bei der Belagerung von 1807 so formuliert, orientiert an der Auffassung von Weite, Strenge und Gradlinigkeit des Klassizismus, hatte schon Daniel Chodewiecki, der Kupferstecher, Zeichner und Maler, an seiner Vaterstadt bemängelt. »Ich habe in der ganzen Stadt nur ein einziges Haus gefunden, das in einer großartigen und regelrechten Art gebaut ist«, berichtet er von seiner Künstlerfahrt nach Danzig im Jahre 1773.

Ein anderer Danziger, Johannes Falk, Dichter des Weihnachtsliedes »O du fröhliche . . .«, der dann im Goethischen Weimar lebte, erinnert sich an seine Jugend: »Hinter mir rauchte, wie immer, die alte Hanse- und Handelsstadt, dumpf, gotisch und düster, mit ihren von Dampf, Seenebeln und Kohlenduft überfirnisten Gebäuden, zugespitzten Kirchentürmen, Kathedralkirchen, Nonnenklöstern, Wällen, Zugbrücken und Basteien, deren banges Leben mich so oft einengte und in der Brust des Knaben einst mächtig und gewaltsam den Entschluß weckte, sich dem Kettenzwange ihrer Verhältnisse zu entreißen.«

Danzig, steingewordene, versteinerte Vergangenheit kaum nach dem Geschmack und Kunstsinn einer aufgeklärten Welt zu den Zeiten eines Napoleon, Goethe, der Maschinenstürmer in England, des ersten Telegraphen auf elektro-chemischer Grundlage oder, bald, der ersten Gruben-Lokomotive des George Stephenson. »Auch ist sie weder regelmäßig noch schön gebaut«, heißt es dann 1820 bei Brockhaus. Und »sehr alt und unregelmäßig gebaut«, wird es Anno 1835 im ›Damen Conversations Lexikon‹ lauten. Drei Jahre vorher, 1832, vermerkte der Chronist immerhin: »Vier Haupteingänge führen in die Stadt und zwar durch das hohe Thor, das Legethor, das Langartner Thor und das Jakobsthor. Auf diese Weise in die Stadt selbst eingetreten, findet man nur wenig breite und regelmäßige Straßen, doch verschiedene einzelne schöne Theile.« Wie dichtet Joseph von Eichendorff, der in den Jahren 1820 bis 1823 als katholischer Schulrat der Regierung Danzig und Marienwerder und dann als Regierungsrat in Danzig glückliche Jahre verbringt und dort seine Novelle ›Aus dem Leben eines Taugenichts‹ vollendet, über die Stadt der dunklen Giebel, hohen Fenster, Türme, tief aus Nebel sehn . . .: »als läg zauberhaft versteinet / drunten eine Märchenwelt.«

## Handelsconjuncturen

Aber die Zeit schreitet voran. Auch im alten Danzig.

Unter Einschluß der eingegliederten Vorstädte Petershagen, Altschottland, St. Albrecht, Langfuhr, Neuschottland, Neugarten, Stolzenberg, Schidlitz und Neufahrwasser mit dem Fort Weichselmünde, werden 1830 bereits 63 000 Einwohner angesetzt, die letzte amtliche Zählung verzeichnet 61 000: »In Hinsicht der Religion zerfallen sie in 43 000 Evangelische, 15 000 Katholiken, 680 Menoniten und 2500 Juden.« 1829 wurden 2612 Kinder geboren, wie die Statistik verzeichnet, 2319 Personen starben, 442 Paare wurden getraut. Für jene Zeit konstatiert Bohdan Szermer »einen starken Zustrom von deutschen Beamten und im Zusammenhang mit der Abwanderung vieler früherer Einwohner eine starke Verdeutschung der Stadt.«

Immerhin: Keineswegs waren die internationalen Handelsbeziehungen für immer abgeschnitten. England, Dänemark, Frankreich, die Niederlande, Rußland und Schweden unterhalten Konsulate in der alten Stadt. 1829/30 hatte Danzig 78 eigene Schiffe unter Segeln. Dies läßt sich 1832 nachlesen: »Man veranschlagte den Gewinn der Rhederei in der neuesten Zeit auf 3 ½ Million, den Werth der Ausfuhr auf 6 Millionen. See- und Stromfahrzeuge kamen im Durchschnitt jährlich zwischen drei- und viertausend an.« »Mit den Handelsconjuncturen im Jahre 1830 war man im Ganzen sehr zufrieden . . . nicht minder lebhaft und bedeutend war der Verkehr im Jahre 1831, trotz der Fesseln, welche der Communication durch die Sperrungsmaßregeln angelegt waren«.

Der Molenbau in Neufahrwasser und Weichselmünde, wo sich der Hafen, die See- und Weichsellotsen, das Seehandlungs- und Salz-Comptoir und der Leuchtturm, das Bliesenfeuer, befinden, wird in den Jahren 1830/31 ununterbrochen fortgesetzt. Die Festungswerke der Stadt, 19 Hauptbasteien, mehrere Forts, viele größere und kleinere Schanzen, massive Redouten, sind um 9 erst 1829 erbaute ›Defensionskasernen‹ verstärkt. Ganz neu ist auch die massiv erbaute Steinschleuse Legetor: sie vermag den Zufluß zu den Festungsgräben zu regeln.

Neu ist auch die Handelsakademie der Kaufleute von 1832, mit der die Kaufmannschaft die Wirtschaft weiter zu beleben hofft. Es gibt »eine dem großen Waffenplatz angemessene Garnison. Für die Gesundheitspflege sorgten im Jahre 1830 26 approbirte Ärzte; auch ist in der Stadt ein Hebammen-, Lehr- und Entbindungsinstitut. Sie zählt ferner 7 Hospitäler, ein Findelhaus, ein Pockenhaus etc.«. Und weiter ist 1832 zu lesen: »Für die Ausbildung des Geistes und für die Erziehung sind verschiedene Lehranstalten, als ein Gymnasium oder die akademische Schule mit einer ansehnlichen Bibliothek, 1832 von 270 Schülern besucht, die Petri-, Pauli- und Johannisschule, zwei höhere Bürgerschulen, eine Schiffahrtsschule zur Ausbildung guter Steuermänner, verschiedene Elementar-, Töchter-, Frei-, Armen-, mennonitische und jüdische Schulen.« Und die Beschreibung endet: »Für das Vergnügen sorgen mehrere gesellige Vereine, das Theater und einige besuchte Örter der Umgegend.«

Was im Vergleich zu Danzigs großen Zeiten gering erscheint, hat doch nach den Wirren und dem Niedergang der letzten Jahrzehnte Gewicht, hat sich doch, wie die Zeitgenossen vermerken, »der Wohlstand Danzigs wieder mächtig gehoben«.

»Aber auch die Stürme des Schicksals bedrohten von neuem die Stadt.« Gemeint sind die Orkane vom September 1814 und Januar 1815. Sie zertrümmerten viele Häuser der Umgebung, »warfen selbst im Innern der Stadt Mauern ein und beschädigten im Hafen viele Schiffe«. Gemeint ist auch jener Morgen des 6. Dezember 1815, als der Pulverturm bei St. Jakob explodierte, 20 Menschen getötet und 550 Gebäude zerstört wurden. Und schließlich die verheerenden Sturmfluten, die 1829 besonders in der Umgebung großen Schaden anrichteten und Danzig zum »Gegenstand der allgemeinen Theilnahme« machten. 1831 dann wurde Danzig als erste preußische Stadt von der asiatischen Cholera überfallen, die sich verheerend über Europa ausbreitete. Viele Menschen sind in Danzig ihre Opfer.

Als sich aber die Weichsel in der Nacht vom 31. Januar zum 1. Februar 1840 bei schwerem Eisgang durch die schmale Nehrung und durch haushohe Dünen bei Neufähr eine neue, sehr tiefe und breite Mündung bricht, bedeutet dies neue Chancen für die Schiffahrt. Aber der Durchbruch wird, da er der Stadt und dem Hafen Neufahrwasser geschadet haben würde, wieder zugeworfen. Bei der Regelung und Eingrenzung fand der Wanderer an der Ostsee Wilhelm Cornelius »noch viele unzählige Menschen beschäftigt«. Dafür aber schafft die »tote Weichsel« mit dem Hafenkanal von Neufahrwasser, 3000 Fuß lang und 80 Fuß breit, einst wegen der Versandung der Weichselmündung angelegt, die nur noch Fischerkähnen die Passage erlaubt hatte, die Voraussetzungen auch für jene Zeit, in der Dampfer das Segelschiff zu verdrängen beginnen.

Im Jahre 1836 waren aus dem Danziger Hafen 862 Schiffe ausgelaufen, 20 davon nach preußischen Häfen, 335 nach englischen, 132 nach holländischen, 106 nach französischen, 98 nach schwedischen und norwegischen, 51 nach dänischen; 28 Schiffe hatten Kurs auf belgische, 22 auf russische und 20 sogar auf amerikanische Häfen genommen. Eingelaufen waren im selben Jahr 856 Schiffe, davon 557 mit Ballast. Im Seeverkehr der preußischen Häfen hatten 1832 bis 1836 Memel und Swinemünde Danzig übertroffen. Aber 1837 bis 1839 übertraf wieder Danzig alle preußischen Städte in der Ausfuhr und war von 1840 bis 1842 die Hafenstadt Preußens mit der höchsten Zahl der Einfuhr und Ausfuhr über See.

Auch Cornelius erlebt das Treiben des sich erholenden Handels und berichtet 1841: »Wer von Danzigs Getraideausfuhr sich einen übersichtlichen Begriff verschaffen will, der muß im Frühjahr die Waizenhaufen sehen, die vor der Stadt längs der Weichsel unter Gottes freiem Himmel aufgeschüttet liegen, wenn zur Speicherung weder Zeit noch Raum vorhanden ist.« Und etwas vom Abglanz alter Zeiten sieht er, als er von der Brotbänkengasse kommt:

»Von hier haben wir noch wenige Schritte bis zu der sich längs der Mottlau hinziehenden langen Brücke und wir stehen im Mittel- und Glanzpunkte Danzigs und seines Volkslebens. Hier gleiten Flösse, Böte und Segler aller Art auf und ab, hier werden Schiffe, unter jodelnden Gesängen in allen Sprachen gelöscht und befrachtet: und auf den Schiffen und der Speicherinsel giebt sich das Treiben aller seefahrenden Nationen in seiner ganzen eigenthümlichen Kraft und Roheit kund . . . Das Volksleben ist aber besonders rege und interessant am Krahnenthor und am Höckerthor, wo zu all dem Gewühl, Gejodel und Gekreisch der theerigen Rothjacken noch die großartigen Zungenschlachten der Weiber kommen. Berlin ist, wie in so manchem, so auch im Schimpfen gross; hier aber wird es übertroffen.«

Dennoch: Obgleich Danzig immer noch eine der wichtigsten Seehandelsstädte der preußischen Monarchie ist, für 1846 muß ein zeitgenössisches Lexikon über die Stadt vermerken, daß »ihr Handel durch die veränderte Richtung des Welthandels, durch Englands egoistisches Verfahren und in neuester Zeit in Folge des russischen Absperrungssystems sehr gesunken und nur noch ein Schatten von dem frühern Glanze bis zum Anfange des 16. Jahrhunderts übrig geblieben ist. An Danzigs Stelle als erster Seehandelsplatz des preußischen Staats ist in der neuesten Zeit Stettin getreten.«

Danzig aber kann einen anderen Rang für sich beanspruchen. Cornelius, der sich das Land und die Stadt erwandert hat, urteilt 1841: »Unter allen Städten Norddeutschlands, selbst Cassel und Dresden nur teilweise ausgenommen, hat Danzig die schönste Lage und Umgebung; es hat unter allen deutschen Städten, mit Ausnahme Nürnberg's und einiger rheinischer Städte, das originellste, am schärfsten ausgeprägte Gesicht und in keiner Stadt vergegenwärtigen uns die Gebäude so verständlich die Geschichte und den Geschmack ihrer Zeit, wie dies Danzig thut, denn seine Strassen sind nur Lapidarzeilen, die das Aufblühen und den Verfall der Hansa kurz und bündig berichten.«

Und in die Lexika der Zeit geht auch diese seine Schilderung ein: »Der Blick über die thurmreiche Stadt und die hinter ihr glänzend strömende Weichsel hinweg in die unendliche, von Schiffen und Dampfböten belebte See hinaus, ist über alle Beschreibung schön.«

## Später Aufbruch zum modernen Industrie-Zeitalter

Als unmittelbar nach der Februar-Revolution in Paris erst im Süden, dann auch im übrigen Deutschland die März-Revolution des Jahres 1848 ausbricht und nationale Einheit und liberale Verfassungen gefordert werden, als sich Preußen-König Friedrich Wilhelm IV. den Kräften des Aufbruchs gegenübersieht, fordern am 9. März 1848 auch 215 Bürger Danzigs den Magistrat in einer Denkschrift auf, vom König eine Volksvertretung und die Vereinigung der Provinz Preußen mit dem Deutschen Bund zu erbitten, dem die Provinzen Posen, West- und Ostpreußen nicht angehören. Neben den schwarz-rot-goldenen Farben und Unruhen in der Bevölkerung stehen neue Forderungen »derjenigen Polen . . ., welche Preußen und unsere Stadt als ihrer Nationalität zugehörig beanspruchen«. Und weiter heißt es in einem Schreiben, das Magistrat und die Stadtverordneten am 3. April 1848 an die Deutsche Bundesversammlung zu Frankfurt richten: »Ihr reges Nationalgefühl ehren wir aber nur solange, als es nicht irregeleitet, die Rechte anderer ungekränkt läßt, also nicht verkennt, daß unsere Bildung in allen Beziehungen, unsere ganze Zivilisation von der Verbindung zeugt, in welcher wir zu den deutschen Völkern stehen. Deutsch sind wir und wollen es auch bleiben!«

Das war um jene Zeit, als sich in Polen, dem russisch-polnischen Gouvernement, mit dem Warschauer Aufstand der Fähnriche und Akademiker von 1830, den Erhebungen in Galizien und Krakau von 1846, das nationale Aufbegehren für die Wiedergewinnung der staatlichen Selbständigkeit und gegen ausländische Herrschaft der umgebenden Großmächte in einer jungen patriotischen Bewegung Bahn suchte. Es ist die Zeit der Begeisterung und Unterstützung auch vieler Kreise in Deutschland für Polens Freiheit und Eigenständigkeit. Jahre später, 1863, endet der polnische Aufstand in einer nationalen Katastrophe. Als letzte Zuflucht bleibt der polnischen Nationalbewegung Galizien.

Auch in Preußen und den Ländern des Deutschen Bundes war spätestens seit den Befreiungskriegen gegen Napoleon das Nationalbewußtsein zu einer treibenden Kraft geworden, immer wieder zurückgedrängt und unterdrückt von den Kräften der Restauration. Dennoch, geistiges und politisches Selbstbewußtsein des Bürgertums, die Massen, die bald vom Land arbeitsuchend in die Städte zu strömen beginnen, die unaufhaltsame industrielle Revolution mit ihren sozialen Folgen, das Drängen nach staatlicher Einheit der Deutschen, das Aufkommen politischer Parteien, der späte Aufbruch zu einer Großmacht Deutsches Reich inmitten der europäischen Großmächte: die zweite Hälfte des 19. Jahrhunderts schreibt ein neues Kapitel in der Geschichte Deutschlands, Europas und der Welt.

Danzig aber bleibt weiterhin noch am Rande der sprunghaften wirtschaftlichen, industriellen und auch der politischen Entwicklung. Als England 1846 zum Freihandel übergeht, 1857 der dänische Sundzoll fällt und Handelsverträge mit Rußland die polnische Einfuhr steigern lassen, kann sich das Wirtschaftsleben stärker entfalten. 1851 wird die Rad-Korvette »Danzig« fertiggestellt, das erste preußische Dampf-Kriegsschiff. 1852 eröffnet der Anschluß an das deutsche Eisenbahnnetz entscheidende Voraussetzungen für die Teilhabe an den innerdeutschen Produkt- und Warenströmen, am Ost-/West- und West-/Ost-Verkehr. 1858 sind bereits 142 Dampfer unter den einlaufenden 1734 Schiffen. Im selben Jahr ist auch in Danzig ein eiserner Schraubendampfer im Bau. Die einst mächtige Handelsstadt, jetzt von Stettin überflügelt, zählt zwar zu den wichtigsten Handelsplätzen Preußens und des Nordens überhaupt; aber ihr Handel, so heißt es 1865, ist »nicht im Verhältnis zu früheren Zeiten fortgeschritten«. Und erst 1861 hat sie, mit 82 765 »Seelen«, wieder die Bevölkerungszahl ihrer größten Blütezeit erreicht – eine schmale Ziffer im Vergleich zur Explosion der Bevölkerungszahlen anderer europäischer Städte.

Um jene Zeit gibt es noch die Beischläge in den engen Straßen, oft bis zum ersten Stock der hohen, schmalen Giebelhäuser mit Buden überbaut, kleinen Läden darin. »Sehr hohe und eng nebeneinander gestellte Fenster ... geben den Façaden etwas Glasartiges, Durchbrochenes und Glänzendes«. Das Lebensgefühl der Romantik, die Hinwendung zur eigenen Vergangenheit und schließlich der Historismus haben die Schönheit der Stadt neu entdecken lassen, obgleich bald die Bedürfnisse einer neuen Zeit, Gründerfieber und Bauboom tiefe Wunden in das alte Stadtbild schlagen. »In der ganzen Architektur Danzigs«, weiß Meyers ›Neues Konversations-Lexikon‹ von 1871 zu würdigen, »spricht sich derselbe Geist abgeschlossenen, selbstbewußten, kräftigen Bürgerthums aus, der die Stadt einst so groß gemacht. Die stattlichsten Theile derselben sind die lange Gasse und der lange Markt bis südlich zur Mottlau, die mit den prächtigsten alten Bauten prangen.«

Seit 1863 treibt der sehr tatkräftige Oberbürgermeister von Winter den Aufbruch der Stadt zum modernen Industriezeitalter und auch zu einem modernen Schul- und Sozialwesen voran. »Neue, meist mustergültige Einrichtungen sind ins Leben gerufen.« Aber auch die Restaurierung des alten Franziskanerklosters, »das einzige noch vorhandene Klostergebäude«, wird 1871 in Angriff genommen. Im selben Jahr wird der Bau eines neuen Hafenbassins an der westlichen Seite des 970 m langen und 26 m breiten Hafenkanals in Neufahrwasser begonnen. Durch die ausgebaggerte Mottlau können jetzt auch größere Handelsschiffe bis zur Mitte der Stadt und in die Weichselmündung gelangen. »Die Industrie Danzigs hat sich während der letzten Jahre sehr gehoben.« 108 Segelschiffe, 4 Schrauben- und 13 Raddampfer machen 1872 Danzigs Reederei aus. 3 Werften, »darunter eine kaiserliche mit Trockendock« sind in Betrieb. Danzig, »bisher eine der ungesundesten Städte der Monarchie: seine Luft wurde durch den in abflußlosen Kanälen angehäuften Unrath verpestet, an Trinkwasser fehlte es gänzlich«, hat jetzt Wasserleitungen in allen Häusern und kann sich voll Stolz als erste auf dem Kontinent einer nahezu fertiggestellten Kanalisation mit der Zuführung zu den Rieselfeldern bei Heubude rühmen. Aber seit dem letzten Jahrzehnt sind die Beischläge »wegen der dadurch veranlaßten Beschränkung der Kommunikation aus allen Hauptstraßen entfernt worden, und Trottoirs dienen jetzt daselbst als Bürgersteig, wie in anderen Städten.« Im letzten Jahrzehnt des 19. Jahrhunderts gibt es diese Zierde Danzigs aus längst vergangenen großen Zeiten nur noch in der Frauengasse, am Langen Markt und teilweise in der Jopen- und der Heiligengeistgasse.

## Zu Kaisers Zeiten: lebenswerte Großstadt

Mit dem »Deutschen Krieg« von 1866 zwischen Österreich und Preußen um die Vormachtstellung über Deutschland waren die Machtverhältnisse in Europa grundlegend verändert worden. Der Norddeutsche Bund war entstanden, mit Otto von Bismarck als Kanzler. Am Ende des deutsch-französischen Krieges von 1870/71 stand die Ausrufung des preußischen Königs Wilhelm I. zum deutschen Kaiser. Danzig ist jetzt wie ganz Preußen Teil des Deutschen Reiches. Der Zensus jenes Jahres verzeichnet 88 974 Einwohner, »darunter etwa 22 000 Katholiken, 300 Mennoniten und 2300 Juden, die Garnison beträgt 5300 Mann.« Zoppot, Brösen und die »in einen schattigen Park verwandelte« Westerplatte sind viel besuchte und »geschmackvoll angelegte« Badeorte.

Danzig, die Hauptstadt des Regierungsbezirks mit den Stadt- und Landkreisen Danzig, mit Neustadt, Karthaus, Berent, Stargard, Marienburg und Elbing auf 7955 qkm mit insgesamt 525 000 Einwohnern – darunter nach damaligen deutschen Angaben ein Fünftel Polen –, ist Station der von Berlin kommenden preußischen Ostbahn mit einer Zweiglinie über Neufahrwasser ans Meer. Es ist auch Endpunkt der »pommerschen Abtheilung« der Berlin-Stettiner-Eisenbahn. 1878 wird Danzig Hauptstadt der am 30. März neu errichteten Provinz Westpreußen und des Regierungsbezirks Danzig. Es zählte am 1. Dezember 1880 bereits 107 610 Seelen. In und nahe der Stadt bestehen über 600 Etablissements: Fabriken und Fertigungsstätten. Haupterwerbsquelle sind Handel und Schiffahrt neben den sich anschließenden Industriezweigen. Unter den Fabrikanlagen nahmen die »sehr bedeutenden militärisch-fiskalischen Etablissements, die Gewehrfabrik und die Artilleriewerkstatt, die erste Stelle ein«. Ihnen schlossen sich Maschinenbauanstalten und Eisengießereien an. »Die großartigen Anlagen der Kaiserlichen Werft sind für den Bau hölzerner Kriegsfahrzeuge bestimmt, während zwei Privatwerfte neben dem Holzschiffbau auch den Bau eiserner Schiffe betreiben.« Und da gibt es noch die alten Danziger Fabrikationszweige, Verarbeitung von Bernstein, Bierbrauereien und Likörfabrikation. Es gibt chemische Fabriken, eine Holzfaserfabrik und eine Glashütte. In den Hafen liefen 1881 von See 1640 Segelschiffe und 661 Dampfer ein, 1711 Segler und 655 Dampfschiffe liefen aus. Die Weichsel herab kommen jährlich 5000 Schiffe, 3000 bis 4000 Kähne gehen stromaufwärts, obgleich Danzig nicht mehr wie früher »den gesamten polnischen Handel monopolisiert«.

Danzig ist seit längerem, obgleich »Provinz«, wieder eine Stadt zahlreicher Zuwanderer. 1892 sind von tausend Einwohnern 506 in Danzig geboren, im übrigen Preußen 479, im übrigen Deutschen Reich 8, im Ausland 7. Die neue Große Synagoge steht, das neue Landeshaus der Provinz Westpreußen auf Neugarten, am Winterplatz das Oberpostdirektionsgebäude, zwischen der Sandgrube und dem Schwarzen Meer das neue chirurgische Lazarett. Zwischen dem noch bestehenden Hauptwall mit seinen 22 Bastionen und dem Befestigungsgraben hin zu den äußeren Festungsgürteln des Bischofs- und Hagelsberg sind neue Stadtteile gewachsen, »unter denen besonders Neugarten mit den in neuester Zeit aufgeführten stattlichen Gebäuden sich auszeichnet«. Ein Teil der inneren Wälle ist bereits geschleift. Es gibt die Gasbeleuchtung, elektrische Beleuchtung im Hafen, in der Zuckerraffinerie sowie in einigen Geschäften. Auch liegen über 700 km Stadtfernsprechanlagen mit 209 Teilnehmern. Die Schichau-Werft ist in Bau. Die Zahl der Handelsgeschäfte beträgt 2884, 69 große und 768 mittlere darunter. Danzig hat seit 1873 seine Pferdebahn, seine zwei Bahnhöfe am Legetor und Hohen Tor.

Immer noch sind Holz, Kohlen, Zucker, Getreide und Saaten, vor allem Weizen, Haupthandelsartikel. Und auch, mehr als von Königsberg aus, der Bernstein. »Das ausländische Getreide kommt hauptsächlich über die russische Südwest- und ihre Hinterbahnen, die Moskau-Brester, die österreichisch-gallizische, die rumänischen Bahnen, von Polen über Mlawa-Illowo und Alexandrowo-Ollotschin sowie zu Wasser auf der Weichsel«: nachzulesen 1894. Seit dem Vorjahr, 1893, wird der Weichsel bei Schiewenhorst durch einen 6 km langen Durchstichkanal eine neue Mündung gegraben. Und ebenfalls seit 1894 fährt auf der Speicherinsel die Speichereisenbahn.

Danzig gilt auch international als bedeutender Platz. Alle seefahrenden Nationen haben dort ihre Konsulate. Bedeutende Geldinstitute, darunter auch die Danziger Privataktienbank und eine Reichsbankhauptstelle, besorgen die deutschen und internationalen Bank- und Geldgeschäfte in der wieder sehr lebendigen Stadt. Ihre städtebaulichen Reize, die nahe See und eine landschaftliche Umgebung von kaum sonst anzutreffender Vielfalt und Schönheit, Vororte wie Langfuhr und Oliva lassen sie für viele Neubürger aus Ost und West interessant und attraktiv erscheinen.

Und an schönen Tagen, sommers, winters, im Frühjahr und im Herbst ziehen die Danziger zum Schützengarten oder durch die prächtige alte Lindenallee von 1768 nach Langfuhr, gibt es Spaziergänge im Jäschkental oder zum Bischofsberg, Kremserfahrten zum Freuden- und Schwabental, Dampferfahrten mit den Schiffen der Weichsel AG nach Neufahrwasser und zur Westerplatte, dem Badeort, nach Heubude, Plehnendorf und Neufähr. Und am 23. Juni zieht Groß und Klein zum Volksfest auf dem Johannisberg. Danzig ist eine lebenswerte Stadt.

Sie hat, auch in jenen Jahren im Auf und Ab des Handels, in respektablem Ausmaß Anschluß an die Moderne, die Industrialisierung und den Aufstieg des Wilhelminischen Reiches gefunden. Sie ist sogar in den Statistiken unter dessen Großstädten zu finden, bescheiden mit ihren 140 563 Einwohnern an 26. Stelle, hinter Dortmund, Barmen und Mannheim, aber vor Aachen, Braunschweig, Kiel und Essen. In jenem Jahr der Statistik, 1900, hat die Hauptstadt Berlin mit ihrem explosiven Bevölkerungsanstieg 1,8 Millionen Einwohner; Hamburg über 700 000, München fast 500 000, Köln 372 000. In Hannover leben 236 000 Menschen, in Düsseldorf fast 214 000 und Bremen 163 000. Königsberg zählt fast 190 000 Menschen. Posen, damals auch zum Deutschen Reich gehörend, verzeichnet 117 000 Einwohner. Warschau im russisch-polnischen Gouvernement ist mit 712 000 Einwohnern eine der großen Städte Europas. Krakau, auch unter österreichischer Herrschaft ein Mittelpunkt der polnischen Kultur und des Polentums, zählt zur Jahrhundertwende 91 000 Einwohner.

# Wachstum, Weltbrand, Versailles

Um jene Zeit hat Danzig an der Ost- und Südseite noch seine alte Umwallung. Der westliche und nördliche Teil der Wälle wurde in den Jahren 1895/97 freigelegt; an der Westseite jetzt moderne Stadtteile und Anlagen, an der Nordseite militärische Gebäude und Anlagen. Seit 1899 ist der Freihafen eröffnet. Und pünktlich zum Jahresschluß feiern Stadt, Honoratioren und Bürger am 30. Dezember 1900 die Eröffnung des Hauptbahnhofs. Man sagt ihm nach, er sei in »Danziger Renaissance« gehalten. Von den 140 563 Einwohnern Danzigs sind, so die deutsche Statistik, 3126 Polen. 2791 Personen sprechen nur polnisch, 1573 »daneben auch deutsch«.

Bohdan Szermer dazu: »Trotz der Germanisierungspolitik der preußischen Behörden und entgegen den offiziellen Statistiken begann infolge des Zustroms der kaschubischen Bevölkerung aus der Umgebung zu den Fabriken und des Erstarkens ihres Nationalbewußtseins die Stärke des ethnischen Elements in Gdańsk erneut zu wachsen.« Politische Vereinigungen und Organisationen wurden gegründet. »Ogniwol« war 1876 der erste Bund der Polen in Danzig. Zu den damals 13 in Danzig erscheinenden Zeitungen, darunter die freisinnige ›Danziger Zeitung‹, die konservative ›Danziger Allgemeine Zeitung‹ und die unabhängige ›Danziger Neueste Nachrichten‹, gesellt sich 1891 die polnische ›Gazeta Gdańska‹ und es erscheinen auch zahlreiche polnische Bücher.

Gewiß wird man den Wahlstatistiken des Kaiserlichen Statistischen Amts, berühmt ob seiner Zuverlässigkeit, vertrauen können. Für Westpreußen ergab sich unter den 1900 gezählten 1 563 658 Einwohnern ein Anteil von 35,1 von Hundert, das sind 638 470 Polen. Und mit dem stärksten Anteil polnischer Bevölkerung folgte auf die Regierungsbezirke Posen, Oppeln, Bromberg und Marienwerder der Danziger mit immerhin 26%.

Die Reichstagswahl von 1903, nach der 16 polnische Abgeordnete, zwei mehr als bei den voraufgegangenen Wahlen von 1898, als Fraktion in das Berliner Reichstagsgebäude einziehen, hatte im Regierungsbezirk Danzig mit seinen (1900) 665 992 Einwohnern in zwei von den fünf Wahlkreisen Abgeordnete der polnischen Fraktion durchgebracht. In Neustadt-Karthaus war dies Roman von Janta-Pólczyński, in Berent-Preußisch-Stargard-Dirschau Wolzlslegier. Marienburg-Elbing war an den Deutsch-Konservativen von Oldenburg gegangen, Danzig Stadt an Mommsen von der Freisinnigen Vereinigung, der Reichstagswahlkreis Danziger Höhe-Danziger Niederung an Dörksen, Reichspartei.

Aber es war nicht die Zeit politischer Turbulenzen in der wieder jung und kraftvoll gewordenen Stadt. Danzig wuchs weiter. Mit seinen Schiffswerften, der großen kaiserlichen, später der »Danziger Werft«, mit der Schichauschen Werft, der alten Klawitterschen und der Johannsenschen

44   Lebenswerte Stadt zu Kaisers Zeiten. Noch hat der Raddampfer einen Hilfsmast.
Postkartengruß vom September 1908.

45   Die westlichen Wälle sind niedergelegt. Seit 1903 reitet Kaiser Wilhelm I. vor
dem Hohen Tor unverwandt nach Westen. Großbürgerliche Bautenpracht der Jahrhundertwende am Dominikswall.

Danzig · Das Langgasser Tor. Blick vom Kohlenmarkt.

46   Im Sonntagsstaat vor dem Langgasser Tor. Danzig 1911.

*47 Seit hunderten von Jahren Stadt der Schiffe und des Schiffbaus. Kaiserliche Werft, später »The International Shipbuilding and Engineering Co., Ltd« und »Danziger Werft«.*

Werft und Maschinenfabrik, mit der Artilleriewerkstatt und der Gewehrfabrik, der Westpreußischen Zuckerraffinerie, mit Ölmühle, Waggonfabrik, Nietenfabrik, chemischer Fabrik und Glashütte. Es hatte Bierbrauereien, Sprit-, Likör-, Bernsteinwaren- und Tabakfabriken. Auch Eisengießereien und Maschinenbauanstalten, Schiffs- und Kesselmühlen und natürlich der Handel gaben den Bürgern und den weiterhin zahlreichen Zuwanderern Brot und Lohn. Im Jahre 1910 waren es bereits über 170000 Einwohner einschließlich der Vorstädte St. Albrecht, Altschottland, Schidlitz, Langfuhr, die schönste, Neuschottland und Neufahrwasser und einschließlich einer großen Garnison, zwei Leibhusarenregimenter darunter.

Danzig ist auch geistig eine rege Stadt. Seit 1904 hat es seine Technische Hochschule, am 6. Oktober mit Kaiser-Besuch feierlich eröffnet. Seit 1903 reitet Kaiser Wilhelm I. ernst, unverwandt und bronzen auf hohem Sockel vor dem Hohen Tor westwärts: willkommene Kletterpartie für Generationen von Kindern, wenn die »Schienchen«, Danzigs Ordnungshüter, nicht in Sicht sind. Und seit 1896 schon gibt es die erste »Elektrische«: die Straßenbahn nach Ohra. Man schreibt das Jahr 1914, als bereits 10 Linien der »Elektrischen Straßenbahn AG« jährlich hunderttausende von Menschen befördern: zur Arbeit, zum Vergnügen, zum Einkaufen, an den Strand.

Am großen politischen Horizont aber waren längst dunkle Wolken aufgezogen. Die machtpolitischen Gegensätze im politischen Staatssystem

Europas, gegenseitiges Mißtrauen, allgemeine Aufrüstung kamen zur Entladung, seit die Extrablätter in Danzigs Gassen die Ermordung des österreichischen Thronfolgers Erzherzog Franz Ferdinand hinausschrien. Im heißen Juli jenes verhängnisvollen Jahres 1914, so beschreibt es Ullsteins ›Kriegs-Echo‹ in seiner Nr. 1, »ging das Leben und Treiben in den Städten und Dörfern seinen gewohnten Gang. Die Geschäftsleute rechneten und wagten, die Landleute bangten um den Erntesegen, der wogend auf den Feldern stand . . ., die Sommerfrischen waren überfüllt.«

Am 31. Juli ließ der Kaiser den »Zustand drohender Kriegsgefahr« erklären. Tags darauf, am 1. August, klebten auch in Danzig überall die roten Zettel: Mobilmachung! Wilhelm »an das deutsche Volk«: »Seit der Reichsgründung ist es durch 43 Jahre Mein und Meiner Vorfahren heißes Bemühen gewesen, der Welt den Frieden zu erhalten und im Frieden unsere kraftvolle Entwicklung zu fördern. Aber die Gegner neiden uns den Erfolg unserer Arbeit . . . Wir werden uns wehren bis zum letzten Hauch von Mann und Roß. Und wir werden diesen Kampf bestehen auch gegen eine Welt von Feinden.«

Und auch in Danzig eilen sie zu den Waffen, blumengeschmückt und umjubelt. Als sich am 4. August 1914 die Volksvertreter zur Tagung des Reichstages im Weißen Saal des alten Hohenzollernschlosses zu Berlin versammeln, sind auch Danzigs Abgeordnete dabei. Sie hören nicht nur des Kaisers Rede »in schicksalschwerer Stunde«. Sie hören auch den sozialdemokratischen Abgeordneten Haase: »Nun haben wir zu denken an die Millionen Volksgenossen, die ohne ihre Schuld in dieses Verhängnis hineingerissen sind. Sie werden von den Verheerungen des Krieges am schwersten getroffen. Unsere heißen Wünsche begleiten unsere zu den Fahnen gerufenen Brüder ohne Unterschied der Partei (Beifall). Wir denken auch an die Mütter, die ihre Söhne hergeben müssen, an die Frauen und Kinder, die ihres Ernährers beraubt sind, denen zu der Angst um ihre Lieben die Schrecken des Hungers drohen. Zu ihnen werden sich bald Zehntausende verwundeter und verstümmelter Kämpfer gesellen.«

## Wir wollen deutsch bleiben

Niemand vermochte damals zu ahnen, daß es vier schreckliche Jahre würden. 10 Millionen bezahlten den Krieg auf den Schlachtfeldern Europas und auf See mit ihrem Leben: Millionen Franzosen, Engländer, Russen. Eine Million waren Männer aus Österreich/Ungarn, 1,9 Millionen aus allen Provinzen des Deutschen Reiches. Polen aus den Ostprovinzen des Reiches, eingereiht in das Kaiserliche Heer, zahlten ihren hohen Blutzoll. Und auch Deutschlands Juden, ob seit Jahrhunderten oder Jahrzehnten Bürger

48   Im Ersten Weltkrieg. Lazarettschiff mit Verwundeten 1915 auf der Mottlau.
Rechts die Kalktorbrücke, dahinter Am Brausenden Wasser und die Lange Brücke.

auf Deutschlands Boden, vielfach bewußte Bekenner ihrer deutschen Nationalität.

Und auch für mehr als 6000 Männer aus Danzig, Väter, Brüder und Söhne, gab es unwiderruflich keine Rückkehr. In der Heimat hatten die Zurückgebliebenen, insbesondere die Frauen und Kinder die drückende Last des Krieges zu tragen. Not, Armut, den Hunger der »Steckrübenwinter«, vergebliche Hoffnung auf ein rasches Ende des fürchterlichen Geschehens, dessen lauter Patriotismus des Anfangs im Dulden und Erleiden, im Ausharren und bangen Hoffen erstickt war.

Dann kommt der November 1918, der militärische und politische Zusammenbruch des Deutschen Kaiserreichs. Gegen den Widersinn eines Einsatzbefehls gegen England meutern in Wilhelmshaven die Matrosen. Am 4. November übernimmt in Kiel ein Arbeiter- und Soldatenrat die Macht. Die Revolution erfaßt Hamburg, Bremen und andere norddeutsche Küstenstädte. Am 7. November ruft Kurt Eisner in München die Republik Bayern aus. Am Tag darauf beginnt im Wald von Compiègne Matthias Erzberger, Zentrumspolitiker und Staatssekretär ohne Portefeuille, mit den Waffenstillstandsverhandlungen. Am 9. November, es ist ein Sonnabend, verkündet Reichskanzler Prinz Max von Baden, erst seit Anfang Oktober an der Spitze eines Kabinetts, das von Vertretern der Mehrheitsparteien des Reichstags gebildet wurde und das Waffenstillstandsgesuch an die Alliierten gerichtet hatte, vorzeitig die Abdankung Wilhelm II. und tritt selbst zurück. Sein Amt übernimmt Friedrich Ebert, der Vorsitzende der Sozialdemokraten. An jenem 9. November ruft Philipp Scheidemann in Berlin die Deutsche Republik aus. Der Berliner Generalstreik legt das Wirtschaftsleben lahm. Fast überall im Reich bilden sich Arbeiter- und Soldatenräte. Als der 10. November anbricht, alliierte Truppen Mainz, Koblenz und Köln besetzen, auch in Sachsen und Hessen die Republik ausgerufen wird, der Berliner Lokalanzeiger als ›Die rote Fahne‹ erscheint, drängen sich die Danziger in den Straßen um das Extrablatt der ›Danziger Zeitung‹. Es bringt einen Auszug aus den Waffenstillstandsbedingungen, die tags darauf von Matthias Erzberger unterschrieben werden. Und meldet: »Die öffentliche Macht ist hier vom Arbeiter- und Soldatenrat übernommen worden. Der Leitung desselben gehören beide sozialdemokratischen Parteien an. Die Garnison hat sich dem Arbeiter- und Soldatenrat zur Verfügung gestellt. Die Behörden Danzigs und der Provinz arbeiten bereits unter seiner Leitung.«

An diesem 10. November 1918, ein Tag bevor in Deutschland der Rat der Volksbeauftragten die Regierung übernimmt, versammeln sich in Danzig 15 000 Menschen auf einer Volksversammlung. Sie fordern die Einberufung einer verfassunggebenden Nationalversammlung und die Errichtung der Deutschen Nationalen Volksrepublik. Für Montag ist ein eintägiger Demonstrationsstreik angesetzt. Die öffentlichen Einrichtungen werden von Truppen des Arbeiter- und Soldatenrats bewacht. Ausschreitungen sind bisher nicht vorgekommen.

In der alten Stadt verläuft die Revolution ruhiger als in anderen Teilen des Reiches. Julius Gehl, an der Spitze der Danziger SPD, und der Vorsitzende des »Großen Beamtenrats«, Dr. Ernst Ziehm, steuern die Entwicklung. Über allen lastet die Sorge über das künftige Schicksal der Stadt. Soll Danzig vom Reich abgetrennt werden?

Schon am 14. Oktober 1918 hatten Magistrat und Bürgermeister Dr. Bail an den Staatssekretär des Reichsamtes des Innern in Berlin telegraphiert: »Präsident Wilson will alle Länder unzweifelhaft polnischer Bevölkerung zu dem unabhängigen neuen polnischen Staat vereinigen. Demgegenüber stellen wir fest, daß Danzig nimmermehr diesem Polen angehören darf. Unsere alte Hansastadt Danzig ist durch deutsche Kulturkraft entstanden und gewachsen, sie ist kerndeutsch. Wir nehmen für uns das Selbstbestimmungsrecht der Völker in Anspruch, wir wollen deutsch bleiben immerdar.«

Werden reguläre oder irreguläre polnische Truppen wie befürchtet Danzig und Westpreußen einnehmen?

Als die Reichsregierung die allgemeine Demobilmachung ankündigt, die deutschen Truppen, die noch tief in Rußland standen, zurückkehren, und die entlassenen Soldaten zurückströmen, steigt die Arbeitslosigkeit in Danzig sprunghaft an. Die staatlichen Rüstungsbetriebe schließen. Die Frauen stehen auf der Straße, die Jahr über Jahr für die eingezogenen Männer in den Werkshallen an den Drehbänken standen.

Was wird mit Danzig geschehen? Große Massenversammlungen auf dem Heumarkt protestieren am 23. März und am 25. April 1919 gegen eine Abtrennung Danzigs vom Reich. In diesen Wochen und Monaten kommt es auch zu ersten Konflikten mit der polnischen Minderheit. Sie erhofft ihrerseits den Anschluß an den neu entstandenen polnischen Staat. Im November 1918 hatte Józef Klemens Piłsudski die vollziehende Gewalt des unabhängigen Polens übernommen, die polnische Republik war proklamiert worden.

Mit einem Pontifikalamt hatte schon am 3. Dezember 1918 der Erzbischof von Posen-Gnesen die Befreiung Polens von der Fremdherrschaft feiern können.

Polen will Danzig. In der Schrift ›Gdańsk‹ von Izabella Trojanowska u. a., Gdańsk 1977, ist darüber zu lesen: »Zum Schluß des I. Weltkrieges 1918 waren die Danziger Polen zusammen mit den Pommerellen bereit, mit der Waffe in der Hand zu kämpfen, um Gdańsk an Polen anzuschließen. Es kam aber anders.«

Als am 28. Juni 1919 die deutschen Vertreter im Spiegelsaal von Versailles, dem Geburtsort des Deutschen Kaiserreichs von 1871, ihre Unterschrift unter den Friedensvertrag setzen, gibt es tiefe Betroffenheit auf beiden Seiten. Artikel 102 lautet: »Die alliierten und assoziierten Hauptmächte verpflichten sich, die Stadt Danzig nebst dem in Artikel 100 bezeichneten Gebiet als Freie Stadt zu begründen; sie tritt unter den Schutz des Völkerbundes.«

Dieser Mittelweg zwischen der Rücksicht auf die überwiegend deutsche Bevölkerung der Stadt und den Interessen Polens will keiner von beiden Seiten gerecht und dauerhaft begehbar erscheinen. Voller Erbitterung schreibt damals die ›Gazeta Gdańska‹: ». . . unsere Träume sind nicht in Erfüllung gegangen. Wir werden nicht mit dem freien Polen vereint sein, sollen irgendeinen Gdańsker Staat bilden . . .«

## »Freie Stadt Danzig«

Obgleich auch polnische Historiker heute die offiziellen Beziehungen zwischen Polen und Deutschen in Danzig, Gdańsk, für »anfangs eher korrekt« halten, obgleich es immer wieder ehrliches Bemühen beider Seiten gibt, obgleich die Bürger der Freien Stadt Danzig, ob deutscher oder polnischer Herkunft, in dem neuen Gemeinwesen zusammenleben: auf der poli-

49  *Danzigs Flagge auf Halbmast. Am 22. Januar 1920 fand die Abschiedsparade der in Danzig stationierten deutschen Truppen statt. Am 7. Februar marschierten die letzten aus: die Leibhusaren.*

50 *Alliierte Truppen übernehmen den Schutz der Freistaat-Gründung. Ein Blick und ein Lächeln für die Dame vor dem Uphagenhaus in der Langgasse.*

51 *Danzig international: 1920. Englische Truppen mit klingendem Spiel auf dem Langen Markt.*

52   *Auch französische Truppen gehörten zu den alliierten Streitkräften in der Stadt,*
*bis Danzig am 15. November 1920 Freistaat unter dem Protektorat des Völkerbundes*
*wurde. Am 26. November, es ist ein Freitag, versammeln sich Franzosen und Briten*
*zum Abzug am Hauptbahnhof.*

tischen Szene des Freistaates kommt es immer wieder zu Konflikten. 70
ernstere, so wurde gezählt, müssen die Hochkommissare des Völkerbundes
schlichten oder vor die Völkerbundgremien in Genf tragen. Jeder Seite ging
es um Selbstbehauptung. Auf jeder Seite waren vaterländische Gefühle,
Nationalstolz und Nationalismus nah beieinander, strebten latent oder
kämpferisch, hoffend oder agitierend mehr zu den schwarz-rot-goldenen
Farben der Weimarer Republik oder den weiß-roten der jungen Republik
Polen, statt zu einem Staatsvolk unter den Emblemen des Freistaates, den
zwei weißen Kreuzen, der gelben Krone darüber auf rotem Tuch.

Unabhängigkeit und Souveränität Danzigs, in seiner Verfassung des Jahres 1922 garantiert, waren oft genug von innen und erschienen den Parteigängern der polnischen und der deutschen Seite oft genug auch von außen
bedroht.

Es waren stürmische Zeiten. Zwar schrieb der Versailler Vertrag den
größten Teil der Provinz Posen und Westpreußens Polen zu. Aber über das
Schicksal des südlichen Ostpreußens und Oberschlesiens sollten Volksabstimmungen entscheiden. Gegenüber der jungen Sowjetmacht suchte Polen
mit einem Vorstoß seiner Truppen bis nach Kiew im russisch-polnischen
Krieg vom April bis Oktober 1920 seine Grenzen über die auf der Pariser

*53 Handel, Wandel und Vergnügungen in Danzig und Umgebung. Anzeigen aus dem Jahre 1923.*

227

54 »Danziger Gewerbefleiß«. Es hält sich auch 1935 empfohlen die »Danziger
Tabak-Monopol Aktiengesellschaft«, Weidengasse.

Friedenskonferenz gezogene Demarkationslinie, die Curzon-Linie, zu erweitern. Die deutschen Abstimmungserfolge ließen Masuren und Marienburg-Marienwerder beim Deutschen Reich verbleiben. Gegen das Abstimmungsergebnis in Oberschlesien versuchte Polen im Mai 1921 den Aufstand. Freischaren, Kämpfe, Erregung, Haß auf beiden Seiten der Grenze. Schließlich wird Oberschlesien geteilt.

Am 10. Januar 1920 war die Staatshoheit auf Danziger Gebiet zeitweilig auf die Alliierten übergegangen. Ein vorläufiger Staatsrat hatte die Herauslösung des Danziger Gebiets aus dem Deutschen Reich durchzuführen. Bei der Wahl zur verfassunggebenden Versammlung bekam am 16. Mai 1920 die Deutschnationale Volkspartei 34 der 120 Abgeordnetensitze, die 1917 von der SPD abgespaltene USPD erhielt 21 Sitze, die SPD 19, das Zentrum 17, Deutschdemokraten und die Freie wirtschaftliche Vereinigung 22. 7 Sitze errang die polnische Partei: ein hohes Votum für die polnischen Bürger Danzigs, für die die Volkszählung vom November 1923 einen Anteil von 3,7 % Polnisch- oder Kaschubischsprachigen ermittelte.

Es war ein mühsamer Weg, bis die mehrfach geänderte Verfassung angenommen, vom Völkerbund genehmigt und am 14. Juni 1922 verkündet wurde. Schon vorher, am 9. November 1920, war der im Versailler Vertrag vorgesehene Vertrag zwischen Polen und der Freien Stadt geschlossen worden. Er regelte die Vertretung der auswärtigen Angelegenheiten durch Polen, enthielt dessen Verpflichtung, ohne Konsultationen mit Danzig keine die Interessen Danzigs berührenden Verträge zu schließen. Er regelte die Errichtung auswärtiger Konsulate in Danzig, gestand Danziger Schiffen die Führung einer eigenen Flagge zu und setzte einen paritätisch besetzten Hafenausschuß ein. Dessen Präsident war im Einvernehmen zu wählen. Im Hafenbereich wurde Polen das Recht auf einen eigenen Post- und Telefondienst zugesprochen. Ein diplomatischer Vertreter vertrat Polens Interessen in Danzig, später mit dem Titel eines »Generalkommissars«.

Wozu hatte der Vertreter des ersten Hohen Kommissars des Völkerbundes bei der feierlichen Proklamation der Freien Stadt am 15. November 1920 beschwörend aufgerufen? »Laßt uns Frieden halten, jederzeit ... Mögen Danzig und Polen dem östlichen Europa darin ein Vorbild sein.«

## Heimat, Geborgenheit, Gefährdung

»Heimatort: Freie Stadt Danzig«. In den Erinnerungen von Gertrud Dworetzki werden jene Jahre lebendig, vieles von jener kleinen Welt, deren Ereignisse und Probleme oft genug unter der Lupe der Weltöffentlichkeit, der Politik und der Propaganda überdimensionale Ausmaße zu bekommen schienen. Da lebt vieles von dem, was für die Menschen dort Glück und

Geborgenheit bedeutete. Da sind die Freuden und der Alltag in einer alt-ehrwürdigen Stadt mit unvergleichlichem Reiz der Landschaft ringsum, der Niederung, den bewaldeten Höhen und den weiten Stränden. Da ist das Nebeneinander von Familien, die seit Generationen oder seit Jahrhunderten in Danzig lebten oder neu dort Heimat oder Zuflucht fanden. Da findet sich die immer wieder gefährdete völkerrechtliche Insel beschrieben. Da ist aber auch der Stolz auf den kleinen Staat mit seiner fortschrittlichen Verfassung, wie eingezwängt er auch immer zwischen Schlagbäumen und Korridor war. Danziger deutscher oder polnischer oder anderer Herkunft und Sprache, Kaufleute anderer Länder, zahllose Besucher: Die Stadt hatte wieder etwas von einem Schmelztiegel, von einem Refugium, einer Brücke zwischen Ländern, Sprachen und Nationen.

Sie war Heimat von Menschen. Sie liebten ihre Heimat wie andere die ihre anderwärts auf der Welt. Gewiß hielten geschichtliche Erfahrung und politische Situation und beiderseitiges Ungenügen an den von Versailles geschaffenen Gegebenheiten immer wieder Konflikte bereit. Und ebenso gewiß gab es, innen wie außen, genug versteckte oder offene Bemühungen, nationales Eiferertum und nationalistische Aggressionen zu schüren. Menschen und ihre Gefühle wurden zu Instrumentarien der Politik. Aber nicht wenige auf gemeinsamem Boden waren sich auch ihrer Gemeinsamkeit bewußt und wußten sie zu leben.

In und um Danzig gab es zahlreiche Familien teils deutscher und teils polnischer Nationalität, »Mischehen« zwischen Polen und Deutschen, Freundschaften und Klassenkameradschaften, Frontkameradschaften aus Kaiser Zeiten, Nachbarschaften, Arbeitskollegen. Meist aber blieben oder gingen polnische und deutsche Danziger auf Distanz. Dennoch: Die Kinder der Jahre 1920 bis 1939 kamen als Bürger der Freien Stadt Danzig auf die Welt. Und wenn sie auch in dem Klima aufwuchsen, das Elternhaus und Schule bestimmten: Niemand von ihnen dürfte ohne Erlebnisse und innere Spuren dessen geblieben sein, was trotz Deutschtümelei und ostentativem Polenstolz kosmopolitisch über dem kleinen Staat lag.

Auch war es mehr als ein Hauch von Internationalität, wenn Danzigs Straßen und Zoppots Strände und Seesteg von Sommergästen aus Warschau oder Łódź, aus Schweden oder dem »Reich« pulsierten; wenn Segelregatta und internationales Tennisturnier, Zoppoter Blumenkorso und Spielkasino, Waldoper und Marienkirche, Kongresse und Konzerte Tausende von Fremden anzogen. Zwischen und trotz politischen Schlagzeilen, Notenwechsel und Demarchen, Aufmärschen und Streitparolen nistete und kittete Danzer Behaglichkeit und Jargon, verzauberten herrliche Sommer und weiße Winter das Leben. Die steinernen Zeugen der Geschichte waren keine musealen Versatzstücke, sondern wie selbstverständlich gegenwärtig in jedermanns Alltag.

*55  Zoppots Strände und Seesteg pulsieren von Sommergästen auch aus Warschau und Łódź, aus Schweden und dem »Reich«. Am Seesteg legten, wie hier der Ausflugsdampfer der Weichsel AG, auch die Schiffe des »Seedienst Ostpreußen« an. Die D-Zug-Fahrzeiten von Danzig betrugen: nach Berlin über Marienburg (2 Züge ohne polnisches Visum, jedoch nicht paßfrei) 9 Stunden; nach Berlin über Dirschau (nur mit polnischem Visum) 8 Stunden; nach Berlin über Stolp, Stettin (nur mit polnischem Visum) 9 Stunden; nach Breslau über Posen (nur mit polnischem Visum) 10 Stunden, und nach Königsberg über Marienburg 3 Stunden. Vom Flughafen Danzig-Langfuhr konnte man direkt nach Berlin, Königsberg, Stolp, Stettin, Marienburg und Warschau fliegen.*

Viele nicht nur der jungen Menschen von damals werden erst später begriffen haben, als Danzig im Inferno des März 1945 untergegangen schien und die Heimat für sie verloren war, welchen Kosmos lebendiger Tradition, natürlicher und geschaffener Schönheit, welche Überfülle und Kontraste des Lebens die 1892 qkm Freistaat vereinten.

Politisch war er eine Bühne von Aktionen und grellen Schlaglichtern beinahe ohne Pause. Politik en suite, Donnergrollen, Theaterdonner, Getöse, Schauplatz politischen Ränkespiels, aber auch von besonnenen Auftritten und Bemühungen um Harmonie.

Auch davon ist bei Gertrud Dworetzki die Rede. Sie hat das Miteinander erlebt und auch die Gegensätze, und wie sie sich zwischen Menschen stellen. Sie berichtet vom Druck der Verhältnisse und schließlich sogar von Terror und Unterdrückung, als sich die NSDAP unter Albert Forster, den

Hitler 1930 als Gauleiter nach Danzig geschickt hatte, daran macht, »den Danziger Staat, soweit es die Danziger Verfassung zuläßt, nach ihren Grundsätzen umzugestalten«. Die nationalsozialistische Politik usurpierte nationale Gefühle und die bei vielen Danzigern lebendige Hoffnung auf eine Wiederkehr in die Grenzen Deutschlands und vermischte sie mit den Parolen ihrer Ideologie. 1933 errang die NSDAP die Mehrheit im Volkstag, der gesetzgebenden Körperschaft des Freistaates. Hermann Rauschning wurde der erste nationalsozialistische Senatspräsident. Aber seine Verständigungspolitik zwischen Danzig, Deutschland und Polen vertrug sich nicht mit Auftrag und Auftreten von Forster. Rauschning ging und mußte fliehen.

»Gleichschaltung« im Sinne des »Dritten Reiches«? »Es ist durchaus folgerichtig«, hieß es 1937 offiziell unter Berufung auf die absolute Mehrheit der NSDAP, »daß hierbei die Maßnahmen des Deutschen Reichs zum Vorbild genommen werden.«

Das galt den Gewerkschaften, den politischen Parteien, den Sozialdemokraten, den Deutschnationalen, den Kommunisten, dem Zentrum, den Polen. Das galt auch den Juden. Und es galt der katholischen und der evangelischen Kirche.

Aber Danzig, unter dem Protektorat des Völkerbundes und stets unter dem Auge der Weltöffentlichkeit, war noch nicht das »Reich«. Zwar kam auch hier 1933 ein »Ermächtigungsgesetz«. Und es kam zu immer stärkerem Druck und immer lauteren NS-Parolen, zu immer häufigeren Aktionen und Pressionen gegen Andersdenkende, zu Ausschreitungen. Aber noch gab es andere Parteien, eine wachsame und aufbegehrende Kirche, Oppositions-Interventionen beim Völkerbund, die weitreichende Hand des polnischen General-Kommissars und das Geld und die Notwendigkeit und auch den Druck des lebensnotwendigen Handels mit Polen. Warschau wußte diese Instrumentarien wirkungsvoll einzusetzen, wenn es um polnische Interessen in Danzig ging, nicht erst seit den ersten Hakenkreuzfahnen im Freistaat. Polens machtvoll aufblühender Hafen von Gdingen war ein stetes respektheischendes Faustpfand. Aus dem kleinen einsamen Fischerdorf nördlich von Zoppot zwischen den Höhen von Adlershorst und Oxhöft war, seit 1920 in aller Stille geplant, seit 1924 mit größter Energie vorangetrieben, ein großer Handels- und Kriegshafen entstanden. 1933 ist Danzigs seewärtiger Güterumschlag überflügelt. Danzigs Kaufleute befürchten das Schlimmste. Die zeitweilige desolate Wirtschaftslage Danzigs trieb den regierenden Nationalsozialisten keineswegs die Sympathien der Mehrheit der Danziger zu. Und es gab sogar Zeiten, in denen zur Bestürzung aller, die die scharfe nationale Anti-Polen-Politik fast aller Kabinette der Weimarer Republik zustimmend erlebt hatten, Hitler einen Polenfreundlicheren Kurs zu steuern schien: Am 26. Januar 1934 wurden in Berlin die Unterschriften unter einen auf zehn Jahre befristeten Verständigungsvertrag zwischen Deutschland und Polen gesetzt. Er war noch von Diplomaten der Weimarer Republik vorbereitet worden.

1935 war Danzig, so analysierte der amerikanische Historiker Herbert S. Levine fünfunddreißig Jahre später, »noch eine relativ offene Gesellschaft«. Im Juni 1934 waren 21 861 Danziger eingeschriebene Mitglieder der NSDAP. Als am Sonntag, dem 7. April 1935, die Stimmen zur Volkstagswahl ausgezählt waren, nach rüdem Wahlkampf, Pressionen und körperlichen Angriffen gegen Oppositionelle und zeitweiliger Beschlagnahme von Oppositionszeitungen, verschlug es Forster am Rundfunkmikrophon die Stimme. Nur knapp 59 Prozent hatten die NSDAP gewählt. von den 72 Sitzen des neuen Volkstages gingen nur 43 an die NSDAP. 12 gingen an die SPD, 10 an das Zentrum, 3 an die Deutsch-Nationale Volkspartei, 2 an die KPD und 2 an die polnischen Parteien. Weltweit wurde die Wahl als eine NS-Niederlage angesehen. »Die Wahlen von 1935«, so Levine, »korrigierten die Auffassung, daß Danzig von den Nazis total gleichgeschaltet sei und führten sogar einige ausländische Kommentatoren zum gegenteiligen Schluß. Die Wahrheit lag irgendwo dazwischen.«

Aber 1937 war der Prozeß der politischen Gleichschaltung abgeschlossen. Danach war Danzig, so Levine, nur noch ein »»Miniatur-Drittes Reich‹, obgleich die Einführung der antisemitischen Gesetzgebung um ein weiteres Jahr verschoben worden war«.

## Minderheit und Mehrheit

Bis heute sind Historiker der einen Seite überzeugt, daß Polen schon in den ersten Jahren des Freistaates bestrebt gewesen sei, die Stadt zu polonisieren und politischen wie wirtschaftlichen Druck auszuüben. Nach polnischer Auffassung bis heute, so etwa Tadeusz Bolduan, wurden die polnischen Rechte in Gdańsk »vom Senat systematisch unterwühlt und torpediert«, indem »die Deutschen, seitdem Gdańsk zur Freien Stadt erklärt worden war, sich alle Rechte auf die Stadt anmaßten. Die polnische Bevölkerung, die damals in der Minderheit war, wurde nach und nach an den Rand des öffentlichen Lebens abgedrängt.« Eigene polnische Organisationen sollten »einerseits die polnischen Interessen wahren, andererseits den Tendenzen eines Teils der polnischen Bevölkerung, der Germanisierung zu erliegen«, entgegenwirken.

Das galt für die im April 1921 ins Leben gerufene »Polnische Gemeinde in der Freien Stadt Gdańsk«, wie für den »Polnischen Volksschulverband in Gdańsk« vom gleichen Jahr. Im Mai 1922 öffnete das polnische Gymnasium seine Pforten. Für den Senat stand Ende der 20er Jahre fest, »daß das

Polentum in Danzig Fortschritte gemacht hat, allerdings nicht auf Kosten des Deutschtums, aber doch so, daß es sich in steigendem Maße eine politische, wirtschaftliche und kulturelle Position nach der anderen schafft und ein neues Kulturlager neben dem deutschen aufbaut. Diese Fortschritte«, so Senator Strunk in einer Stadt-Broschüre Ende der zwanziger Jahre, »sind begründet in der Macht der Stellung, die der polnische Staat und die polnische Volkswirtschaft infolge der Verträge in Danzig einnehmen, und in der großen Unterstützung, die das ganze polnische Volk dem Polentum in Danzig gewährt.«

»Der (polnische) Volksschutzverband«, so Tadeusz Bolduan, »entfaltete eine so rührige Tätigkeit, daß 1939 in Gdańsk 33 Lehr- und Erziehungsanstalten wirkten, darunter 20 Kindergärten, Handelsschulen Konservatorien.«

## Was sie einst Heimat und Vaterland nannten

Im Kalendarium der Geschichte stand damals schon der Einmarsch deutscher Truppen im März 1938 nach Österreich, stand das Münchner Abkommen vom 29. September 1938, mit dem die Regierungschefs Englands, Frankreichs und Italiens, Chamberlain, Daladier und Mussolini, um des erhofften Friedens willen die angeblich letzte territoriale Forderung des Mannes aus Braunau sanktionierten: die Abtretung der sudetendeutschen Gebiete an Deutschland. Und die Chronik der Ereignisse verzeichnet auch jenen 14. März 1939, an dem auf Hitlers Befehl deutsche Truppen in Böhmen und Mähren einmarschieren und die »Rest-Tschechei« liquidiert wird. »Ist dies tatsächlich ein Schritt in die Richtung, die Welt durch Gewalt beherrschen zu wollen?«: Der tief enttäuschte Chamberlain gibt der Weltöffentlichkeit unmißverständlich zu verstehen, daß der nächste Gewaltakt, wenn er zum Blutvergießen führe, mit der englischen Kriegserklärung beantwortet würde. Hitler betreibt und vollzieht die »sofortige Rückkehr des Memellandes«. Polen erklärt, daß jede weitere Verfolgung der deutschen Pläne, insbesondere soweit sie eine Rückkehr Danzigs zum Reich beträfen, den Krieg mit Polen bedeute.

Am 6. April gibt Ministerpräsident Chamberlain das Ergebnis der Verhandlungen über ein bevorstehendes Hilfeleistungsabkommen zwischen London und Warschau bekannt. Darin versichern sich Großbritannien und Polen der gegenseitigen Hilfeleistung »im Falle irgendeiner direkten oder indirekten Bedrohung der Unabhängigkeit der beiden Länder«. Schon im Oktober 1938 hatte der polnische Botschafter in Berlin die von Ribbentrop, Hitlers Außenminister, vorgetragenen Vorschläge abgelehnt: Danzigs Rückkehr zum Deutschen Reich bei Wahrung der wirtschaftlichen Rechte Polens, eine exterritoriale Eisenbahn und Autostraße durch den »Korridor«.

56 *Weiß-rote Fahnen in Danzigs Straßen. Die polnische Minderheit: selbstbewußt und stolz auch gegen Druck und dann Unterdrückung und Terror.*

57 *Die Große Synagoge an der Reitbahn 1939 vor dem erzwungenen Abbruch. Bretterzaun und Hohn-Parolen gegen die jüdischen Mitbürger.*

Am 11. April 1939 wird der Wehrmacht Hitlers Weisung für den »Fall Weiß« zugestellt: Vorbereitung des Krieges mit Polen und der »Inbesitznahme von Danzig« für den Fall, daß eine Einigung nicht zustande kommt.

Längst hat auch in Danzig der erzwungene Exodus der jüdischen Bürger begonnen. Manchen ihrer Familien war die alte Stadt seit Jahrhunderten Heimat. Für viele war sie zur Lebenswelt nach dem ersten Weltkrieg geworden und für viele jetzt Hafen der Hoffnung auf Emigration. Und es gab auch Danziger, die ihnen dabei zu helfen suchten, wie den Polizeirat Kammer. Am 19. April 1939, zum Sabbat nach Pessach, versammeln sich die Beter zum letzten Mal nach dem erzwungenen Verkauf in der Großen Synagoge an der Reitbahn:

»Wir nehmen Abschied von unserem großen schönen Gotteshaus. Abschiednehmen ist zum überwältigenden jüdischen Schicksal unserer Tage geworden. Kinder nehmen Abschied von ihren Eltern und wissen oft genug, daß es ein Abschied für immer ist. Menschen nehmen Abschied von ihren Freunden und Verwandten, von dem, was sie einst Heimat und Vaterland nannten; Menschen nehmen Abschied von Vorstellungen und Begriffen, von denen sie glaubten, daß sie das Fundament ihres Lebens seien; Menschen nehmen Abschied von den Gräbern ihrer Toten.«

Und Dr. Itzig, der Vorsitzende der Gemeinde, schließt: »Wenn wir jetzt durch die Pforten unseres Gotteshauses hinaustreten, wollen wir es nicht als gedrückte und getretene Menschen tun, sondern stolz und aufrecht als Träger eines wahren Gottesgedankens. Träger dieses Gottesgedankens kann aber nichts anderes bedeuten als trotz allem den unbeugsamen Willen sich zu erhalten für Recht, für Menschenehre und -würde bis an das Ende unserer Tage.«

Dann schreibt das Städtische Hochbauamt die Große Synagoge zum Abbruch aus. Und ein großes Schild höhnt: »Komm, lieber Mai, und mache von Juden uns jetzt frei!«

Freie Stadt Danzig. 1939.

## Verhängnisvoller Sommer 1939

In Berlin beantwortet Hitler Präsident Roosevelts Forderung nach einer Nichtangriffsgarantie durch Hitler und Mussolini gegenüber 30 Staaten Europas und Vorderasiens mit beißender Ironie und pathetischer Hybris. In seiner Rede vor dem Reichstag am 28. April kündigt er den Nichtangriffspakt mit Polen und den deutsch-britischen Flottenvertrag.

In Danzig begeht die polnische Volksgruppe am 4. Mai den Nationalfeiertag Polens. Auf einer Kundgebung werden die polnischen Ansprüche auf den freien Zugang der Ostsee und die nationalen Rechte der Polen in Danzig hervorgehoben.

Seit Mai 1939 kommt es zu ständigen Zwischenfällen an der polnisch-Danziger Grenze. Hinter den erregten Szenarien der internationalen Politik steht Hitlers Regie bereits fest. Er ist zum Krieg gegen Polen entschlossen. Am 23. Mai erklärt er vor der Wehrmachtsführung:»Danzig ist nicht das Objekt, um das es geht.« Diplomatische Aktivitäten, Reden, Fensterreden. Luftschutzvorbereitungen in Danzig. Aufmärsche. Im Juni Goebbels-Rede in Danzig:»Deutsche Männer und Frauen! Danziger! . . . Ich stehe hier auf dem Boden einer deutschen Stadt, vor mir Zehntausende deutscher Menschen, und ringsum ungezählte Zeugen deutscher Kultur, deutscher Sitte, deutscher Art und deutscher Baukunst. Ihr Danziger sprechet die deutsche Sprache wie wir im Reich. Ihr entstammt derselben Rasse und demselben Volkstum; ihr seid mit uns in einer großen Schicksalsgemeinschaft verbunden! Ihr wollt deshalb heim zum Reich.« Und er zitiert aus Hitlers letzter Reichstagsrede:»Danzig ist eine deutsche Stadt und sie will zu Deutschland!«

Zwischenfälle in und um Danzig. Streit über polnische Zollinspektoren. Waffenschmuggel, heimliche Einberufungen, Gründung der SS-Heimwehr. Ein dramatischer Juli. Die ausländischen Touristenströme versiegen. Scharen von Journalisten aus aller Welt in der Stadt. Am 10. Juli Ministerpräsident Chamberlain vor dem Unterhaus:»Vom völkischen Gesichtspunkt aus ist Danzig eine fast ganz deutsche Stadt, aber das Gedeihen seiner Einwohner hängt in sehr hohem Maße vom polnischen Handel ab . . . Die jüngsten Vorkommnisse in Danzig haben unvermeidlich Anlaß zu Befürchtungen gegeben, daß beabsichtigt sei, den künftigen Status der Stadt durch eine einseitige, mit verborgenen Methoden organisierte Aktion zu regeln und auf diese Weise Polen und andere Mächte vor eine vollendete Tatsache zu stellen . . . Wir haben garantiert, daß wir Polen unseren Beistand geben im Falle einer klaren Bedrohung seiner Unabhängigkeit . . . und wir sind fest entschlossen, diese Verpflichtung auszuführen.«

Ein dramatischer August. Forster mehrfach bei Hitler, NS-Delegationen in Danzig, Kundgebungen, Forster-Reden. Diplomatische Aktivitäten in den Weltstädten. Erregung in Polen. In seinem Buch über ›Die Entfesselung des Zweiten Weltkrieges‹ schreibt der Schweizer Historiker Walther Hofer 1964:»Das Ringen an den diplomatischen Fronten war begleitet von immer lauter werdendem Lärm um die deutsch-polnischen Streitobjekte. Die nationalsozialistische Propaganda beschäftigte sich täglich in Presse, Radio, Reden und Film mit diesen Angelegenheiten: dem ›Freiheitskampf der deutschen Stadt Danzig gegen den polnischen Würgegriff‹ und den ›furchtbaren Ausschreitungen gegen die volksdeutsche Minderheit‹ in Polen. Auch die Berichte der Diplomaten waren voll von diesen Dingen . . . Sicher sind solche Ausschreitungen vorgekommen . . . Solange indessen Hitler für seine außenpolitischen Unternehmungen ein freundlich gesinntes Polen

58  Juni 1939. Hitlers Propaganda-Minister Goebbels in Danzig. »Ihr wollt . . . heim zum Reich«.

59  Freitag, 18. August 1939. »Wir haben dafür gesorgt, daß Danzig und seine Bevölkerung nicht mehr wehrlos sind.« NS-Gauleiter Albert Forster bei der »Fahnenübergabe an die SS-Heimwehr«.

brauchte, ging alles gut. Den polnischen Staatsmännern wurde überdies bei verschiedenen Gelegenheiten bestätigt, daß Polen seine Verpflichtungen aus dem Minderheitenabkommen einhielte. »Es wird aber nie gelingen können«, fährt Hofer fort, »Wahrheit und Lüge hier zu unterscheiden, Wirklichkeit und Übertreibung, Provokation und Gegenwehr auseinanderzuhalten. Wichtig und schließlich allein wesentlich für die geschichtliche Betrachtung ist die Tatsache, daß alle diese Dinge für die Entscheidung zwischen Krieg und Frieden nur eine untergeordnete Rolle spielten ... Die internationale Spannung im Sommer 1939 und schließlich der Krieg vom 1. September entstanden nicht, weil sich die deutsch-polnischen Beziehungen in der Minderheitenfrage verschlimmert hätten, vielmehr ist es genau umgekehrt: das deutsch-polnische Verhältnis verschlechterte sich, weil der Krieg in Hitlers Planung feststand und weil er eben zu dessen Auslösung ›propagandistischen Anlaß‹ brauchte.«

## Ein dramatischer August

Am 5. August hält anläßlich der Legionärstagung in Krakau Marschall Rydz-Śmigły eine weltweit verbreitete Rede: »Danzig, das mit Polen seit Jahrhunderten verbunden ist, stellt die Lunge unseres wirtschaftlichen Organismus dar ... Wenn jemand sich einbildet, daß unsere Vaterlandsliebe uns geringere Rechte und Pflichten auferlegt als anderen, so warnen wir vor diesem großen Irrtum.« Zwei Wochen später, anläßlich der »Osttagung deutscher Rechtswahrer«, ist in Zoppot Reichsminister Dr. Frank so zu hören: »Diese deutsche Stadt Danzig ist keine Freie Stadt Danzig, mag sie noch so sehr in dieser Figur im Katalog des Völkerbundes erscheinen, frei wird diese Stadt erst, wenn sie der großen freien Gemeinschaft unseres Reiches endlich wieder zugeführt wird.«

Schon am 13. August, es ist ein Sonntag, hatte Hitler den letzten Hochkommissar für Danzig, Carl J. Burckhardt, in Berchtesgaden wissen lassen: »Jeden Augenblick kann es in Danzig losgehen. Ihre Kinder wären in der Schweiz besser aufgehoben.«

Beiderseits der Grenzen sind Schützengräben ausgehoben, Stacheldrähte im Dünengras, Panzersperren an den grenznahen Straßen. In der dem Statut nach entmilitarisierten Stadt paradieren am 18. August die Truppen der SS-Heimwehr auf dem »Maifeld« vor Forster. An den Grenzen Patrouillen von Zoll, Landespolizei, SA und SS und eingeschleusten regulären Soldaten. Im Jahre 1940 ist in einer Schrift von NS-Gaupropagandaleiter Otto Heß zu lesen, nachdem er gerade das Sommerfest der Künstler im August 1939 im Zoppoter Kurgarten beschrieben hat:

»Das Danzig jener Tage kennt noch etwas anderes, das in der Stille vor

60  *Ein dramatischer August. »Jeden Augenblick kann es in Danzig losgehen«, so Hitler zum letzten Hochkommissar des Völkerbundes Carl J. Burckhardt. Ein paar Unentwegte am Zoppoter Strand.*

61  *Beiderseits der Grenzen Schützengräben, Stacheldraht im Dünengras, Panzersperren.*

sich geht. Nachts klirren die Fensterscheiben in den Straßen, durch die Kolonnen grauer Lastautomobile vom Hafen her zu den alten Kasernen rollen, die in den vergangenen 20 Jahren nicht so recht wußten, wozu sie da sind. Nichts konnte Danzig daran hindern, die erforderlichen Selbstschutzmaßnahmen gegen den übermütigen polnischen Feind vorzunehmen. Tausende junger Danziger, die meist in den vergangenen Jahren freiwillig bei der jungen deutschen Wehrmacht gedient hatten, erhalten überraschend Gestellungsbefehle, um als ›Polizei‹ Dienst zu tun. Gar nicht unterzubringen in der ›verstärkten Polizei‹ sind die Scharen der Freiwilligen. Die kampferprobte SA. steht wieder in der vordersten Linie ... In der SS-Heimwehr entsteht in wenigen Wochen eine schlagkräftige junge Truppe. Über Nacht geradezu wurde Danzig wieder Garnison, fast unmerklich ist das Versailler Gebot der Wehrlosigkeit ausgelöscht worden. Als die Truppen zum ersten Male Sonntagsurlaub erhalten, sieht man, wie viele Soldaten es in dem entmilitarisierten ›Völkerbundsprotektorat‹ gibt. – Eine Zeitlang scheint die ausländische Presse nur ein Thema zu kennen: ›Die Militarisierung Danzigs‹.«

Selbstverständlich ist Polen argwöhnisch, wachsam, auf der Hut. Der polnische Generalstab sammelt alle aus Danzig eingehenden Informationen und Beobachtungen, organisiert Gegenmaßnahmen, zieht Truppen an den Grenzen zum Freistaat zusammen. Es konnte nicht verborgen bleiben, daß für die Danziger Polizei und die paramilitärischen Verbände Waffen »auf verschiedenen Wegen und mit verschiedenen Mitteln« eingeschleust wurden. Dazu heißt es in dem 1980 in Gdańsk erschienenen Buch ›Der Zweite Weltkrieg begann auf Westerplatte‹:

»Aus vielen Angaben der Abteilung des II. Generalstabes der polnischen Armee konnte man sich ein Bild vom Ausmaß der Aktion machen. Es langt schon, wenn man erwähnt, daß im Zeitraum vom 25. Juni bis 1. Juli 1939 allein über die Schichau-Werft 20 Feld- oder Fliegerabwehrgeschütze, sowie einige Dutzend Feldküchen und einige Panzerautos eingeführt wurden. Es trafen auch Menschentransporte ein. Aus Ostpreußen wurden mindestens 900 Angehörige der SS hierhergebracht. Andere Quellen schätzen die Anzahl der SS-Angehörigen auf 1800, weiter geben sie die Ankunft von 1000 jungen Männern aus Ostpreußen, sowie etwa 140 Soldaten in Zivilkleidung an ... In den wöchentlichen Berichten der Abteilung des II. Generalstabes der polnischen Armee befinden sich auch Angaben darüber, daß allein im Zeitraum vom 20. bis 30. August etwa 800 deutsche Soldaten nach Gdańsk kamen.«

Was geschieht auf der Westerplatte? »Angesichts der Gefahr eines Putsches verstärkte Polen seine Wachmannschaft auf der Westerplatte und bewaffnete die Besatzung des polnischen Postamtes«, schildert Szermer. 1924 hatte der Völkerbundsrat Polen das Terrain der Halbinsel Westerplatte trotz heftiger Danziger Proteste für ein Munitions- und Sprengstofflager zugesprochen. Seit 1925 durfte dort eine polnische Wachabteilung stationiert werden. 1933 begann der Ausbau der zur Verteidigung bestimmten Befestigungsanlagen, die »nur sorgfältig getarnt durchgeführt werden konnten«, wie es in dem genannten Buch über die Westerplatte heißt.

Schon beim »Anschluß« des Memellandes wurde die Westerplatte in Alarmzustand versetzt. Man rechnete mit einem »Anschluß« auch Danzigs: »Es wurde jedoch angenommen, daß die Aktion auf das Gebiet der Freien Stadt begrenzten, lokalen Charakter haben wird. Deshalb erarbeitete man verschiedene Hilfsversionen für die Besatzung der Westerplatte, die sich sechs Stunden lang verteidigen sollte.« Der polnische historische Bericht fährt fort: »Nach Ablauf dieser Zeit sollte das sog. Interventionskorps in das Gebiet der Freien Stadt einrücken, das für den Fall eines von den Faschisten zum Zwecke der Angliederung von Gdańsk an das Reich durchgeführten Putsches oder für den Fall eines Überfalles auf polnische Institutionen in der Stadt gebildet worden war. Weiterhin war die Landung von Marinetruppen auf der Westerplatte zur Verstärkung der Mannschaft vorgesehen.«

Am 20. August fordert Forster die Danziger Frauen auf, »gläubig und zuversichtlich in die kommenden Tage hineinzuschauen«. Am 23. August erfahren die Danziger und die Weltöffentlichkeit folgende Verordnung des Senats: »Der Gauleiter von Danzig ist das Staatsoberhaupt der Freien Stadt«: Verfassungsbruch. Gegenüber dem polnischen Botschafter in Paris beteuerte der französische Regierungschef Daladier erneut die Solidarität seines Landes.

Kurz vor Mitternacht des 21. August war wie eine Bombe die Ankündigung eines »Nichtangriffsvertrages zwischen Deutschland und der Union der Sozialistischen Sowjetrepubliken« in die siedendheiße Atmosphäre der Politik geplatzt. Es ist der 24. August 1939, Donnerstag, als Ribbentrop von den erfolgreich abgeschlossenen Verhandlungen mit Stalin und Molotow nach Berlin zurückkehrt. Tags darauf läuft die »Schleswig Holstein« in Danzigs Hafen ein. Sie legt an am Kai gegenüber dem polnischen Munitions-Depot auf der Westerplatte, unter Deck hinter verschlossenen Luken eine Sturmkompanie der Kriegsmarine. Zwei Tage vorher hatte Chamberlain wörtlich erklärt: »Die internationale Lage hat sich verschlechtert, so daß wir heute den unmittelbaren Gefahren des Krieges gegenüberstehen.« Am 25. August ist das englisch-polnische Hilfeleistungsabkommen unterzeichnet. Am selben Tag hören die Franzosen Ministerpräsident Daladier im Rundfunk: »Frankreich und England stellen einen einzigen Block zum Schutze der Freiheit dar.«

US-Präsident Roosevelt appelliert an Deutschland und Polen, alle feindlichen Maßnahmen zu unterlassen, um noch Verhandlungen zu ermöglichen.

62 *Freitag, 25. August 1939. Die »Schleswig-Holstein« läuft in Danzigs Hafen ein, angeblich zu einem Freundschaftsbesuch. Unter Deck eine Sturmkompanie. Vorweg der Schlepper »Albert Forster«.*

An eben jenem 25. August, am Abend, erhalten die Danziger Landespolizeiregimenter den Befehl, die vorbereiteten Feldstellungen einzunehmen. Sie werden wieder zurückgezogen. Hitler hat den Angriffsstichtag auf Polen unerwartet verschoben.

Beschwörend wendet sich Daladier an Hitler, doch noch nach einer friedlichen Verständigung mit Polen zu suchen.

## Krieg? Krieg um Danzig?

»Tja, meine Härren, mich jing's auch so. Ich dacht auch all bald: in sonne schwere und aufjeribbelte Zeiten dirfst nich am Sonnahmdstammtisch dänken. Aber was mecht hier woll unser olles Oberchen sagen, wänn wä ihm miteins alle mechten wächbleiben ... Also dänn langen Se mich man fix en kleines Hälles, Herr Oberchen, und machen Se nich son besorchtes Jesicht nich, es wird all wie werden.«

Wird es wirklich irgendwie gutgehen? »Du sollst doch warraftich wissen«, hatte ihm seine Ollsche gesagt, »daß ma jätz alles tun muß um arme näweese Menschen bißchen aufzumuntern.« »Weißt, Olgachen«, hatte er antworten wollen, der Rentier und Maurerpolier Franz Poguttke aus Danzig, »am besten is vleicht, ich sätz mich all die neie Gasmask auf, dann hast nich neetich, dir ieber mein Jesichtsausdruck aufzuribbeln.« Aber nei, meine Härren, »ich tat es nich, ich weiß ja, daß meine gute tapfere Ollsche von dem mochumschen Närvenkriech auch zu leiden hat.«

»So hab ich mir dänn«, erfährt die Sonnabendstammtischrunde, »zusammengerissen ... nämlich trotz und alledem ein frohes Jesicht jemacht, dänn jätz en gnietschen Flunsch ziehn und dem Kopp hängen lassen, das nitzt ei'm sälber garnuscht nich und de Mitmänschen noch wen'jer ... Immer mit de altbeweehrte Danzjer Ruhe! – Prost! – Oberchen, bitte zahlen!«

Danzig am Sonnabend, dem 26. August 1939. Ob viele wie gewohnt in der Wochenendausgabe der ›Danziger Neuesten Nachrichten‹ die Politik überschlagen und sogar den Sport und zuerst wissen wollen, was Poguttke zu erzählen hat beim kleinen Hellen? Von sich und seiner Frau Olga, von Brummer, dem Hund, vom Friseur Adolf Schaweiter, von Tante Natchen und der ollen Piestanjewskeschen, der Putzfrau. Von den kleinen Ereignissen und den großen in der alten Stadt an der Weichsel.

Schwere und aufgeregte Zeiten. Nervenkrieg. Gasmaske. Niemals seit 1920, als die »Freie Stadt Danzig« errichtet worden war, Schöpfung der Pariser Friedenskonferenz nach dem Weltbrand von 1914–18, ungefragt über die Danziger verfügt durch den Versailler Vertrag, hatten die Schlagzeilen so bedrohlich geschrien wie in den letzten Wochen. »Italien trifft Vorbereitungen. Weitere Jahrgänge zu den Waffen gerufen«, drahtet der römische Vertreter der ›Danziger Neuesten Nachrichten‹. Auf der ersten Seite dieser Ausgabe vom Sonnabend 26./Sonntag 27. August 1939 drängen sich neben dem Hinweis auf den Friedensappell des Papstes alarmierende Nachrichten und Kommentare.

Aus Berlin teilt DNB, das Deutsche Nachrichtenbüro, amtlich mit: »Mit Rücksicht auf die gespannte Lage fällt die auf Sonntag, den 27. August, angesetzte Tannenbergfeier aus.« Tannenberg, die Schlacht in Ostpreußen gegen die russischen Armeen vor 25 Jahren, in den letzten Tagen des August 1914. Und heute, am 26. August 1939? »Der polnische Aufmarsch. Ein Durcheinander von Flüchtlingen und Soldaten«, so will es das Deutsche Nachrichtenbüro wissen: »Wie DNB mitteilt, laufen aus allen Teilen des polnischen Grenzgebietes Nachrichten des polnischen Aufmarsches gegen Deutschland ein.«

Krieg? Krieg um Danzig? Krieg zwischen Deutschland und Polen? Ein neuer Weltkrieg? »Nachdem die englische Regierung der Öffentlichkeit gegenüber bereits gestern abend eine Reihe von vorkehrenden Maßnahmen für den Kriegsfall bekanntgegeben hat«, so lesen die Danziger an diesem Sonnabend, »und im Zusammenhang hiermit die englische Schiffahrt Sonderanweisungen erhielt, hat auch die Reichsregierung die im Auslande befindlichen Handelsschiffe entsprechend gewarnt.« Gestern schon, am Freitag, hatte ›Der Danziger Vorposten‹, das »Amtliche Organ der NSDAP Gau Danzig«, behauptet: »In Warschau herrscht gedrückte Stimmung – die Generäle aber wollen losschlagen.«

Oberhalb dieser Hauptüberschrift breitete sich wie stets unter dem Titelkopf des ›Vorposten‹ der fette Balken mit den beiden Hakenkreuzen und dem Kampfruf dazwischen »Zurück zum Reich. Gegen vertragliche Willkür«.

Die Strände, am strahlenden Sommersonntag des 27. August mit seinen 25° noch von Danzigern belebt, sind in der letzten Augustwoche leergefegt. Jedermann wußte, befürchtete: ein gewaltiges Gewitter mußte sich entladen. Dann öffnet der deutsche Generalkonsul in Danzig das dritte Kode-Telegramm: »1 Fischen 4.45«: 1. September 1939, 4 Uhr 45.

Die Ereignisse jenes verhängnisvollen, dramatischen Sommers 1939 erlebt Gertrud Dworetzki nicht mehr in der alten Stadt. Ihr Vater, jüdische Verwandte und Freunde mußten vor dem braunen Terror fliehen.

Am Tag des Überfalls auf Polen, am 1. September 1939, verkündet Albert Forster die Eingliederung der Freien Stadt in das »Großdeutsche Reich«.

Unter den Feuersalven auf die Westerplatte, in der Belagerung der Polnischen Post am Heveliusplatz, der Besetzung des Bahnhofs, im Zusammentreiben von Polen, Juden und mißliebigen Deutschen in der Viktoriaschule und dann im KZ von Stutthof gehen die Gemeinsamkeiten unter, die Deutsche und Polen über Jahrhunderte verbanden.

## In lodernden Flammen stand die ganze Stadt Danzig

Als der von Hitler entfesselte Krieg 1945 in das Inferno des Unterganges einmündet, scheint auch das Ende Danzigs, der alten Stadt an der Weichsel, gekommen. Ein schrecklicher Winter war voraufgegangen. »Die Karwoche«, weiß sich der katholische Priester Franz Josef Wothe zu erinnern, »brachte Frühlingswetter, und Ostern strahlte die Sonne.« »Der Karfreitag war der Todestag unserer Stadt.«

Ein anderer Danziger, Professor an der Technischen Hochschule, sah auf der Flucht die brennende Stadt von einem Fischkutter aus: »Mit Einbruch der Dunkelheit legten wir ab und nahmen Kurs auf Hela. Es war der ergreifendste Augenblick meines Lebens. In lodernden Flammen stand die ganze Stadt Danzig und in der Mitte das Wahrzeichen, die Marienkirche. Eine dunkle Rauchwolke stand über der Stadt und hüllte allmählich das grausige Bild in einen dichter und dichter werdenden Schleier, der durch die zuckenden Flammen gespenstisch angeleuchtet wurde. Immer mehr wurde es

63 Die Westerplatte: behagliches, beliebtes Seebad der Danziger bis nach dem Ersten Weltkrieg. Seit 1924 polnisches Munitions- und Sprengstofflager, seit 1933 geheim befestigt.

64 Feuer auf die Westerplatte: Fanal für die Welt im Morgengrauen des verhängnisvollen 1. September 1939, als Hitlers Überfall auf Polen begann. Symbol für Polens Widerstand.

65    *Am Morgen des 1. September 1939: SA und Landespolizei besetzen den unter polnischer Hoheit stehenden Bahnhof.*

66  Nach mehrstündiger Verteidigung der polnischen Post, nach Einsatz von Artille-
rie und Panzerspähwagen schließlich Flammenwerfer. Die überlebenden polnischen
Verteidiger müssen sich ergeben.

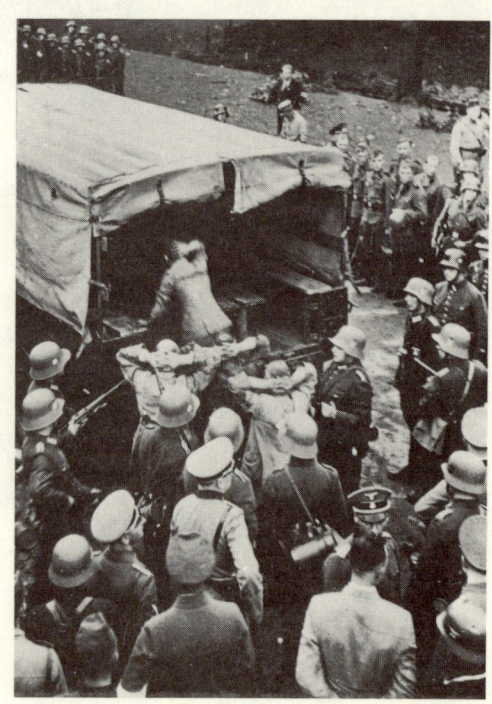

67  Abtransport in die
Gefangenschaft. »Kriegs-
gerichtsurteil«. Tod.

68  »Proklamation! Männer und Frauen Danzigs! . . . Danzig ist mit dem heutigen
Tage heimgekehrt in das Großdeutsche Reich. Adolf Hitler hat uns befreit.« Geheim
aber hatte Hitler längst erklärt: »Danzig ist nicht das Objekt, um das es geht«.

69  Krieg. Tiefe Betroffenheit vor der zerschossenen polnischen Post am Heveliusplatz.

70 *Danziger angesichts der Westerplatte. Drüben die zerfetzten Bäume, die zer-borstene Mauer.*

71 *Der Krieg ist nach dorthin zurückgekehrt, von wo »Fluten von Blut und Feuer sich über die Welt ergossen haben«. Danzigs Langer Markt im Inferno des März 1945, aufgenommen am 26. 3.*

72    *Danach. Wie ein Mahnmal*
*von Krieg, Tod, Zerstörung, Hy-*
*bris und Vergänglichkeit: die Sil-*
*houette der Stadt, die gestorben*
*scheint.*

73    *Danach. 1945 in der Lang-*
*gasse. Die Straße schon geräumt.*
*Trümmer, Stümpfe, Fassaden mit*
*leeren Fensterhöhlen. Der Korre-*
*spondent der Polnischen Nach-*
*richtenagentur am 2. April 1945:*
*»Es gab einmal ein Danzig, und*
*es wird für alle Zeiten Gdańsk*
*bleiben. Jetzt bauen wir es auf«.*

74  Aus der öden Trümmerwüste...

75  ... erheben sich neu die Konturen der alten Stadt. Die Marienkirche überstand mit schwersten Zerstörungen, die 40% der Gewölbe verwüsteten. Kościół Najświętszej Marii Panny wurde 1955 neu, katholisch, geweiht.

nur noch ein roter Schein, der versank und versank, und mit ihm versank unser schönes deutsches Danzig, das uns unvergessene Heimat gewesen ist.« Und Franz Josef Wothe: »Wer das miterlebt hat, den erdrückt noch nach . . . Jahren das schreckliche Ereignis. Kirchen und Häuser sanken in Trümmer. Viele Menschen – ihre Zahl konnte nie genau festgestellt werden – mußten sterben. Die anderen, die dort ihre Heimat hatten, wurden vertrieben.«

Unmittelbar vor Kriegsausbruch, am 1. September 1939, lebten etwa 403 000 Menschen auf dem gesamten Gebiet der Freien Stadt Danzig. Der de-jure-Stand der deutschen Bevölkerung wird für Ende 1944 mit 373 000 beziffert. In der Stadt selbst lebten lt. deutscher Statistik im Mai 1939 267 000 Einwohner, Ende 1944 236 000. Dann kam die große Flucht, erst aus Ostpreußen und Westpreußen, dann aus Danzig selbst, kam das Leid und Sterben der letzten Monate und Wochen des Krieges. Und es kam für die Überlebenden, Verbliebenen das Los der Besiegten des Krieges, in den Hitler die Welt getrieben hatte: angesichts der nun allen offenkundig werdenden, in der Menschheitsgeschichte einzig dastehenden Ungeheuerlichkeit von Untaten, Mord und Völkermord, die vor allem im Osten Europas im deutschen Namen begangen worden waren. Die millionenfache Last dieser verbrecherischen Unmenschlichkeit liegt über dem Schicksal auch all derer, die unschuldig Hitlers und seiner Schergen Zeche zahlen mußten: mit Tod, Not, bitterstem Erleben. Und schließlich auch mit ihrer Heimat.

»Knapp eine halbe Million Menschen hatte sich in den Märzwochen in Danzig befunden, und höchstens die Hälfte von ihnen war in den letzten Tagen noch zu Schiff nach dem westlichen Reichsgebiet oder mit Fähren nach Hela gebracht worden. Ca. 200 000 Einheimische und Flüchtlinge, die in Danzig und den Städten Zoppot und Gdingen Unterschlupf gesucht hatten«, erlebten den Einzug der sowjetischen Truppen: so die ›Dokumentation der Vertreibung der Deutschen aus Ost-Mitteleuropa‹. Die Zahl der »im Kampf um Gdańsk und Gdynia getöteten und verwundeten Soldaten« nennt Tadeusz Bolduan mit 39 000, der Gefangenen mit 10 000.

Die Einwohnerzahl von Gdańsk soll, lt. polnischen Studien, im April 1945 etwa 139 000 betragen haben. Aber anderen polnischen Autoren scheint diese Zahl zu hoch. Für September 1950, 11 Jahre nach jenem September 1939, wird vom Statistischen Bundesamt »die in Danzig zurückgebliebene und zurückgehaltene deutsche Bevölkerung« mit 4000 angegeben. Die Zahl derer, die in den letzten Wochen des Krieges, auf der Flucht und danach starben, umkamen, wurde nie genau ermittelt.

Prälat Wothe: »Heute . . . hat es keinen Sinn, alte Wunden wieder aufzureißen, Schmerzen wieder wachzurufen, bittere Gefühle zu wecken. Wir wissen, das Leben ging weiter. Danzig wurde wieder aufgebaut.«

76 *Die Gewölbe nach 1945 rekonstruiert, Fenster, Fassade und Innenräume erneuert: der Artushof, jetzt Dwór Artusa. Ein Foto vom Januar 1951.*

77 *Das Langgasser Tor im Wiederaufbau, auch das Goldene Tor genannt, Brama Złota. Blick von der ulica Długa, der Langgasse von einst.*

78 *So sah der Theaterplatz mit dem Großen Zeughaus (Zbrojownia) im Januar 1951 aus. Bei Kriegsende standen nur noch die vier Außenmauern.*

79   *Spielende polnische Kinder. Gdańsk ist ihre Heimat, so wie es Danzig viele Jahrhunderte hindurch auch für Generationen deutscher Kinder war.*

80  *Heimkehr in die Vergangenheit? Begegnung 1973.*

Die Bilanz polnischen Leidens und Sterbens dort seit jenem 1. September 1939 faßt Bohdan Szermer so zusammen: »Nur Menschen, die diese grauenvolle Zeit überlebten, wissen, was das bedeutete. Die polnischen Einwohner von Gdańsk überzeugten sich davon schon in den ersten Stunden des Krieges, als das ganze polnische Aktiv verhaftet und ins Gefängnis geworfen wurde. Ein Teil von ihnen wurde ermordet, der Rest in Konzentrationslager verschickt. Eines davon war das schon am 2. September – anfänglich nur für polnische Einwohner der Freien Stadt – eingerichtete KZ Stutthof, in dem in den Jahren 1939–1945 80000 Häftlingen ums Leben kamen.«

## Danzig. Gdańsk.

»Das befreite Gdańsk war nicht nur zerstört, sondern auch weitgehend entvölkert«, so beschreibt es Bohdan Szermer, der polnische Autor: »Durch Bomben und Geschosse zerrissene Häuser, zum Himmel ragende rauchgeschwärzte Brandruinen, verbogene Stahlkonstruktionen, gesprengte Brükken, schuttbedeckte Straßen, Barrikaden, Schützengräben, Wracks von Panzern und Autos, herumliegende Waffen und Kriegsgerät – das war das Bild, das Gdańsk im Jahr 1945 bot, als der Kampflärm verstummte. Dieser niederschmetternde Eindruck wurde durch die tödliche Stille mancher gänzlich menschenleerer Stadtteile verstärkt.« Danzig war zu 60% zerstört, der alte Teil der Stadt zu 90% vernichtet.

Wieder Szermer: »Brandgeruch und Rauchschwaden zeugten noch viele Wochen später davon, daß in den Ruinen und Kellern Feuer schwelte. Trotz der Beerdigung der herumliegenden Leichen verpesteten an manchen Stellen die noch von Schutt bedeckten unauffindbaren, verwesenden menschlichen Leichen und tierische Kadaver die Luft.«

Die dann in die im Innern gestorben scheinende Stadt kamen, 1945, gaben sich »wohl nur wenig Rechenschaft darüber, daß durch die Wiederbelebung der Stadt und deren Integration mit Polen eine große historische Rechnung beglichen wurde.«

»Als ich meine Vaterstadt vor 36 Jahren verließ«, schreibt Gertrud Dworetzki, »hieß sie noch Danzig, jetzt heißt sie Gdańsk.« Und: »Bindung an die frühere Heimat, Gefühle kultureller Zugehörigkeit lassen sich verteidigen, nicht aber das nochmalige Umwerfen der Geschichte.«

Vielleicht aber ist bald kein Anlaß mehr zu Argwohn, wenn die Stadt, in der sie geboren wurde, den einen in der Erinnerung Danzig ist und den anderen, bald zwei Generationen seither, die alte und neue Heimat Gdańsk: ebenso selbstverständlich, wie es für Straßburg, Strasbourg gilt.

Am Vorabend der Jahrtausendfeier der christlichen Kirche Polens und seines nationalen und staatlichen Bestehens richteten die polnischen Bischöfe im November 1965 ihre denkwürdige, bewegende Botschaft der Aussöhnung »an ihre deutschen Brüder in Christi Hirtenamt«. In ihrem Blick auf die deutsch-polnische Nachbarschaft jener tausend Jahre sind auch jene Epochen und Namen, die bis heute als historische Hypothek empfunden werden. Da ist vor allem jene »furchtbare finstere Nacht«, die in Polen als »deutsche Okkupationszeit« in die Geschichte eingegangen ist: »Über 6 Millionen polnischer Staatsbürger, darunter der Großteil jüdischer Herkunft, haben diese Okkupationszeit mit ihrem Leben bezahlen müssen.« Aber da ist auch der Blick auf das »Leid der Millionen von Flüchtlingen und vertriebenen Deutschen«, auf die deutschen Widerstandskämpfer, auf tausende von Deutschen in den Konzentrationslagern. »Und trotz allem, trotz dieser fast hoffnungslos mit Vergangenheit belasteten Lage, gerade aus dieser Lager heraus« kommt es zu jener Botschaft der Versöhnung, »strecken wir uns die Hände zu Ihnen hin . . ., gewähren Vergebung und bitten um Vergebung.«

In Ihrer Antwort-Botschaft vom Dezember 1965 ergriffen die deutschen katholischen Bischöfe »mit brüderlicher Ehrfurcht . . . die dargebotenen Hände« und baten den Gott des Friedens, zu gewähren, »daß niemals wieder der Ungeist des Hasses unsere Hände trenne!«

Und immer gilt auch, wozu bei der Gründung der Freien Stadt Danzig im Jahre 1920 beschwörend aufgerufen wurde: »Laßt uns Frieden halten, jederzeit«.

*81  Als sei die Stadt unvergänglich: Danzig. Gdańsk.*